긍정심리학과 가족치료

가족의 변화를 이끌고 성장을 촉진하기 위한 창의적 기법과 실천수단

가족의 변화를 이끌고 성장을 촉진하기 위한 창의적 기법과 실천수단

긍정
심리학과
가족치료

Collie W. Conoley
Jane Close Conoley 지음

유계숙 · 강수향
오아림 · 이주현
옮김

Σ시그마프레스

긍정심리학과 가족치료

가족의 변화를 이끌고 성장을 촉진하기 위한 창의적 기법과 실천수단

발행일 | 2011년 2월 15일 1쇄 발행

저자 | Collie W. Conoley, Jane Close Conoley
역자 | 유계숙, 강수향, 오아림, 이주현
발행인 | 강학경
발행처 | (주)시그마프레스
편집 | 이미수
교정·교열 | 김은실

등록번호 | 제10-2642호
주소 | 서울특별시 마포구 성산동 210-13 한성빌딩 5층
전자우편 | sigma@spress.co.kr
홈페이지 | http://www.sigmapress.co.kr
전화 | (02)323-4845~7(영업부), (02)323-0658~9(편집부)
팩스 | (02)323-4197

ISBN | 978-89-5832-896-4

Positive Psychology and Family Therapy
Creative Techniques and Practical Tools for Guiding Change and Enhancing Growth

"**나**의 사전에 불가능이란 없다."란 말을 남기고 알프스 산을 넘은 나폴레옹의 이야기부터 "훈련만이 다는 아니다. 승리를 향한 긍정적인 생각이 모든 것을 바꾼다. 메이저리그 선수들도 늘 긴장한다. 그래도 긍정의 힘을 믿고 두려움을 떨친다."고 강조한 박찬호 선수에 이르기까지 우리 주변에서 '긍정의 힘'에 관한 일화들은 무수히 많이 찾아볼 수 있다. 제2차 세계대전 이후 줄곧 우리의 삶에서 병리적인 요소를 치료하는 데 몰두해 왔던 심리학 분야는 새천년을 맞이하여 행복을 추구하는 '긍정심리학'이라는 새로운 분야를 탄생시켰고, 이 분야의 창시자인 마틴 셀리그먼과 미하이 칙센트미하이 박사가 내한하여 행복에 관한 강연을 하기도 했다. 또한 2009년 제3차 경제협력개발기구(OECD) 세계포럼 개회식에서는 이명박 대통령이 "개인의 행복이나 삶의 질을 사회 발전의 척도로 삼아야 하며, 이를 위한 새로운 지표 개발이 필요하다는 데 공감한다."고 밝히면서 "대한민국은 국민의 행복을 최우선 과제로 삼고 삶의 질을 측정할 수 있는 지표를 개발해 경제는 물론 국민의 행복도를 꼼꼼하게 챙겨나갈 것"이라고 강조하였다.

이처럼 '행복'이나 '삶의 질'이라는 표현이 정부의 정책 아젠다로 대두되는 시점에서 긍정심리학을 가족치료에 접목시킨 Collie W. Conoley와 Jane Close Conoley 부부의 2008년 공저 『Positive Psychology and Family Therapy: Creative Techniques and Practical Tools for Guiding Change and Enhancing Growth』가 새로운 가족치료 접근으로서 역자들의 눈을 사로잡았고, 『긍정심리학과 가족치료 : 가족의 변화를 이끌고 성장을 촉진하기 위한 창의적 기법과 실천 수단』이라는 번역서로 국내에 출간하게 되었다. 오랜 기간 다양한 가족들을 대상으로 치료와 연구에 천착해 온 Conoley 부부가 가족치료와 긍정심리학의 시너지효과에 대한 확신을 가지고 집필한 이 책은 가족치료 및 임상심리, 아동상담, 사회복지 등의 분야를 공부하는 전공생이나 치료현장에서 일하는 전문가들이 가족의 강점을 개발하고 성장을 도모하고자 통합적이고 효과적인 개입을 할 수 있도록 이론적 개념과 실천방법 및 사례들을 자세하게 알려 주는 개론서이다. 실제로 가족치료 현장에서는 병리적 가족뿐만 아니라 다양한 욕구와 특성을 가진 가족들을 자주 접하게 되는데, 이들 가족에 효과적으로 개입하기 위해서는 무엇보다도 그들이 가지고 있는 개인적·사회적 강점을 찾아내고, 변화와 성장을 도모하는 긍정적 관점이 필요하다. 독자들은 이 책의 미덕인 상세한 긍정가족치료 사례를 통하여 기존의 치료와 차별화된 접근 및 전략과 함께 가족치료 현장에 적용할 수 있는 실천력을 배가할 수 있을 것이다.

끝으로 책의 출판을 맡아주신 (주)시그마프레스의 강학경 사장님과 꼼꼼한 편집을 맡아 준 편집진 여러분 그리고 책 표지 디자인을 참신하게 해 주신 이나원 님께 감사를 드리며, 이 책이 가족치료 분야의 전공생과 전문가들뿐만 아니라 우리 사회의 모든 가족들에게 긍정적 마음을 심어 주는 행복지침서가 되기를 기대한다.

2011년 2월
경희대학교 가족상담교육센터에서 역자 일동

현존하는 가족치료 관련 저서들은 이 책의 참고문헌 목록에서 보다시피 결코 부족하지 않다. 합리적인 독자라면 저자들이 왜 이미 많은 장서에 또 한 권의 책을 추가하기로 하였는지 그 이유가 궁금할 것이다. 솔직히 말해서 이 책의 주제와 관련된 역사, 즉 저자들이 다른 이들로부터 배운 지식이나 과거와 현재의 연구자·치료자들의 전문지식이 저자들에게 지속적으로 영향을 미쳤다는 점을 분명히 밝히면서, 저자들은 이 책을 통하여 가족이 최적의 수준으로 기능할 수 있도록 돕는 새롭고 중요한 방법을 공유할 수 있다고 생각한다. 이어지는 각 장에서는 저자들의 접근방식이 실증에 기초하여 강조되고 있다. 그러나 무엇보다도 저자들이 주장하고 싶은 점은 치료를 통한 가족의 변화가 과거의 병리지향적인 심리학적 개입에서 탈피하여 현재 재부상하고 있는 긍정심리학을 수용하고 확장하는 것에 달려 있다는 것이다.

저자들은 치료현장에서 매우 많은 가족들을 접하면서 이들을 연구하는 기회를 가질 수 있었다. 또한 북아메리카와 아시아, 아프리카, 유럽, 오스트레일리아, 중앙아메리카, 중동 등지를 여행하면서 많은 가족들을 관찰하고 면접할 수 있는 특전을 누려 왔다. 이 과정을 통하여 많은 가족들을 '보편적'으로 이해할 수 있는 지식은 내놓을 만한 것이 없지만, 지난 32년간 저자들은 나름의 관점을 검증하고 많은 이들의 지식을 배울 수 있었다. 실제로 이 책에 쓰인 내용들은 모두 저자들이 다른 이들로부터 배운 지식을 해석한 것이다. 혹시라도 이 책에 쓰인 내용을 무익하다고 생각하는 독자가 있다면(극히 소수의 독자들만이 그렇게 생각하기를 바라며), 그것은 전문적 가족치료 실천을 다루는 여러 학문 분야를 아우르지 못한 저자들의 역량 부족에 전적으로 기인한 것이다.

이제껏 저자들은 다양한 형태의 많은 가족들을 알아왔다. 이들 가족에는 남녀 개인뿐만 아니라 이성애·동성애·양성애 등 모든 성지향을 가진 사람들, 합법적 혼인관계에 있는 기혼자 또는 자신의 선택에 의해서나 혹은 기회가 없어서 법적 혼인을 하지 않은 사람들까지 다양한 사람들이 포함되어 있다. 또한 한부모가족, 양친가족, 부모가 여럿 있는 가족들과 자녀를 출산하거나 입양 혹은 위탁한 가족들도 알고 있다. 이처럼 다양한 형태의 가족들과 접하는 일은 각 가족마다 여러 가지 측면에서 차이가 있지만, 가족구성원들 간에 행복을 만들어 가는 역동은 놀랍게도 동일하였다.

우리가 우리의 원가족이나 현재의 핵가족 그리고 자녀와 형제들이 형성하는 새로운 가족을 포함하여 여러 가족들의 일원임은 말할 나위 없다. 그러나 가족에 대한 관점을 가장 쉽게 얻는 방법은 언제나 이처럼 밀착된 사적인 경험들을 통해서가 아니라 우리가 속한 가족의 삶을 성찰하는 것이다. 그렇게 함으로써 우리의 삶은 풍요로워지고 말로 표현할 수 없을 만큼 겸허해지게 된다. 저자들은 양가의 부모님들로부터 그 분들이 그랬듯이 다른 이들과 넉넉하게 나누고 싶은 훌륭한 경험과 통찰, 특혜들을 많이 받았다. 또한 세 자녀인 Brian, Colleen, Collin과 그들의 배우자 Beth, Greg, Samantha, 그리고 손자 Haley와 Michael은 늘 저자들에게 기쁨과 놀라움을 안겨 주었다. 이들의 삶은 가족의 성공과 행복을 돕고자 하는 저자들의 직업목표를 실현하는 데 있어서 관심을 사로잡고 영감을 주었다. 확신하건대 이들은 자신들의 가족과정에 저자들이 다소 끈질기게 주목하는 것을 매번 즐기지는 않았다. 하지만 그들 모두가 유머감각으로 아버지와 어머니, 할아버지, 할머니를 즐겁게 해 주는 기품 있고 정서적인 지능을 가지고 있어 감사하다.

또한 저자들과 함께 정신건강, 심리치료, 가족체계의 의미에 대하여 기꺼이 논의하고 토론해 준 여러 대학의 오랜 친구들과 동료들에게도 감사의 말을 전한다. 그들의 이름이 너무 많아 여기서 다 거론할 수는 없지만, 미 전역과 세계 각지에 살고 있는 저자 가족의 친구들은 그들이 누구이며, 저자들의 삶에서 참빛이 되어 주었다는 사실을 잘 알고 있다.

이제껏 저자 두 사람이 살아오면서 함께했던 경험이나 그 밖의 다른 모든 이들과 함께 했던 경험들은 행복이 최적의 삶을 추구해야 하는 인간의 핵심 목표임을 확신시켜 주었다. 행복은 단지 슬픔이 부재하는 상태가 아니다. 행복은 개인과 가족에게 성장을 가져다주며, 성장은 가족들에게 가장 중요한 요소이다. 가족치료에서 가족의 행복을 지향하는 치료자는 가족이 성장할 수 있도록 효과적인 지원을 제공해 줄 것이다.

2008년
Collie Wyatt Conoley와 Jane Close Conoley

차례

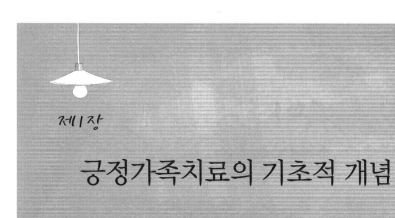

제1장

긍정가족치료의 기초적 개념

목표

긍정가족치료는 가족의 강점들을 기반으로 하는 접근법을 도출하고자 체계이론과 긍정심리학을 결합하였으며, 이를 통해 가족구성원 개개인의 성장을 강화하고자 한다. 긍정가족치료 접근법은 고유의 독특한 면이 있지만 기존의 다양한 연구에 근거를 둔 접근법이다. 이 장에서는 긍정가족치료에 대한 광범위한 이론과 경험적 기초를 다루게 될 것이다.

전통적으로 가족치료는 가족을 체계로 보는 관점에서부터 시작되었다. 그러나 긍정가족치료를 이와 같은 체계적 관점과 동일시한다면 정교한 체계론적 지식이 제공될 수 없을 것이다. 이는 마치 우리에게 집주소를 물었을 때 지구의 서반부에 산다고 말하는 것과 같다. 기존의 가족치료 이론들은 이러한 체계적 개념을 적용하는 것에 초점을 두고 있다.

이 책에서 설명하는 저자들의 접근 역시 그와 같은 맥락에서 신생분야인 긍정심리학의 원리에 기반을 두고 있다. 역사적으로 긍정심리학 활동의 근원이 된 많은 연구와 이론들은 성격 및 사회심리학 등 다른 분야들로부터 파생된 것이다. Carl Rogers와 Abraham Maslow의 인본주의 심리치료와 Steve de Shazer와 Insoo Kim Berg의 해결중심치료는 매우 다르게 전개되었지만, 이 모든 치료기법은 긍정가족치료에 영향을 주었다. 이 책의 저자들은 심리치료의 일부로 여겨졌던 긍정심리학의 기초 연구를 통해 긍정가족치료를 더욱 발전시켰다.

이 책의 저자들은 긍정가족치료를 발전시키는 데 Martin Seligman, Sonja Lyubomirsky, Barbara Fredrickson, Shelly Gablel, Shane Lopez, Michael Scheel과 그 밖에 이 책의 전반에 걸쳐 인용된 많은 연구자들의 영향을 받았다. 저자들은 이 책의 전반에 영향을 미친 학자들을 모두 언급하지는 못하였지만, 선행연구자들과 동료학자들에게 진심으로 감사의 말을 전하고자 한다.

모든 연구 분야에서처럼 가족치료 분야에서도 학자들이 사용하는 전문용어가 있다. 전문용어를 통해 연구자들은 지식을 공유하고 정확성을 얻을 수 있다. 그러나 이와 같은 학술적인 전문용어를 사용하는 것은 다른 분야의 초보자나 학습자들이 중요 개념을 이해하는 데 어려움을 줄 수 있다.

이 장에서는 긍정가족치료의 기초가 되는 주요 이론적 관점과 연구결과를 대략적으로 살펴보고자 한다. 또한 삶의 질을 향상시키는 방법을 알고자 하는 사람들에게 복잡하고 전문적인 뉘앙스가 담긴 심리학적 현상을 보다 쉽게 전달하기 위해 이해하기 쉬운 일상용어를 사용하여 긍정가족치료의 기초적 개념을 소개하고자 한다.

핵심개념

경계(boundaries)	순환적(recursive)
구성주의(constructivism)	유사전제조건(similar proposition)
긍정심리학(positive psychology)	인과관계(causality)
등결과성(equifinality)	자연과학적 은유(physical science metaphors)
사회구성주의(social constructivism)	투과성(permeability)
생태학(ecology)	항상성(homeostasis)
순환성(circularity)	형태안정성(morphostasis)

1. 주요 개념

1) 체계이론의 기초

Ludwig von Bertalanffy(1976)는 모든 생명체계를 이해하는 데 도움이 되는 보편적인 이론으로서 일반체계이론을 고안하였다. Bertalanffy의 일반체계이론은 그의 본래 의도에는 도달하지 못하였지만, 가족치료 분야의 많은 학자들과 연구자들에 의해 가족 내에서의 관계를 설명하기 위한 방법으로 사용되었다. 체계이론은 단순한 생물학적 체계뿐만 아니라 다양한 크기와 구조를 가진 조직체계에까지 적용된다.

인간체계는 유사전제조건에 의해 상호작용하는 사람들을 일컫는다(von Bertalanffy, 1976). 인간체계에 대한 주요 쟁점은 상호작용과 유사전제조건이다. 유사전제조건이란 사람들 사이에서 나타나는 상호작용이 어느 정도 예상 가능하거나 가족 또는 체계의 규범에 의해 제어될 수 있다는 것을 의미한다. 체계에 속한 한 구성원의 행동은 같은 체계에 속해 있는 모든 구성원들에게 영향을 미치고 이는 다시 처음 행동을 시작한 구성원에게 영향을 미치는 과정으로 되풀이 되는데, 이를 생명체계의 순환성이라고 한다. 이와 같이 체계는 살아있고 계속 발달하는데, 이러한 변화과정이 계속 반복해서 발생하는 것을 형태발생성이라고 한다. 그러나 이러한 변화는 체계가 손상되지 않을 만큼 매우 작게 일어나는데, 이를 형태안정성이라고 한다(Keeney, 1983). 체계의 상호 영향력은 가족치료 이론에서 근본적인 역할을 한다. 체계는 체계 내의 가족구성원에게 도움을 주거나 해를 입힐 수 있으며, 이와 유사하게 체계 내의 가족구성원 역시 체계에 도움을 주거나 해를 입힐 수 있다. 이와 같은 상호작용은 끊임없이 일어난다. 비록 가족체계가 틀에 맞추어 형성된 것일지라도 체계는 한 개인의 삶에서 가장 큰 영향력을 미치기 때문에 가족체계의 기능을 촉진하는 것은 각 가족구성원에게 도움을 준다. 각 가족구성원들은 여느 가족치료자보다 지속적으로 가족에게 관여하고 더 많은 관심을 가지기 때문에 가족을 변화시키는 행위자라고 할 수 있다.

가족체계는 가족을 유사전제조건에 따라 상호작용하는 사람으로 정의하며, 확대가족이나 핵가족 또는 비혈연 동거가족을 포함한다. 그러나 저자들은 종종 광범위한 가족 집단이나 비혈연 집단에 속하지 않은 사람들에게도 긍정가족치료를 적용할 수 있기 때문에 그들도 치료의 예로서 사용하였다. 저자들은 가족을 저자들의 체계적 정의에 따라 문화적으로 구분하지 않고 가족의 기능에 따라 정의하였다. 이에 따라 저자들은 개인 또는 개인의 성장에 가장 큰 영향을 미치는 체계를 연구하고자 한다.

가족체계 내에서의 지위는 가족의 역할이나 하위체계(예 : 부모, 자녀, 양부모, 부모역할을 하는 자녀), 연령(예 : 출생순위), 기질(예 : 타협하는 성향이나 순종을 요구하는 성향)과 관련이 있으며 가족력 및 문화와도 관련이 있다. 예를 들어 미국 주류 문화에 속해 있는 가정의 아버지는 아동보다 더 큰 영향력을 가지며, 형은 동생보다 더 큰 권력을 가진다는 것을 예상할 수 있다. 그러나 대부분의 한부모 가정이나 다자녀 가정에서는 특정 자녀가 부모의 역할을 대신하기도 하는데, 이는 부모가 다른 자녀를 양육하는 데 많은 도움과 지원을 필요로 하기 때문이다. 가족치료는 다양한 가족구성과 가족 내 구성원들의 영향력을 반영한다. 이에 따라 저자들은 가족 내에서 많은 영향력을 가진 조부모, 이모, 친구 등을 포함하여 가족치료를 진행하기도 한다.

또한 개인의 기질에 따라서 가족 내 구성원의 지위가 달라질 수 있다. 감정이 격하고 많은 요구를 하는 부모나 자녀들은 매우 심한 짜증을 내거나 다른 가족구성원이 자신의 짜증을 순순히 받아줄 때 가족 내에서 과도한 권력을 갖게 될 수도 있다. 개인의 능력 차이 역시 가족 내 구성원의 지위를 결정하는 데 중요한 역할을 미친다. 예를 들어 미국에서 영어를 잘하는 자녀가 영어를 못하는 부모를 위해 통역을 하거나 그 문화를 이해하도록 돕는 역할을 한다면, 그 자녀는 가족 내에서 자신의 연령대나 전통적으로 기대되는 역할 이상으로 더 큰 영향력을 행사할 수 있다.

가족에 대한 영향력이 큰 하위체계를 관리감독체계라고 할 수 있다(대개 웃어른을 지칭함). 관리감독체계는 다른 체계들보다 더 큰 권력을 가지고 변화를 촉진하거나 억제할 수 있다. 누가 관리감독체계에 속하는지, 관리감독체계의 기능이 얼마나 잘 수행되는지를 이해하는 것은 중요하다. 관리감독체계에는 가족과 함께 거주하지는 않지만, 가족이 중요한 결정을 내리는 데 있어 상징적으로라도 가족에게 영향을 미치는 조부모나 종교적 리더 등이 포함될 수 있다.

만약 가족구성원 모두가 치료과정에 참여할 수 없다면, 치료에 참여한 가족구성원들은 참여하지 못한 가족구성원들을 대신하여 이야기할 수 있다(예 : "만약 아버지가 오늘 치료에 참석했다면 뭐라고 말씀하실 것 같니?"). 관리감독체계의 일부는 가족의 문화를 전수한 조상들의 기억이다. 가족의 문화를 전수한 조상들의 기여를 중요하게 여겨야 한다. 치료자는 특히 내담자 가족의 문화가 자신의 문화와 매우 다르거나 내담자 가족이 급격한 문화변용을 겪을 때 또는 이민으로 인해 확대가족과 헤어질 때 가족에 미친 영향력에 주목해야 한다.

체계는 경계를 가지고 있다(Minuchin, 1974). 경계는 누가 특정체계나 하위체계에 속하는지 혹은 체계에 속하지 않는지를 결정한다. 가족 내 또는 가족 간 체계들은 반드시 상호작용해야 한다. 예를 들어 자녀 하위체계는 부모와 교류해야 하며 그 가족은 자녀의 학교와 교류해야 한다. 또한 경계는 가족의 상호작용의 양이나 질을 설명한다. 예를 들어 부모와 자녀 사이에 정보, 애정, 관리가 원활하게 순환할 때 이러한 경계는 상당히 투과적이라고 할 수 있다.

이와 달리 경계는 불투과적이기도 하다. 예를 들어 부부관계나 부모자녀 관계에서 비밀이 있을 수도 있고, 부모가 자녀와의 거리감 때문에 다가갈 수 없는 경우도 있다. 이런 경우를 분리된 경계 또는 경직된 경계라고 한다. 질병이나 경제적 압박으로 인해 스트레스를 겪는 가족들이 문제를 해결하고자 시도할 때 외부와 단절될 수 있으며, 이로 인해 의도치 않게 중요한 자원들을 잃을 수도 있다. 어떤 경계는 하나의 가족이나 개인으로 정의되기 위해 반드시 존재해야 한다. 가장 잘 적응할 수 있는 경계 투과성의 양을 추정하는 것은 복잡하며, 경계 투과성의 기능은 개인의 기질, 발달과업, 문화에 의해 결정된다. 이러한 경계의 은유적 막은 스트레스에 직면한 가족체계의 탄력성에 영향을 미친다. 예를 들어 위기상황에 가족 경계의 막은 지나치게 개방되거나 폐쇄될 수 있으며, 가족구성원들은 방임, 노출, 통제의 경험으로 인해 다른 사람들이 지나치게 개입하거나 거리를 둔다고 생각하여 부정적인 정서를 경험할 수 있다.

체계이론의 또 다른 기본 가정은 체계 전체의 합이 부분의 합보다 더 크다는 것이다(von Bertalanffy, 1976). 체계에 속한 개인을 안다고 해서 모든 체계의 기능에 대해 안다고 말할 수는 없다. 예를 들어 타인과의 관계에서 매우 호의적인 사람이 가족과의 관계는 좋지 않을 수도 있다. 즉 어떤 사람을 개별적으로 안다고 해서 그의 가족관계를 쉽게 예측할 수는 없다. 반대로 문제를 겪거나 문제를 일으키는 사람이 체계나 가족관계를 촉진하고 발전시킬 수도 있다. 생태심리학파를 만든 사회심리학, 지역사회심리학, 발달심리학에서 파생된 대규모의 연구들은 전통적으로 개인의 행동에 영향을 미치는 집단과 환경의 영향력에 대해 설명한다(Bronfenbrenner, 1999). 이러한 이론적인 연구들은 체계적 사고와 밀접하게 관련되어 있으며, 개인의 발달을 지지하기 위한 건강한 신체, 사회, 정서, 인지환경 발달의 중요성에 대해 설명한다. 또한 생태학적 관점은 정신적 외상과 결핍이 인간발달에 장기간 미치는 영향에 대해 설명하며, 일반체계이론은 신체적·정신적 건강에 대한 목표에 대한 생태학적 접근을 나타낸다(Bronfenbrenner, 1999).

(1) 등결과성

체계이론의 등결과성 원리는 열린 체계에 의해 최종 단계에 도달할 수 있는 다양한 방법들이 있다는 것을 강조한다(von Bertalanffy, 1976). 최종 단계는 목표가 될 수도 있으며, 목표에 도달하기 위한 다양한 방법이 있다는 것을 나타낼 수 있다. 더 나아가 우리가 오늘날 존재하고 있는 곳에 도달하기 위한 다양한 방법들이 있다는 것을 의미하기도 한다. 등결과성의 원리는 심리치료와 직접적인 관련이 있는데, 목표에 도달할 수 있는 무한한 방법들이 있다는 사실을 이해한다면 우리는 융통성과 낙관성을 높일 수 있다. 즉 어느 동일한 문제나 강점을 가진 사람들일지라도 어린 시절에 매우 다른 경험을 했을 수 있다는 것을 의미한다.

(2) 순환적 상호작용, 인과관계, 변화

가족체계의 상호작용 패턴은 직선적이기보다는 순환적이다(Bateson, 1972; Becvar & Becvar, 2003). 이러한 맥락에서 **직선적 상호작용**에는 분명한 최초의 원인이 존재한다. 바위를 발로 차는 것을 상상해 보자. 바위의 크기와 바위를 차는 힘이 어느 정도인지를 알면 그 결과를 예측할 수 있을 것이다. 반면 직선적 상호작용과 달리 **순환적 상호작용**에서는 사람들이 타인, 상황, 기억 그리고 지각에 대한 반응에 의해 행동한다. 이와 같은 순환체계의 경우 인과관계는 명확하게 드러나지 않는다. 예를 들어 바위를 차는 것이 아니라 사람을 발로 찬다고 상상해 보자. 사람을 발로 찼을 때의 반응은 예측하기 어렵다. 발길질을 당한 사람은 그것을 어떻게 해석하였는가? 혹시 내 다리를 물려는 뱀을 죽이기 위해 발길질을 했던 것일까? 나는 과거에 발길질을 한 사람과 어떠한 일이 있었나? 처음으로 돌아가서 생각해 보면 무엇이 발길질을 하게 만들었을까? 발길질을 당한 사람의 반응에 대해 발길질을 한 사람은 어떤 반응을 보일까? 등의 다양한 반응이 나타날 수 있다.

발길질의 전제조건과 발길질로 인해 나타나는 결과는 자책과 후회부터 말다툼, 복수의 발길질, 키스까지 매우 다양하다. 사람들 사이에서 나타나는 순환적 상호작용에 대해 정확하게 예측하기는 어렵다. 단지 상호작용이 일어난

과정과 관계에 대한 확실한 전제조건을 통해서만 예측이 가능하다. 예를 들어 첫째 자녀가 동생을 괴롭혀도 부모에게 혼나지 않는 것 또는 첫째 자녀가 나이가 많다는 이유로 동생의 고무총, 화살, 발길질 등의 공격을 무조건 참아야 하는 것 등을 예상할 수 있다. 치료자는 경험에 근거한 추측을 하기 위하여 체계를 둘러싸고 있는 전제조건들을 알 필요가 있다. 추측은 단지 상호작용의 순환에 대한 짧은 설명이며, 문제의 시작과 끝에 관한 정보를 포함하지 않기 때문에 항상 불완전하다. 더욱 발전된 설명이 다양한 상호작용 순환에 관한 정보를 포함할지라도 모든 설명은 완전하지 않다.

인간에게 인과관계는 매우 일반적인 개념이다. 우리는 원인과 결과를 통해 세상이 어떻게 돌아가는지를 상상할 수 있다. 우리는 어떤 사건이 발생하게 된 원인이 무엇인지 파악하고, 목격하거나 경험한 사건을 일으킨 한 가지 원인을 찾으려고 하는 경향이 있다. 사건에 대한 원인과 결과를 밝혀내는 것은 현대 자연과학의 기초라 할 수 있으며, 자연과학은 우리가 세상의 미스터리들을 이해하는 데 있어 가장 강력한 패러다임 또는 은유이다. 가장 근본적이고 타당한 행동과 이러한 행동의 구성요소에 대한 자세한 조사는 원인과 결과를 밝히려는 자연과학적 은유와 동일한 방법을 통해 이루어진다. 지금까지 자연과학적 은유의 힘은 심리치료에 많은 영향을 주었다.[1] 인과관계에 관한 자연과학적 모델을 공부한 의사들에 의해 발달한 유럽과 미국의 심리치료는 자연과학과 심리치료를 연결시켰다. 인간의 고통이 특정한 세균, 질병의 진행, 정신적 외상사건과 연결될 수 있는 것처럼 정신질환은 특정 과거나 현재의 심리적 사건, 생물학적 결함으로 설명될 수 있다. 또한 20세기와 21세기 의학은 심리치료와 의학의 긴밀한 관계를 설명한다. 인간을 하나의 신체적 존재(정

---

1) 심리치료의 역사적 은유는 종종 의학적 모델로 불려 왔다. 저자들은 자연과학이라는 용어를 사용하면 좀 더 분명하게 이론적 쟁점을 설명할 수 있다고 생각한다.

신과 신체가 아닌 단지 신체로만)로 이해하는 것은 다양한 이점을 가지고 있지만, 자연과학적 은유가 널리 행해지는 것은 심리치료 과정 일부에 부정적인 영향을 미친다.

자연과학적 은유는 인간의 성격(예 : 가치, 욕망, 감정, 자기인식)이 기계와 같이 일반적인 변화원칙에 의해 결정된다고 가정하기 때문에 심리치료사들을 잘못된 길로 인도한다. 원인－결과 추론을 심리치료에 적용한다면 직접적인 인과관계를 예상할 수 있다. 자동차 엔진이 작동하지 않을 경우, 가장 중요한 단계는 문제의 원인을 파악하는 것이다. 고장 난 부분에 대한 원인을 찾을 수 있다. 자동차의 문제를 정확히 진단한 후에 고장 난 부분을 교체할 수 있으며, 결국 자동차는 다시 움직이게 된다. 우리는 단순한 인과관계 추론을 통해 원인을 이해하면 필연적으로 문제를 해결할 수 있다고 믿게 된다. 사실 매우 유용한 심리학 분야인 기능적 행동분석은 현재의 문제들, 문제의 전제(예 : 원인), 결과 그리고 문제들이 나타나는 맥락을 확인하기 위한 구체적인 전략들을 가진 자연과학적 은유 접근법을 모델로 하여 만들어진 것이다 (O'Neill, Horner, Albin, Storey & Sprague, 1997). 자연과학적 은유 접근법은 특정 환경 안에서는 매우 유용하지만, 가족 전체를 긍정적으로 변화시킬 수 있는 가장 효과적인 방법은 아니다. 자연과학적 은유 접근법의 주요 관심은 개인의 문제와 문제행동에 있으며, 그 관점은 일반적으로 직선적인 원인－결과 추론이다.

자연과학적 은유는 동일한 투입이 항상 동일한 산출을 가져온다는 사실을 바탕으로 한다. 올바른 부품을 설치하고 적절한 연료를 사용하면 자동차가 더 좋은 성능을 발휘하게 된다는 것은 분명한 사실이지만, 이를 인간에게 적용하기는 어렵다. 예를 들어 가족이 저녁식사와 가족 휴가를 늘 함께하는 것과 같은 성공적인 가족의 일상이 자녀의 연령이 높아짐에 따라 불편하게 느껴질 수 있다. 대부분의 가족은 자녀의 나이가 어릴 때 이와 같은 성공적인 가족의 일상을 보냈으나, 자녀가 11~16세쯤 되었을 때 이러한 가족의 일상에 대해 자녀가 매우 다르게 반응하는 것을 경험할 수 있다. 이는 변화하지 않은 자연현상(예 : 물의 염도, 온도범위, 적정량의 약물)에 의해 최상의 상태를 유지할 수 있는 자연체계와는 달리, 인간체계는 예상하기 복잡한 발달궤도, 환경, 감정을 가지고 있기 때문이다.

체계이론은 다양한 내부발달과 인간의 모든 행동을 유발하기 위해 상호작용하는 미시, 중간, 거시 체계적 변수를 실증적으로 보여 줌으로써 인간체계의 복잡성을 설명한다. 인간은 신체적 · 인지적 · 정서적 · 사회적 차원의 발달궤도를 가지고 있다. 지난 세기의 인본주의자들이 언급한 것처럼, 인간은 생애주기 동안 보다 발전된 형태의 판단력과 보다 높은 수준의 복잡성을 가지게 되며, 이러한 내적 발달은 다양한 다른 발달체계(예 : 타인, 학교, 직장, 이웃)와의 상호작용에서 발생된다.

인간은 가족생활을 특징짓는 상호작용의 절대적인 횟수 외에도 그들의 경험으로부터 의미를 창출하며 자신과 타인의 행동에 대하여 해석을 한다. 이와 같은 의미의 광대한 연계망들은 사람들이 삶을 선택하는 것처럼 상호작용한다. 더 간단하게 말하면, 철학가들과 종교 지도자들은 인간의 자유의지를 행동을 예측하는 과정에서의 '예측 불가능한 요인'이라고 지적한다. 자동차는 스스로 의미를 만들어 낼 수 없기 때문에 현재 문제들을 기초로 수리될 수 있다. 그러나 인간의 행동은 문제를 기초로 수정되기는 어렵다. 효과적인 심리치료에서는 인간의 변화나 개선을 위한 은유가 좀 더 융통적일 것을 요구한다. 기본적으로 원인이 밝혀지지 않아도 인간은 긍정적으로 변화할 수 있다는 점을 고려해야 한다. 사실 현재 가족의 문제와 '원인'은 아무런 상관이 없을 수도 있으며, 그 문제의 근본적인 '원인'에 대해 끊임없이 파고드는 것은 가족에게 해로울 수 있다. 만일 가족의 상호작용이 순환적임에도 불구하고 치료자가 직선적 연구전략을 사용한다면 이는 비효과적이며 문제가 될 수 있다. 매우 단순한 반사작용을 넘어서 특정 자극이 일어날 때마다 나타나는 인간의 반응을 고려하는 것은 어려운 일이다(von Bertalanffy, 1976).

(3) 구조결정론

체계의 구조는 체계에서의 변화를 결정하는 요인이며, 이를 구조결정론이라고 한다(Maturana, 1974). 만일 가족체계가 동화될 수 없는 상황에서는 변화를 시도하더라도 변화하지 않을 것이다. 예를 들어 치료자는 부모에게 자녀가 부엌을 청소할 때마다 용돈을 줄 것을 제안할 수 있다. 그러나 부모가 자녀에게 용돈을 주는 것이 자녀를 꾀어내기 위한 수단이라 생각한다면, 그 부모는 치료자의 제안을 받아들이지 않을 것이다. 그러나 다른 가족체계에서는 이와 같은 치료자의 개입이 성공할 수도 있다. 가족의 변화는 치료자의 개입에 의해서가 아니라 가족체계에 의해 결정되기 때문이다. 치료자는 자신의 개입이 가족의 변화에 도움이 되지 않더라도 가족을 비난해서는 안 된다. 이와 마찬가지로 부부가 서로의 계획에 따라 행동하지 않는다 하여 서로를 비난하는 것은 바람직하지 않다.

가족의 강점에 기초한 개입을 선택함으로써 구조결정론을 치료과정에 적용할 수 있다. 치료자가 가족의 강점에 기초를 두고 가족의 성장을 돕는다면 가족은 새로운 성장 범위에서 이전에 가지고 있던 태도와 능력들을 쉽게 사용할 수 있게 된다(de Shazer 외, 2007). 구성주의와 사회구성주의는 체계나 가족이 도움이 될 수 있는 것을 결정하는 이유를 이해하는 데 중요한 관점을 제공한다.

(4) 구성주의와 사회구성주의

자연과학과 대조적인 두 가지 은유(모델 또는 이론)를 구성주의와 사회구성주의라고 한다. 개인 내에 초점을 두는 **구성주의**는 세상에 발생한 사건에 대해 각 개인의 추론과정 속에서 의미를 형성하는 것을 말한다. 이 관점에서는 객관적인 현실을 알 수 없으며 오직 개인의 인지과정을 통해 형성된 표상, 즉 주관적 이해만이 공유된 논의에서 통용된다(Rudes & Guterman, 2007). 개개인은 자신의 과거 경험 및 처리 능력과 상호작용하는 현재의 지각에 기초하여 자신만의 현실을 창조한다.

발길질을 다시 한 번 상상해 보자. 발길질을 당하자마자 굉장한 아픔을 느낄 수 있을 것이다. 게다가 이로 인해 이웃집 아이가 나를 울려 많은 사람들 앞에서 망신을 주고 놀렸던 과거의 경험을 떠올릴 수 있을 것이다. 이에 대한 정보처리 과정은 투쟁 또는 도피 반응을 증가시키는 자율신경계에 의해 영향을 받을 것이다. 이러한 개인의 내적 과정의 짧은 정보와 함께 발길질에 대한 개인의 현실은 어느 정도 명확해진다. 발길질에 대한 피해자의 의미를 파악한다면 피해자가 가해자에게 더 심한 발길질로 반응한 것에 대해 이해할 수 있을 것이다.

반면, **사회구성주의**는 대인관계 영역에 초점을 두며 서로의 상호작용을 통해 존재하는 지식, 특히 언어를 통해 생성된 지식을 말한다(Bruner, 2004; Gergen, 1985, 1997, 2000). 현실은 타인과의 상호작용을 통해 함께 만들어진다. 사람들이 문제에 대해 논의할 때 그 문제에 대한 사람들의 신념이 드러나고 분명해진다. 우리는 타인의 현실에 영향을 주기도 하지만, 반대로 타인이 우리의 현실에 영향을 주기도 한다. 우리는 대화를 통해 무엇이 알려져 있고 무엇을 믿는지에 관해 협의할 수 있다. 타인과의 상호작용을 통해 우리는 우리 자신의 신념을 발견하고 타인은 우리를 알게 된다. 또한 현실에 대한 협의는 순환적인 효과를 더욱 분명하게 만든다.

발길질에 대한 또 다른 예를 들어 보자. 당신이 나를 향해 발길질을 하기 전에 "조심해요! 당신의 다리에 뱀이 기어 올라가고 있어요!"라고 소리친다. 그리고 당신은 나에게 발길질을 한 후 "와! 거의 맞출 뻔 했는데……."라고 말한다. 발길질을 당했더라도 당신이 나를 발로 찰 수밖에 없었던 상황을 이해한다면 나의 반응은 이전과 매우 다를 것이다. 설령 뱀을 한 번도 본 적이 없더라도 당신이 나를 발로 찬 것에 대해 매우 고마워할 것이다. 이렇게 우리의 상호작용은 발길질에 대한 또 다른 현실을 만들어 낸다.

구성주의와 사회구성주의는 우리가 어떻게 의미를 만드는지, 즉 어떻게 현실을 창조하는지에 대한 이론이다. 가장 중요한 창조물은 바로 자아이다. '어떻게 자신이 누구인지를 아는가?', '실제로 자신이 누구인지를 스스로 결정할 수 있는가?'와 같이 구성주의와 사회구성주의에서의 가장 기본적이고 대조적인 질문은 '나 자신을 스스로 정의할 수 있는가?' 혹은 '자신을 둘러싸고 있는 관계들이 자신을 정의하는가?'이다(Gergen, 2000; White & Epston, 1990). 구성주의와 사회구성주의에서는 자아를 다르게 정의한다. 일부 심리학자들은 대화를 통해 자아가 창조되거나 재창조된다는 사회구성주의자들의 의견에 점차 동의하고 있으며(Bruner, 2004; Gergen, 2000), 우리의 특성에 대한 내·외부적 대화들은 우리가 누구인지를 알 수 있게 만든다.

문화는 사람들이 '그들은 누구인가?', '그들은 무엇을 믿는가?'에 관한 대화를 나눔으로써 형성된다. 예를 들어 널리 알려진 종교적 신념이나 역사적 발달과 같은 것들이 이러한 대화에 영향을 미칠 수 있다. 사회구성주의자들은 인간이 살고 있는 현실을 창조하기 위해 인간의 상호작용에 따른 영향력에 초점을 둔다(Gergen, 2000).

치료자는 가족의 대화가 문제와 해결책을 기술하는 체계를 만든다는 것을 관찰하였다(Anderson & Goolishian, 1998). 중심 문제에 대한 가족구성원의 동의와 에너지는 문제를 특정하게 정의한 것을 바탕으로 한 체계를 만들수 있다. 가족이 처음 치료를 시작했을 때를 구조라고 할 수 있는데, 이때 적어도 가족 내부의(혹은 가족 외부의) 강력한 일부분이 '문제'를 정의하는 대화에 경직된 채로 참여하게 된 것처럼 보인다. 가족치료에서 종종 겪을 수 있는 어려움은 문제에 대한 대화에서 현재의 목표에 대한 대화로 옮겨가는 것이다.

구성주의와 사회구성주의에 의해 제공된 관점은 치료과정에서 유용한 기술을 제공한다. 사람들은 역사, 현재의 인식, 개인의 능력을 기초로 자신과 타인의 내적·독립적 구성에 대한 영향력을 가지고 있다. 또한 사람들은 타인과 함께 형성한 이야기나 수용해야만 하는 이야기에 근거하여 의미를 구성한다. 두 구성주의적 과정 모두 현실과 변화를 이해하는 데 중요하다. 다음은 제2장에서 소개될 내용으로, 가족의 목표를 달성하기 위해 단순히 양자택일 추론에만 의존하는 것과는 달리 양자수용 추론의 사용을 고려하는 것은 가족치료자에게 도움이 될 것이다. 양자택일 추론은 옳고 그름의 관점이 필요하다. 즉 나의 방법이나 당신의 방법 중 어느 한쪽만이 옳다는 것이다. 반면, 양자수용 추론은 가족이 성장하고 높은 수준으로 기능하는 데 두 가지 방법 모두 유용한 관점이 될 수 있다는 것이다.

우리는 항상 의사소통의 두 가지 원칙을 기억해야 한다. 첫 번째 원칙은 의사소통을 하지 않는 것은 불가능하다는 것이며, 두 번째 원칙은 한 번 이루어진 의사소통은 다시 되돌릴 수 없다는 것이다(Stuart, 1980). 의사소통을 하지 않는 것이 불가능하다는 것은 우리가 아무 말을 하지 않거나 근육을 움직이지 않을 때에도 항상 의사소통을 하고 있다는 것을 의미한다. 예를 들어 가족이 말라가 좋은 성적을 받은 것을 축하하는 동안에 아버지가 조용히 앉아 있더라도 아버지는 가족과 의사소통을 하고 있는 것이다. 이 가족체계의 제3자인 우리는 말라를 축하해 주지 않는 아버지의 행동이 무엇을 의미하는지 모를 수 있지만, 가족은 그가 의사소통하고 있다는 것을 알고 있다. 또 다른 예로 아동학대가 의심되는 상황에서 치료자가 아무런 조취를 취하지 않는다면, 이는 심지어 치료자도 괴롭히는 가해자의 힘에 대해 무언의 진술을 하고 있는 것을 뜻한다.

많은 사람들은 한 번 이루어진 의사소통은 되돌릴 수 없다는 원칙을 간과한다. 당신이 스웨터를 입은 사람에게 "이 스웨터는 당신에게 정말 어울리지 않아요!"라고 말한 후, "오! 나는 그런 뜻으로 말한 것이 아니에요. 취소할게요."라고 말할지라도 당신이 그 사람의 스웨터를 좋아하지 않는다는 것을 상대방이 알게 되고 이는 분명 문제가 된다. 치료과정에서 화가 나고 상처를 주는 의사소통을 허용하거나 장려하는 것은 관계를 더욱 손상시키기 때문에 치료자는 이러한 의사소통의 원칙에 따라 더욱 주의 깊게 치료를 하게 된다. 내담자들은 흔히 가족치료를 다른 가족구성원들에게 쌓였던 모든 실망감들을 표출하는 공간으로 생각하기도 하는데, 이러한 의사소통은 치료과정 안팎에서의 관계를 해친다.

이상으로 체계이론에 대한 설명을 마치고, 다음으로 긍정심리학에 대해 살펴보도록 하겠다.

2) 긍정심리학

긍정심리학은 개인, 집단, 사회적 규범이 최상으로 기능하고 번영하는 데 기여하는 상태나 과정에 관한 학문이다(Gable & Haidt, 2005, p.104). 가족이 최상의 기능을 발휘하거나 번영하도록 하는 상태나 과정에 도달하도록 돕는 것은 가족치료에서 이상적인 목표로 설정될 수 있다. 모든 가족은 최상으로 기능하기 위해 부족한 것을 수용할 수 있다. 최근에 이루어진 긍정심리학의 연구는 심리치료 연구와 인간이 최상으로 기능하도록 하는 연구의 교차점에 새로운 활력을 불어넣고 있다. 긍정심리학 연구는 인간의 일반적인 강점과 덕성이 심리적으로 잘 기능하도록 이끄는 방법을 밝힌다(Sheldon & King, 2001).

주관적 수준에서의 긍정심리학은 가치 있는 주관적 경험에 관한 것이다. 이는 과거의 안녕, 안도감, 만족감과 미래에 대한 희망, 낙관론을 지칭하며 현재의 몰입, 행복을 말한다. 한편, 개인적 수준에서의 긍정심리학은 개인의 긍정적 기질에 관한 것이다. 이는 사랑하는 능력, 사명감, 용기, 대인관계 기술, 미적 감각, 인내, 용서, 독창성, 미래지향성, 영성, 뛰어난 재능, 지혜를 말한다. 또한 집단수준에서의 긍정심리학은 시민정신과 개인을 더 나은 시민으로 만드는 사회적 규범에 관한 것이다. 여기에는 책임감, 애정 어린 돌봄과 양육, 이타주의, 공손함, 절제, 관용, 근면 등이 해당된다(Seligman & Csikszentmihalyi, 2000, p.5).

긍정심리학 연구는 심리적 개입을 위해 우리를 자연과학적 은유로부터 더욱 멀어지게 한다. 긍정심리학은 '문제없음'이라는 목표나 문제가 없는 현상을 유지하는 것을 넘어선 심리치료의 결과에 초점을 둔다. 정신건강은 단순히 정신질환이 없다는 것을 의미하는 것이 아니다. 긍정심리학은 행복, 성취, 번영에 이르는 방법을 연구한다. 이와 같은 긍정심리학의 목표들은 가족이 심리치료를 새롭게 이해할 수 있도록 한다. 가족은 사랑, 사명감, 사회성, 관용에 대한 가족구성원 개개인의 능력을 촉진시킬 책임이 있으며, 이상적인 가족치료의 목표는 가족이 하나의 체계로서 역할을 잘 수행하도록 돕는 것이다.

심리치료로 전환된 긍정심리학의 주요 연구결과에서는 목표선택의 중요성, 목표에 집중, 긍정적 정서의 사용, 변화전략의 지속, 변화의 유지, 전략의 사용, 인간이 직면한 모든 딜레마를 초월하게 하는 가장 훌륭한 전략인 인간의 장점에 집중하는 것이 중요한 것으로 나타났다. 이러한 연구결과에 기초한 심리치료는 심리치료적 변화에 대한 일반적인 모델로부터 완전히 벗어난 것이라 할 수 있다.

(1) 문제 집중 대 목표 집중

심리치료에서 자연과학적 은유의 가장 큰 결점은 문제를 중요하게 여긴다는 것이다. 전통적으로 심리치료는 개인의 문제를 진단하고 해석하는 것이 중요하다는 전제를 기초로 하며, 치료과정은 문제를 명확히 밝히는 데 근거를 두고 있다. 문제에 대한 진단이 정확할수록 심리치료는 더욱 효과적이다. 자연과학적 은유에서는 문제가 해결되어야지만 기계가 다시 작동한다. 즉 자연과학적 은유에서는 알려지지 않거나 접근 불가능한 문제는 해결될 수 없기 때문에 문제에 대한 정확한 진단이 중요하다는 관점이 이치에 맞는 것이다.

인간에 대한 심리학 연구에서는 이와 같은 이론을 뒤엎는 결과가 나타난다. 목표가 아닌 문제에 집중하는 것은 인간의 성장을 방해한다. 접근-동기와 회피-동기에 관한 연구에서는 문제에 집중하는 것을 넘어 긍정적인 목표에 집중할 때 더 큰 장점이 있다는 것을 강조한다. 접근-동기의 의미는 바람직한 상태에 도달하는 것에 초점을 두는 것을 말한다. 예를 들어 "나는 아들과 좀 더 잘 지내고 싶어요."를 긍정적 목표로 세울 수 있다. 한편, 회피-동기는 문제가 발생하지 못하게 하는 것에 초점을 둔다. 예를 들어 "나는 아들과 싸우고 싶지 않아요." 또는 "나는 아들과의 관계에 대하여 생각하고 싶지 않아요."라고 말하는 것에 초점을 두는 것이다.

접근-동기 연구는 긍정적 목표를 지향하는 것의 장점을 강하게 지지한다. 문제를 회피하기보다는 긍정적인 목표에 집중할 때 적극적으로 목표를 달성하기 위한 인간의 동기와 에너지가 능동적으로 증가한다(Goetz, Robinson, & Meier, 2008).

문제를 회피하도록 설정된 상황에 참여한 사람들과 목표에 집중하도록 설정된 상황에 참여한 사람들을 비교한 결과, 목표에 집중한 사람들이 새로운 것을 배우는 데 몰입하고 새로운 무언가를 시작하며, 새롭고 도전적인 활동을 시도할 뿐만 아니라 더 낙관적으로 과제에 접근하는 것으로 나타났다.[2] 심리치료에서는 이와 같은 행동의 증가와 긍정적인 목표를 달성하기 위해 위험을 감수하고자하는 내담자의 의지가 필수적이다.

문제를 회피하는 것에 비해 목표에 집중하는 것은 성취 가능한 목표를 향해 좀 더 강한 인내심을 가지도록 한다(Dweck, 1999; Elliot, McGregor, & Gable, 1999). 긍정적인 목표를 추구하면 비효과적이고 반복되는 해결책 대신 새롭고 독창적인 해결책을 만들어 내는 것을 촉진할 수 있으며, 목표에 접근하는 것과 함께 좀 더 다양한 해결책을 발견하고 시도할 수 있다(Crowe & Higgins, 1997; Friedman & Forster, 2001).

또한 이를 심리치료에 적용하는 것은 매우 간단하다. 삶에서 새로운 성과를 달성하고자 할 때 사람들은 인내심과 창의성을 필요로 한다. 무언가 잘 풀리지 않을 때는 다른 무언가를 시도하기 위하여 한 발짝 물러서는 것이 중요하다. 문제에 집중하는 것보다 긍정적인 목표를 추구할 때 언제까지 문제를 붙잡고 있어야(예 : 지속)하는지, 언제 문제를 놓아야(예 : 새로운 전략 찾기; Lench & Levine, 2008) 하는지에 대해 알 수 있다. 전략적 치료의 대표적인 인용구는 "만일 한 번에 성공하지 못한다면 또 다른 것을 시도해 보아라."이다(Watzlawick, Weakland, & Fisch, 1974). 재계에서 관리자들은 "단지 열심히 일하기보다는 더 똑똑하게 일하라."라고 강요받는다. 그러나 놀랍게도 많은 사람들과 치료자는 지속적으로 '동일한 것을 여러 번'이라는 전략을 사용한다. 문제를 축소하는 것에 집중한다면 변화는 일어나지 않을 것이다. 예를 들어 만약 반항적인 딸이 가족의 문제로 정의된다면, 딸의 반항기가 수그러질 때까지는 가족이 문제를 해결하는 데 아무런 진전이 없을 것이다. 그러나 만약 가족의 목표가 함께 즐거운 시간을 보내는 것이라면, 이러한 목표를

2) 위에 보고된 긍정심리학 분야의 연구들은 주로 치료적 연구보다 실험실 연구에 기초한다.

달성하기 위한 가족의 시도에 딸을 참여시킬 수 있는 여러 방법들이 있을 것이다(등결과성을 기억하라).

물론 사람들은 문제를 회피함으로써 삶을 관리할 수 있다. 일상생활에서 회피-동기는 어느 정도 존재하며, 문제를 회피하는 것에 집중함으로써 나타나는 결과가 있다. 예를 들면 문제를 회피하는 것을 성공했을 때 개인은 기껏해야 안도의 감정을 느끼고, 최악의 경우 근심과 분노라는 부정적인 감정을 느끼게 된다(Dweck, 1999; Lench & Levine, 2008). 이와 반대로 긍정적인 목표를 성공적으로 달성한 사람은 성취에 대한 좋은 감정을 느끼게 된다(Carver, 2004; Elliot & Church, 2002; Higgins, Shah, & Friedman, 1997). 예를 들어 아들과 싸우지 않고 저녁식사를 했을 때 아버지는 이에 대해 안도감을 느낄 수 있었을지 모르지만, 다음 저녁식사 시간에 대해 걱정하고 식사시간 동안 긴장했다는 사실에 약간 화가 날 수도 있을 것이다. 그러나 만약 아들과 아버지가 가족 모임에서 즐길 영화와 음악을 찾기 위해 함께 웹사이트를 검색하면서 즐거운 시간을 보낸다면, 아버지는 '아들과의 친밀감 향상하기'라는 목표를 달성한 것을 크게 기뻐할 것이다. 우리는 웹사이트를 검색하는 후자의 예에서 형성된 에너지, 활기, 긍정적인 감정 및 아들과 재결합하려는 아버지의 자발적 의지를 기억해야 한다.

목표 달성에 따른 긍정적인 감정은 심리치료에서 성공을 촉진시킨다. 목표를 달성한 후 가족이 얻는 만족감은 추가적인 목표 달성에 필요한 더욱 큰 에너지를 불러온다. 반면, 문제를 성공적으로 회피함으로써 얻게 된 안도감은 더 많은 목표를 추구하기 위한 에너지를 불러오지 못한다. 이 책의 저자들도 한때 문제를 회피하는 개입을 했을 수도 있지만, 무엇이 저자들로 하여금 이 목표에 집중하는 기술을 계속 사용하게 하는 것인지는 알 수 없다.

동기를 부여하는 모든 방식이 항상 성공하는 것은 아니다. 접근전략을 사용하는 사람들은 어떤 일에 실패했을 때 더욱 실망감을 느낀다. 한편, 회피전략을 사용하는 사람들은 어떤 일에 성공하지 못했을 때 더 큰 분노와 불안을 경험한다. 이러한 차이점은 심리치료적 함의를 가지고 있다. 분노하거나 불안한 사람과 관계를 유지하는 것보다 실망한 사람과 관계를 유지하는 것이 더 쉽다. 실망한 사람에게 접근전략을 제공하고 지지하는 것은 쉬울 수 있지만, 분노한 사람은 이러한 개입을 반기지 않을 수도 있다.

가족이 함께 나눈 이야기와 대화는 가족의 현실을 만들어 내기 때문에 목표에 대한 접근과 지지는 새로운 체계의 강점을 형성하는 데 필수적인 요소이다. 긍정적인 목표에 집중함으로써 나타나는 결과를 심리치료에 적용할 때 이에 대한 중요성을 강조한 연구들을 이해할 수 있다. 가족치료에서 긍정적 목표에 집중하는 것은 좋은 감정들과 사회성이 생성되는 데 유리한 환경을 만들어 낸다.

(2) 긍정적 정서

긍정적 정서나 감정의 경험은 우리가 얼마나 잘 지내고 있는지와 같은 **주관적 안녕**에 대한 광범위한 지표이다. 우리가 하루 동안 경험하는 긍정적 감정과 부정적 감정의 균형은 정신건강 기능의 지표가 된다(Diener, Sandvik, & Pavot, 1991). 그러나 지금까지 심리치료와 심리학 분야에서 대부분의 연구들은 두려움과 불안을 감소시키는 방법에 관한 연구와 같이 부정적 정서나 감정에 초점을 두었다. 직접적으로 부정적 감정을 감소시키는 것을 목표로 하는 개입도 중요하지만, 그동안의 연구들은 심리치료의 전략으로서 긍정적인 정서를 형성하는 것에는 거의 관심을 기울이지 않았다.[3] 현재 연구들은 긍정적 정서가 불러오는 강력한 효과를 지지하고 있다.

---

3) Joseph Wolpe(1990)의 체계적 둔감법은 불안을 감소시키는 데 긍정적 정서와 이완법을 사용했다는 점에서 굉장히 이례적인 연구이다.

대부분의 사람들은 성공이 긍정적인 감정을 가져온다고 생각한다. 그러나 몇 몇 사람들은 정반대로 생각한다. 선행 연구들에서는 행복과 같은 긍정적 감정이 성공적인 결과를 야기하는 것으로 나타났다(Fredrickson, 1998; Lyubomirsky, King, & Diener, 2005). 성공은 행복을 가져오고 행복은 성공을 가져온다. 따라서 긍정가족치료에서 긍정적 감정은 심리치료의 최종 목표일 뿐만 아니라 하나의 과정으로서 중요하게 여겨진다. 가족치료의 많은 내담자들은 부부관계, 자녀양육 그리고 직장문제로 인해 치료에 참여하게 된다. 행복이 이 모든 문제가 성공적으로 해결되는 데 도움을 준다는 결과는 가족치료의 새로운 접근법에 긍정적 감정이 중요한 구성요소가 될 수 있음을 나타낸다. 다음의 예를 살펴보자.

긍정적인 상호작용과 부정적인 상호작용의 비율을 비교하여 결혼생활에서의 행복을 측정하고 이를 통해 부부관계의 지속성을 예측할 수 있다(Gottman & Levenson, 1999). 이는 서로를 배려하고 경청하며 지지하는 상호작용 방식을 사용하는 부부들이 이혼할 가능성이 낮고 행복한 결혼생활을 할 가능성이 높음을 의미한다. 이와 같이 부부간 대화의 질에 따라 결혼생활의 성공이 좌우된다는 일반적인 사실이 만들어진다.

스스로 행복하다고 표현한 사람들(즉 긍정적 정서가 높고 상대적으로 부정적 정서가 낮은 사람)은 사회적으로 다양한 사람들에게 더욱 매력적으로 느껴진다(Kashdan & Roberts, 2004). 그들은 자신이 사회성이 뛰어난 사람이라고 여기고 타인들도 그들의 사회성이 뛰어나다고 생각한다(Isen, 1999). 행복한 사람들은 친구들에게 인기가 더 많으며 도움이 필요할 때 타인에게 좀 더 쉽게 도움을 요청할 수 있다(Salovey, Rothman, Detweiler, & Steward, 2000). 긍정적 정서는 미소와 웃음을 통해 사회적 상호작용을 하도록 이끈다(Frijda & Mesquita, 1994; Keltner & Kring, 1998; Ruch, 1993). 또한 결혼생활과 친구관계에서의 행복은 성공적으로 관계를 형성하는 것을 증진시킨다. 이러한 연구결과는 순환의 중요성, 즉 순환의 특징을 대략적으로 설명한다. 행복한 결혼생활과 좋은 친구들은 사람들을 행복하게 만들며 행복한 사람들은 행복한 결혼생활을 하고 좋은 친구들을 사귄다.

강한 사회적 지지나 관계는 더 많은 긍정적 정서와 사회적 수용을 불러올 뿐만 아니라 개인의 주관적 안녕, 신체적 건강, 정서적 적응에도 도움이 된다(Argyle & Martin, 1991; Cohen, 1988; House, Landis, & Umberson, 1988; Myers, 1992). 이러한 결과는 기존의 선행연구에서도 드러났다. 예를 들면 Wilson(1967)은 "가장 인상적인 결과는 성공적인 대인관계와 행복의 관계에 관한 것이다."라고 언급하였다(p.304).

Eric Fromm(1962)은 아동이 건강하게 발달하는 데 행복이 영향을 미치기 때문에 좋은 어머니가 되는 것의 일부는 행복한 사람이 되는 것이라고 주장하였다. 최근 연구들은 부모-자녀 애착과정에서 긍정적 정서의 중요성을 지지하고 있다. 미소 짓는 아이는 어머니가 더욱 긍정적인 감정을 느끼고 긍정적으로 행동하는 데 영향을 미치며(Fredrickson, 1998, 2001; Tomkin, 1962), 긍정적인 정서를 더 많이 표현하는 어머니는 유아가 긍정적인 정서를 표현하는 것을 촉진시킨다(Haviland & Lelwica, 1987). 즉 애착과 긍정적 정서의 순환적인 영향력에 주목해야 한다.

긍정적 정서는 직장에서의 성공에도 영향을 미친다. 긍정적 정서가 높은 근로자들은 인사고과에서 상사로부터 더 높은 점수를 받으며 더욱 신뢰성 있고 생산적인 사람으로 여겨진다(Cropanzano & Wright, 1999; Staw, Sutton, & Pelled, 1994; Wright & Staw, 1999). 또한 행복을 더 많이 표현하는 근로자들이 목표 강조, 업무촉진, 팀워크 영역에서 더 높은 점수를 받는 것으로 나타났다(Wright & Staw, 1999).

Lyubomirsky, King과 Diener(2005)는 행복과 같은 긍정적 감정이 미치는 영향에 관한 여러 연구들을 종합적으로 고찰하여 인상적인 결과들을 요약하였다. 그들이 요약한 결과를 살펴보면, 행복은 사회적 관계, 건강한 행동, 대처능력, 면역체계를 촉진하는 것으로 나타났다. 행복을 자주 느끼는 것은 가치 또는 인성 발달에 대한 몰입을 증가시킬 뿐만 아니라 스트레스, 사고율, 자살률을 감소시키며 행복한 사람들은 더욱 이타적이고 친절하며 자비롭다. 긍정적 정서는 약물중독(Wills, Sandy, Shinar, & Yaeger, 1999)과 음주로 인한 문제들도 예방한다(Peterson, Seligman, Yurko, Martin, & Friedman, 1998).

긍정적 감정들에 관한 설득력 있는 연구들은 긍정적인 감정이 심리치료에서 중요하다고 주장한다. 또한 긍정적 감정은 성장과 사회성에도 영향을 미치지만 그 자체로서 가치 있는 목표가 될 수 있다. 전 세계적으로 주관적 안녕의 수준을 조사하는 국제적인 연구는 행복의 일반적인 중요성을 지지하지만, 행복을 분류하거나 해석하는 방법은 집단마다 다소 차이가 있다(Tov & Diener, 2007). 예를 들어 오스트레일리아와 미국에서는 자신감을 긍정적인 감정으로 여기지만 중국과 대만에서는 자신감을 부정적인 감정으로 여긴다(Eid & Diener, 2001). 가족은 문화라는 거시체계에 속해 있고 가족은 각기 다르기 때문에 끊임없는 감수성을 필요로 하는 독특한 문화를 형성한다.

(3) 긍정적 감정의 확장 및 형성모델

Barbara Fredrickson(1998)은 긍정적 감정이 인간의 발달에 어떻게 영향을 미치는지에 관한 모델을 개발하였다. 지금까지 이루어진 다양한 연구들은 Fredrickson의 확장 및 형성모델을 지지하였다. 무엇보다 중요한 점은 확장 및 형성모델이 심리치료에 대한 저자들의 접근에서 사용되는 과정을 직접적으로 지지하고, 변화가 일어나는 방법에 대한 저자들의 이론과 일치한다는 것이다.

확장 및 형성이론은 긍정적 감정의 두 가지 주요 기능에 대해 설명한다. 첫째, 긍정적 감정은 인간의 생각과 행동을 **확장**시킨다. 긍정적 감정을 경험할 때 우리는 창의적인 방식으로 더욱 쉽게 사회에 참여할 수 있을 것이다(Bryan & Bryan, 1991; Carnevale & Isen, 1986). 창의적인 방식은 좀 더 다양한 대처방식을 제공하여 우리의 행동 범위를 확장시키고 더 많은 사회적 지식과 관여를 촉진시킨다. 두 번째 단계인 **형성**은 미래를 위한 성장을 지지하며, 사회적 접촉과 사회적 능력을 증가시키는 사회적·지적 기술을 확대하는 것을 말한다. 즉 확장 및 형성 능력은 긍정적인 감정을 더 많이 경험하게 하며 이는 향후 더 많은 확장과 형성을 불러온다. 이러한 긍정적 감정과 함께 일어나는 개인 발달의 긍정적 순환은 우리 삶 전반에 걸쳐 생산적인 방식으로 확장된다.

Fredrickson(1998)의 모델은 경험적 성격심리학 연구로부터 생겨났다. 접근-동기에 관한 경험적 연구와 확장 및 형성모델의 유사성에 주목할 필요가 있다. 목표에 접근하는 동기는 개인의 자원인 에너지, 동기, 생산성 등을 증가시키며, 긍정적 정서는 그 밖에 추가적인 자원을 유인하는 개인의 자원을 증가시킨다. 이것을 치료에 적용하는 것은 매우 효과적이다. 긍정적 정서가 가족의 협력과 관심을 증진시킬 뿐만 아니라 성장을 촉진한다는 결과들은 대부분의 가족치료 목표와 일치한다. 예를 들어 긍정적인 놀이를 한 아동들은 자신의 신체적·지적·사회적 자원을 증가시킨다. 부모와 자녀가 함께 협력하도록 하는 치료과제들은 긍정적인 감정을 더 많이 경험하게 하며, 이는 다양한 가족목표를 달성하기 위해 필요한 더 많은 자원을 제공한다.

긍정심리학 연구는 친사회적 행동(Isen, Horn & Rosenhan, 1973; Kenrick, Baumann, & Cialdini, 1979), 인지(Bryan & Bryan, 1991), 기억(Bartlett, Burleson & Santrock, 1982; Bugental, Lin & Susskind, 1995; Duncan, Todd, Perlmutter & Masters, 1985; Forgas, Burnham, & Trimboil, 1988)을 포함한 아동발달에 영향을 미치는 여러 주요변수에 대한 긍정적 감

정의 중요성을 강조하였다. 행복한 아동은 부정적인 정서가 높은 아동들에 비해 이러한 모든 영역에서 더 성공하는 것으로 나타났다.

(4) 희망

긍정심리학 연구들은 희망과 낙관주의 그리고 타인의 덕성에 더 많은 초점을 두고 있다(예 : McCullough & Snyder, 2000; Park, Peterson, & Seligman, 2006). 최근 다수의 실증적 연구들은 희망을 다루고 있으며, 연구의 결과들은 행복과 희망의 근본적인 관계를 강조하고 있다(Snyder, 2002). 높은 희망을 가지는 것은 정신건강, 주요 질병과 상해로부터의 회복, 지적·신체적 활동을 강화한다. 따라서 희망은 삶의 모든 측면에서 매우 중요하다(Synder, Lapointe, Crowson, & Early, 1998).

성공적인 가족치료를 위해서는 가족구성원들이 희망을 가질 수 있게 해야 한다. 치료에서 희망은 개인이 자신의 목표를 달성할 수 있다고 믿는 것을 말한다. 자신의 능력을 믿는 사람은 계획을 실행하고 목표에 도달할 때까지 모든 장애물들을 참고 견딜 것이다. 성공할 수 있다는 자신의 능력을 확신하는 사람들은 "나는 내가 이것을 할 수 있다는 것을 안다."고 말하는 것과 같이 자신을 강하게 지지한다(Snyder 외, 1998).

희망은 내담자의 사기를 저하시키는 감정과 반대되는 감정이다(Frank & Frank, 2004). Snyder(1994, 2002)는 희망이 목표를 달성할 수 있는 방법들을 발견할 수 있게 하며, 자신이 그 방법을 수행할 수 있는 능력을 가지고 있다는 믿음으로 구성된다는 것을 발견하였다. 목표를 달성하기 위해 시도한 접근법이 실패했을 경우, 다른 접근법을 시도하기 위한 다양한 방법을 아는 것은 목표를 달성에 대한 개인의 희망을 더욱 증가시킨다. 이는 열린 사회체계의 등결과성을 예측하는 일반체계이론과 유사하다.

긍정적 감정은 일시적인 희망을 지속적으로 강화하고, 더 나아가 장기적으로 지속되는 높은 수준의 희망을 형성하는 데 도움을 준다(Gallagher, 2008). 심지어 박장대소를 하게 하는 재미있는 영화를 보는 것을 통해서도 우리는 일시적으로 희망이 증가될 수 있다(Fredrickson & Branigan, 2005). 크게 웃는 것과 같이 긍정적 정서를 강화시키는 개입에 대한 연구는 가족치료에 직접적으로 적용된다. 저자들은 유머가 있고 가족에 대해 긍정적 시각을 가진 가족구성원이 치료에 참여했을 때 가족에게 긍정적인 정서가 나타나는 것을 발견하였다. 비록 치료과정 초기에 일시적으로 희망을 경험했을지라도 이러한 경험은 가족구성원 상호 간의 신뢰성과 희망 그리고 긍정적 감정에 기여한다. 가족구성원들이 함께 전략을 세우고, 그들이 계획을 성취할 수 있다는 자신감을 가지기 시작한 후에는 절망은 희망으로 바뀐다. 내담자가 능력과 자원을 형성하는 많은 활동을 시작하는 데 있어 긍정적 정서의 도움을 받으면 확장 및 형성과정이 시작된다(Fredrickson, 1998; Gallagher, 2008).

예를 들어 치료자는 가족에게 함께 보냈던 좋은 시간에 대해 말해 줄 것을 요청할 수 있다. 가족이 함께 좋은 시간을 보낸 것에 대해 이야기할 때 치료자는 각 가족구성원들이 대화에 참여하도록 하기 위하여 개개인에게 가족이 함께 보낸 시간 중에 무엇이 가장 좋았는지 말하도록 격려한다. 가족구성원들은 가족이 함께 한 경험에 대해 적극적으로 이야기할 때 좀 더 긍정적인 감정을 경험하며, 이러한 긍정적인 감정은 그들의 희망을 증가시킨다. 희망을 가지는 것은 가족이 다시 좋은 시간을 함께 보내도록 하는 능력에 대해 더욱 자신감을 가진다는 것을 의미한다. 치료자는 가족이 이야기하는 경험에 관심과 흥미를 가지는데, 이러한 치료자의 관심과 흥미는 가족이 즐거웠던 경험에 대해 더 많은 이야기를 할 수 있게 할 뿐만 아니라 가족의 긍정적인 감정들을 증진시킨다. 또한 치료자는 가족이 어떻게 즐거운 경험을 하게 되었고, 가족이 그러한 경험을 다시 할 수 있을지에 대해 질문한다. 그리고 치료자는 가족구성원 개개인이 그러한 경험에 어떠한 기여를 했는지, 가까운 미래에 비슷한 사건이 생긴다면 어떻게 대처할지에 대해 상기시킨다. 이러한 상호작용은 사회구성주의 모델을 반영한다 — 이야기는 가족구성원이 함께 즐거워할 수 있는 긍정적인 현실을 만들어 내는 것으로 구성된다. 가족이 함께 보낸 즐거운 시간은 함께한 경험들에 대해 가족이 좀 더 폭넓게 생각할 수 있다는 것을 예측 가능하게 하며, 미래에 가족이 긍정적인 상호작용을 할 수 있는 기회를 증가시킨다. 이러한 대화를 가족치료의 과제로 부여하는 것의 구체적인 특징은 다음과 같다.

1. 체계 내의 모든 가족구성원은 가족의 대화에 기여하기 때문에 즐거운 경험에 대해 이야기를 나누는 과제는 가족이 목표를 달성할 수 있는 다양한 방법을 발견하고 기억하는 것을 돕는다.
2. 과제는 치료자가 가족에게 행동이 목표와 어떻게 연결되는지 그리고 그 목표가 왜 중요한지를 상기시켜 줄 수 있는 다양한 기회를 제공한다.
3. 과제는 치료자가 가족에게 과거에는 어떻게 유사한 목표나 행동을 부분적으로 또는 전부 달성할 수 있었는지에 대해 알려 주는 기회를 제공한다.

3) 변화가 발생하는 방법에 대한 기초 개념

변화에 대한 모든 심리학 이론들은 지나치게 단순화되었는데, 이는 복잡한 삶을 단순화하는 것이 도움이 되기 때문이다. 인간의 생태학적·역사적·발달적·생물학적·심리학적 복잡성, 특히 가족 내에서와 같이 사람과 사람 간의 관계는 치료자에게 변화가 가능한 많은 목표, 전략, 수준을 보여 준다. 따라서 각 심리학 이론은 변화를 지지하는 데 도움이 될 것 같은 특정 관점을 이해하는 것에 집중하기 위하여 인간 모습의 일부분에 대한 정보를 필요로 한다. 그러나 변화를 하기 위한 방법도 중요하다. 저자들은 목표를 이루기 위해 긍정적 감정, 사회성, 덕성을 사용하는 긍정가족치료의 방법을 지지하는 이론들에 대해 감사하게 생각한다.

체계적 사고와 긍정심리학의 확장 및 형성모델과 일치하는 변화 이론은 상승이론, 일탈−확대 이론 또는 긍정피드백 이론으로 불린다(Maruyama, 1963). **상승이론**은 체계 내에서의 작은 변화가 더 큰 변화를 가져오는 과정에 대해 설명한다. 그동안 다수의 주요 체계이론가들은 변화를 이해하기 위한 방법으로 상승이론을 사용하였다(예 : Watzlawick 외, 1974; de Shazer, 1982; Bateson, 1972; Sluzki & Beavin, 1965; Maruyama, 1963; Wender, 1968; Boscolo, Cecchin, Hoffman, & Penn, 1987).

상승연속은 사람들이 서로에게 의식적 또는 무의적으로 점점 감정적으로 더 강하게 반응한다고 가정한다. 이와 같은 반응은 응답자 개개인의 신념, 속성, 구성 등의 상황에 대한 이해에 기초하여 나타난 것이다. 신념, 속성, 과거의 역사, 구성은 **의미체계**라는 용어로 요약될 수 있다. 개인은 상승이 일어날 때 그들의 의미체계로부터 반응한다. 사람들은 자신의 의미체계 내에서 행동하기 때문에 자신의 행동을 이해할 수 있으며, 이에 따라 자신의 행동이 합리적이거나 정당하다고 느낀다. 이로 인해 사람들이 행동의 동기에 대해 서로 오해하는 일도 빈번하게 발생한다.

이 책의 저자들은 상승이론이 문제가 진전되는 방법을 설명할 수 있을지라도 상승이론을 사용할 것을 제안하지는 않는다. 상승이론의 강점은 서로에게 도움이 되고 포괄적인 방식으로 변화의 과정을 설명할 수 있다는 것이다. 상승이론은 공동의 목표를 달성하기 위한 다양한 해결책을 고려하며, 시간이 지남에 따라 체계가 변화과정을 어떻게 강화하는지에 대해 설명한다. 상승은 즐겁거나 끔찍했던 경험을 불러올 수 있으며 상승의 상호작용은 고조된 감정, 행동, 신념을 야기하고 이러한 감정, 행동, 신념은 참여자 개개인의 속성

(의미)에 기초한다.

상승을 확실하게 이해하기 위하여 소파에 함께 앉아 있는 커플을 상상해 보자. A는 B에게 따뜻한 미소를 보낸다. B 역시 A를 향해 미소를 보내고 A의 손을 어루만진다. A는 B의 손에 키스를 하고 B는 A의 뺨에 키스를 한다. 이와 같이 긍정적인 사랑의 강도가 증가하는 커플의 상호작용은 계속된다. 미소로부터 시작된 A와 B의 사랑의 과정은 정열적인 사랑을 나누는 것으로 끝날 것이다. 이와 같은 상승의 과정은 상대방에게 가까워지고 싶은 욕구와 보살핌을 전달하는 것과 같은 과정을 함께 구성함으로써 유지된다. 두 사람 모두 각자의 의사소통을 열정적인 사랑의 메시지를 증가시키는 것으로 이해하였다.

가족체계는 동시에 발생하는 다수의 복잡한 문제들과 상호작용하게 될 것이다. 평가와 변화과정은 매우 복잡하며 가족 안에서의 상승 패턴은 정확하게 예측할 수 없으므로 여러 가능성을 반드시 고려해야 한다.

(1) 상승이론을 지지하는 연구

상승이 얼마나 정확하게 변화를 설명하는지에 관한 연구는 설득력이 떨어진다. 상승이론에 대한 지지는 상승이론에 기초하여 보고된 치료적 접근법의 효과성, 의사소통의 호혜성에 관한 연구, 상승이론의 개념적 유용성에 근거한다. 상승이론의 기법들은 사례와 임상적 모범사례로부터 비롯되었다(예 : de Shazer, 1982; Fisch, Weakland, & Segal, 1982).

인간 행동의 호혜성에 관한 연구는 Thibaut와 Kelley(1959)의 사회적 관계에 대한 사회교환이론으로부터 발달하였다. **사회교환이론**은 경제적 용어를 사용하여 관계를 설명하며, 관계의 만족 혹은 가치는 편익과 비용의 기능으로 나타낼 수 있다. Patterson(1982)은 그의 행동지향을 통해 이와 유사한 설명을 구체화시켰다. **상호 간 강압**이라 불리는 Patterson의 문제 상승 패턴의 근거중심 설명은 특히 가족치료자에게 중요하다.

부부의 상호작용에 관한 연구들은 상승이론을 통해 예측된 특징들과 함께 부부의 상호작용 과정을 밝혔는데, 긍정적이거나 부정적인 행동은 배우자의 행동 패턴을 따르는 경향이 있는 것으로 나타났다(Billings, 1979; Gottman, 1979; Gottman, Markman, & Notarius, 1977; Margolin & Wampold, 1981; Raush, Barry, Hertel, & Swain, 1974; Hahlweg, Revenstoft, & Schindler, 1984; Schaap, 1984). 또한 이러한 연구들은 스트레스를 받지 않는 부부들보다 스트레스를 받는 부부들에게 부정적인 상호작용이 더 자주 발생할 수 있다고 밝혔다. Revenstorf와 동료들(1984)의 연구에서는 스트레스를 받지 않는 부부들이 더 긍정적으로 행동하는 것으로 나타났다.

Gottman(1976)의 연구와 Jacobson과 동료들(1982)의 연구에서는 스트레스를 받는 부부들은 부정적인 의사소통에 즉각적으로 반응을 보일 가능성이 높은 것으로 드러났다. 부부들은 스트레스를 받으면 상승 순환을 시작하기 위해 서로에게 부정적으로 반응하기 쉬운 것으로 나타났다.

Hahlweg와 동료들(1984)이 치료에 참여한 부부들의 상승 과정의 유형과 그 빈도를 조사한 결과, 치료 후 부부들의 부정적인 상승이 감소했다는 것을 발견하였다. 긍정적인 상승(Hahlweg는 이를 매력적인 상승이라 한다)은 스트레스를 받는 부부들보다 스트레스를 받지 않는 부부들에게 더 자주 발생하는 것으로 나타났다. 스트레스를 받은 부부들은 치료 후 긍정적인 상승이 더욱 빈번하게 연속적으로 일어났으며, 이러한 긍정적인 상승이 증가한 정도는 스트레스를 받지 않는 집단보다 더욱 높은 것으로 나타났다.

(2) 상승모델의 단점

상호관계가 변화하는 과정을 상징하는 상승은 위험성을 지니고 있다. 상승은 자연과학으로부터 발생했기 때문에 이를 인간에게 적용하는 것은 인간을 기계화하는 것일지도 모른다. 예를 들어 인간은 항상 상승하지는 않을 것이며 시간이 지남에 따라 다른 방법으로 상승할 것이다. 인간의 일반적인 상승 과정을 설명하는 지수곡선을 나타낼 수는 없지만, 상승 과정의 패턴들이 부분적으로 나타나고 있다. 대부분의 성인 자녀들은 부모를 방문하는 것이 즐겁거나 즐겁지 않은 오래된 행동 패턴을 어떻게 이끌어 내는지 확인할 수 있다. 이러한 패턴은 '춤(dances)'이라 불리며(Lerner, 1985, 1989) 분노 또는 친밀감, 의존성 또는 독립성, 비평 또는 호평으로 순환하여 나타날 수 있다. 이와 같은 순환이 나타날 것을 예측할 수 있으면 이를 피할 수 있고 적응하기 쉽다.

게다가 상승이 특정 가족구성원의 폭력적이거나 위험한 행동에 관한 책임을 감소시키지 않는다는 사실을 아는 것도 중요하다. 폭력은 타인으로부터 일시적으로 낮은 강도의 자극을 받는다고 해서 나타나지는 않는다. 상승은유는 폭력을 체계적으로 이해하는 데에는 도움을 주지만 폭력을 행사한 가족구성원의 행동에 대한 책임을 덜어 주지는 않는다. 만약 학대상황이 드러났다면 치료자는 폭력을 유발하는 상호작용을 발견하기를 기대한다(예 : 가해자의 잦은 음주 또는 아동이나 배우자의 작은 잘못). 치료자는 체계의 각 구성원들이 이러한 상호작용을 다르게 설명할 것이라고 예상한다. 이와 같이 서로 관련이 있는 사건에 대한 가족구성원의 설명은 폭력이 발생하는 데 영향을 미치는 많은 원인들이 드러나게 한다. 이와 같은 조사는 가족이 폭력에서 벗어나 더 안전한 생활을 하는 데 도움이 되는 많은 이슈와 영향을 밝힐 수 있다. 그러나 이러한 상황에서 가족구성원들은 위험하고 상승적인 '비난 게임'을 할지도 모른다.

상승이론은 체계적으로 생각하는 것을 도울 수는 있지만 이것이 목표는 아니다. 체계적으로 생각하는 것을 이해하는 다양한 방법들은 내담자들을 돕는 치료자의 능력을 증진시킨다. 또한 이 책의 저자들은 사회성을 증진시키는 목표와 긍정적 정서의 상승에 집중하는 것이 이론에서 의도하지 않은 오용을 피하게 한다는 것을 발견하였다.

(3) 상승이론과 일차적 변화 및 이차적 변화

자녀가 낮은 성적을 받았다고 상상해 보자. 처음에 부모는 자녀가 낮은 성적을 받은 것에 대해 혼을 내고 자녀의 성적은 더 떨어진다. 그리하여 부모는 저녁에 텔레비전을 보지 않고 공부할 것을 요구하고, 자녀의 성적은 더욱 떨어진다. 이제 부모는 방과 후에 자녀를 친구들과 놀지 못하게 하고, 자녀는 아예 학교 숙제까지 하지 않아 성적이 더 떨어진다. 이에 따라 부모는 새로운 벌을 찾는다. 부모는 자녀가 높은 성적을 받는 것에 초점을 두었기 때문에 성적이 좋지 않을 경우 처벌을 하는 부모의 시도는 어느 정도 이치에 맞지만, 부모의 처벌로 인해 자녀가 높은 성적을 받도록 하는 것은 어렵다. 부모의 일반적인 상승 변화의 딜레마를 통해 일차적 변화와 이차적 변화의 개념을 알 수 있다.

숙제를 강요하는 부모와 숙제를 하지 않으려는 자녀 사이에 나타난 상승연속의 강제적인 측면은 부모의 반복되는 행동에 의해 강화되었으며, 자녀의 반복적인 반응이 점점 더 강화되어 부딪힌 것임을 주목해야 한다.

변화를 위한 첫 번째 시도에서 원하던 것을 얻지 못하면 일반적으로 사람들이 '반복해서 시도' 하는 것처럼 부모도 이러한 방식을 따른다. Watzlawick, Weakland와 Fisch(1974)는 이를 일차적 변화를 시도하는 것이라고 설명한다. 즉 바라던 결과를 얻지 못했을 때 사람들은 동일한 문제해결 모델 내에서 원하는 것을 얻기 위하여 더욱 열심히 노력하는 경향이 있다.

앞에 나온 예에서 부모가 자신들의 노력에 대해 이야기할 때 부모는 '할 수 있는 모든 것'을 시도했다고 말하기 쉽다. 그러나 주의 깊은 치료자는 부모의 모든 시도가 사실 한두 가지 주제에서 나온 것임을 깨닫게 될 것이다. 아마도

이 부모는 책임감 있게 행동하지 않은 사람들에게 나쁜 일이 일어난다는 현실을 자녀에게 알려 주는 것이 부모의 역할이라고 믿고 있을 것이다. 부모는 자녀가 책임감 있는 성인으로 성공하도록 하기 위하여 처벌을 계획하였다. 부모는 스스로 다양한 처벌 방법을 사용했다고 생각하겠지만 부모는 강도의 수준이 점차 증가된 한 가지 처벌만을 사용한 것이다. 부모의 유일한 전략은 "부정적인 결과가 행동을 변화시킨다."는 것이었다. 즉 부모는 일차적 변화 논리만을 사용해 온 것이다.

이차적 변화는 과거와 현재의 습관을 근본적으로 또는 의미 있게 중단하는 것을 의미한다. 이차적 변화는 성공적인 실행을 위해 새로운 지식과 기술을 필요로 한다(Fraser & Solovey, 2006). 앞서 살펴본 낮은 성적을 받은 아동의 사례를 통해 책임감에 대한 부모의 생각(그리고 자녀의 생각)과 바람직한 양육을 방해하는 변화전략을 생각해 보자. 첫 번째 예에서 부모는 자녀가 직면하게 될 냉혹한 세상에 대하여 알려 주었다.

만약 부모가 전략을 시도하는 데 있어 책임감에 근거를 두지 않고, 자녀의 부족한 기술이나 다른 기술을 습득하기 위한 동기를 근거로 하여 자녀의 성적이 낮은 것과 숙제를 하지 않는 것을 이해한다면 어떻게 될까? 부모가 시도할 수 있는 다른 전략은 어떤 것이 있을까? 첫 번째 전략은 부모와 자녀가 함께 책을 읽고 숙제를 하며 그들이 직면한 어려움에 대해서 토론하는 '저녁식사 후 부모와 자녀가 함께 하는 과제클럽'을 결성하는 것이다. 만약 이러한 부모의 개입이 성공하지 못한다면, 두 번째 전략으로는 자녀의 강점과 성취에 초점을 두는 것이다. 이 전략을 통해 부모는 자녀와 함께 하는 과제클럽을 계속이어나가면서도 그 밖에 신체적·예술적·사회적으로 자녀가 성취하는 것들에 집중하는 시간을 가질 수 있을 것이다. 부모가 시도할 수 있는 세 번째 전략은 자녀의 또래들을 과제클럽에 참여시키는 것이다. 이는 공부에 집중하기 위한 사회적 지지를 증가시킨다.

부모는 자녀에게 책임감을 가르치기 위하여 불쾌함을 증가시키는 방법에 의존하는 대신, 삶에서의 어려운 도전들을 극복할 수 있는 전략들을 사용해야 한다. 이처럼 부모는 자녀의 사회적 지지와 관심을 증가시킬 수 있는 '다른 사람에게 도움 요청하기', '동기를 향상시키는 다른 방법 찾기', '강점 보완하기' 등의 방법을 사용할 수 있다. 이와 같은 접근법은 확장 및 형성전략을 기초로 하여 자녀에게 미래에 대한 관점을 제공한다는 추가적인 이점이 있다. 도전에 직면했을 때 긍정적인 정서를 증가시키는 전략들을 찾아야 한다.

Fisch, Weakland와 Segal(1982)은 일차적 변화의 사용 — 계속 악화되는 결과를 상승시키는 한 가지 해결방안 — 을 인간이 겪는 어려움의 특징으로 보았다. Fisch와 동료들은 문제로 정의된 내담자의 부정적인 해결방안을 변화시킬 수 있는 과정을 발전시켰다. 문제해결을 위한 내담자의 시도는 상황을 더욱 악화시키기 때문에 Fisch와 동료들은 내담자가 현재의 문제해결을 시도하는 것을 멈추게 하는 것을 목표로 하였다.

내담자가 도움이 되지 않는 해결방안을 선택하거나 이를 고수할 때 병리가 발생하게 된다(Fisch 외, 1982). 이 책의 저자들은 긍정심리학 연구로부터 나온 예측들과 가장 성공적인 이차적 변화 개입이 일치한다는 점을 발견하였다. 예를 들어 Fisch와 동료들은 애완견이 긍정적 정서를 자주 불러일으키기 때문에 부모가 자녀에게 애완견을 선물하도록 하는 개입을 가장 선호한다.

요약

이 장에서는 과거와 현재에 이루어진 체계이론 및 긍정심리학에 관한 연구들과 이론들에 대해 살펴보았다. 이 장에서 다룬 정보들은 다음 장에 소개될 긍정가족치료 모델을 뒷받침한다. 이론과 개념을 통해 기초를 형성하였으니 다음으로 기법과 적용에 대해 살펴보도록 하겠다. 이 장을 통해 당신의 호기심, 희망, 웃음과 같은 긍정적인 감정이 증가했을 것이다. 지금 당신이 느끼는 긍정적인 감정은 이 책의 모든 장들을 통해 더욱 증가될 것이다.

제2장

긍정가족치료의 기법

목표

지금까지 임상학자들은 다양한 가족치료 전략들을 시도했으며, 일부 전략들은 엄격한 연구들을 통해 검증되었다. 이 장에서는 긍정가족체계 접근법과 일치하는 치료기법들을 소개하고, 치료기법이 적용된 사례들을 구체적으로 살펴보고자 한다. 이 장에서 소개되는 기법들은 치료 시 가장 효과적이라고 생각되는 개략적인 순서에 따라 사례들과 함께 설명되었다. 또한 이 장에서 제시되는 기법들은 긍정가족치료와 동일한 목표를 가지는 것으로 저자들의 연구, 긍정심리학에서의 경험적 성격과 사회심리연구, 전통적 가족치료기법에 기초를 두고 있다.

핵심개념

공감(empathy)   끝맺음(punctuation)

기적질문(miracle question)   라포 형성(rapport building)

모델로서의 부모(parent as model)

반영(reflection)

순환질문(circular questioning)

쉽고 간략하게 설명하기(paraphrasing)

실연화(enactment)

양자수용론(both/and logic)

양자택일론(either/or logic)

예외 찾기(finding exception)

일치성(congruence)

무조건적인 긍정적 존중(unconditional positive regard)

재정의(reframing)

중단하기(interrupting)

중립성(neutrality)

척도질문(scaling questions)

치료적 동맹(therapeutic alliance)

칭찬하기(complimenting)

콜롬보 기법(Columbo technique)

합류(joining)

개요

긍정가족치료의 기법들은 가족구성원 개개인이 자신과 모든 가족구성원들의 성공에 대한 책임을 인식하도록 하기 위해서 가족구성원 모두가 새로운 가족 현실을 형성하는 데 참여하도록 고안되었다. 양쪽부모 또는 한부모, 이성애자 또는 동성애자인 가족구성원, 무자녀 또는 다자녀 등 가족이 어떻게 정의되든지 간에 일반적으로 가족은 각 가족구성원들의 삶에 가장 중요한 영향을 미친다. 가족은 각 개인을 규정하는 고유한 문화 — 함께한 추억의 망(web of shared stories) — 를 형성하며, 의미를 공유하는 이러한 망을 통해 가족은 성장을 지지하는 이상적인 체계가 된다.

치료의 전반적인 과정은 치료에 기여하도록 모든 가족구성원들을 참여시키고, 각 구성원들이 가족의 발달에 서로 다른 영향을 미치고 있음을 반복적으로 상기시켜 주는 것이다. 앞으로 제시될 기법들은 가족의 가치와 목표를 분명히 하는 데 도움이 될 뿐만 아니라 가족의 강점을 강화할 수 있도록 도와준다. 치료자들은 가족구성원들에게 가족이 어떻게 기능하면 좋을지에 대해 상상해 볼 것을 요청한다. 각 가족구성원들은 치료자의 도움을 받아 자신의 관점을 제시하고, 치료자가 각 개인의 관점을 고유한 것으로 생각하고 있다는 것에 안심하게 된다. 즉 가족은 사회적으로 구성되는 것이다. 그러나 가족의 가장 중요한 목표는 필연적으로 유사할 수밖에 없다. 가족은 가족구성원들에게 양육 환경을 제공하고 가족 고유의 가치와 특별한 덕성들을 전달하고 보존하며, 가족구성원 개개인이 최상의 성과를 얻는 데 도움을 주기 위해 존재한다.

가족이 가족구성원 개개인의 목표에 가까워질수록 치료가 필요한 문제들은 완화된다. 가족의 목표는 더 이상 일어나지 않기를 바라는 일이 아니라 일어나기를 바라는 일에 초점을 둔다. 가족의 목표는 문제의 해결을 넘어서 가족이 변화하는 것이며, 가족의 변화는 가족 스스로가 이루는 것이다. 가족의 문제가 완화된다고 해도 변화를 위한 가족의 노력이 중단되어서는 안 된다. 변화는 그동안 습득된 기술들과 변화와 관련된 긍정적 감정들을 활용하여 새로운 목표를 향해 나아가는 지속적인 과정으로 받아들여져야 한다. 가족이 성장하는 것을 목표로 할 때 가족구성원들이 서로에 대해 비난하는 것은 줄어든다. 성공적인 긍정가족치료는 가족구성원 모두가 보다 행복한 감정을 느끼는 것으로 끝나게 된다.

1. 초기 라포 형성 및 강점 발견

모든 심리치료와 마찬가지로 긍정가족치료에서도 치료자와 가족은 초기 만남에서 서로에 대한 정보와 영향을 주고받으며 라포를 형성해야 한다. 라포를 형성하는 전형적인 치료기법으로는 질문하기, 쉽고 간략하게 설명하기, 요약하기가 있다. 그러나 긍정가족치료의 초기 접근법은 이러한 전형적인 접근법들과는 약간의 차이가 있다. 긍정가족치료에서 치료자는 가족의 문제에 대해 심층적으로 분석하기보다는 각 가족구성원들의 강점에 관심을 가진다. 치료자가 가족구성원에게 쉽고 간략하게 설명하거나 요약하거나 질문하는 과정에서 이러한 치료자의 관심이 표명된다. 즉 치료자는 불평이나 문제점보다는 개인의 강점에 더 초점을 둔다.

많은 가족구성원들은 치료자가 긍정적인 것에 초점을 두는 것에 대해 의아해하며, 가족의 딜레마 속에서 치료자가 의심할 여지없이 자신의 편을 들 것이라는 확신을 가지고 자신의 불만을 치료자에게 털어놓으려 한다. 자연과학적 은유에 기초를 둔 대부분의 치료모델에서 치료자는 가족에게 도움을 주기 위해 가족의 문제점과 단점에 초점을 둔다. 그러나 이러한 접근방법에는 대가가 따르게 된다. 작게는 문제의 세부사항을 살펴보는 데 소모되는 시간이고, 크게는 양육 문제나 아동의 부정적인 행동과 같은 가족의 결함을 강조함으로써 발생하는 잠재적인 위험이다. 이 두 가지 경우 모두 가족구성원들은 부정적인 정서를 갖게 되고, 종종 실패에 대해 이야기하는 것을 피하려고 한다. 또한 부정적인 이야기들이 사실인지를 밝히는 것은 부정적인 행동을 더욱 유발하는 원인이 된다. 부정적인 정서와 회피는 더 기능적인 가족이 되기위해 필요한 에너지, 희망, 창의성을 감소시킨다.

반면, 가족의 강점에 초점을 두는 경우에는 이러한 문제가 발생하지 않는다. 치료자는 가족이 걱정에 대해 이야기할 때 관심을 가시고 듣지만, 가족의 즐거웠던 시간, 능력 그리고 목표에 대해 이야기할 때 더욱 열심히 반응을 보인다. 치료자는 가족에게 질문하고 반응함으로써 가족에 대한 자신의 믿음을 분명하게 전달한다. 사람들이 자신에게 호감을 보이는 사람을 좋아한다는 것은 분명한 사실이다. 긍정가족치료자는 성공적으로 기능을 수행하는 가족구성원에게 강한 호감을 나타낸다.

긍정가족치료자들은 보통 가족구성원들의 걱정을 덜고 협조를 구하기 위해 가족에게 치료과정에 대해 설명하면서 치료의 첫 회기를 시작한다. 치료의 첫 번째 단계는 각 가족구성원들에 대해 알아가는 것이다. 치료자는 각 가족구성원들에게 어떻게 하면 더 화목한 가족이 될 것인가에 대해 질문하고 개인적인 평가가 필요하다는 사실을 상기시킨다. 가족구성원들이 긍정적인 상태를 유지하고 치료의 목표가 문제를 제거하는 것으로 돌아가지 않도록 하기위해서는 도움이 필요하다는 것이 일반적인 사실이지만, 이에 대해서는 다양한 의견들이 있을 수 있다.

가족구성원들에게 치료의 초점이 가족의 문제가 아닌 가족이 성취해야 할 목표에 있음을 알리는 것은 중요하다. 치료자는 가족에게 "우리는 문제를 통해 당신의 가족 내에서 어떤 일이 잘 풀리지 않고 있다는 것을 알 수 있습니다. 그러나 우리는 그 문제를 통해 당신이 원하지 않는 것만 알 수 있으며, 당신이 원하는 것이 무엇인지는 알 수 없습니다."와 같이 이야기를 하기도 한다. 가족치료는 가족이 무엇을 원하는지 이해하고, 행복을 증진시키는 방법을 통해 가족이 원하는 것을 어떻게 성취할 수 있는지에 대해 이해하는 것으로 구성된다.[1] 그러므로 치료에서 다뤄지는 논의들은 주로 현재와 미래에 가족이 원하는 것을 중심으로 진행될 것이다. 과거에 대한 내용은 가족의 강점을 강화하기 위해 가족이 잘하는 것을 발견하는 것 이외에는 치료에서 중점적으로 다뤄지지 않을 것이다.

1) 라포 형성/합류/중단하기

라포 형성의 첫 번째 단계는 간단히 말해 서로에 대해 알아가는 것이다. 치료자는 보통 가장 어린 가족구성원에게 먼저 질문하지만, 가족의 문제 원인으로 지목된 청소년(IP)과 같이 치료에 참여시키기 어려워 보이는 사람에게는 질문을 하지 않고 건너뛸 수도 있다. "너의 이름은 무엇이니? 잘 지냈니? 너는 몇 학년이니? 네가 가장 좋아하는 과목은 무엇이니? 취미는 무엇이니?" 등과 같은 질문을 통해 치료자는 가족구성원 개개인에게 관심을 표현하고 칭찬을 한다. 치료자는 치료 초기부터 개개인의 강점에 더욱 흥미와 관심을 갖는다. 치료자가 관심을 가지는 강점은 유쾌하고 가치가 있거나 잘할 수 있는 것들이다. 일반적으로 치료자는 부모에 대해서는 제일 마지막으로 질문한다. 치료자는 나이에 대해 질문하고 어색함 때문에 웃기도 하며, 직업에 대해 질문하고 누가 친부모인지 양부모인지와 같은 재혼가족과 관련된 문제에 대해 질문한다.

가족구성원들과의 초기 상호작용은 가족구성원들이 치료자에 대한 인상을 형성하고, 치료가 어떻게 진행될지 어느 정도 예상할 수 있게 한다. 치료에서의 초기 대화는 가족과 합류하기 위한 기초이다. 치료가 성공하려면 가족이

---

[1] 긍정적인 정서가 가족문화와 일치하는지 살펴보기 위해 가족의 행복증진은 특정한 시점에서 가족과 함께 탐색되어야 할 필요가 있다.

치료자를 유능하고 신뢰할 만한 사람으로 보아야 하기 때문에 치료자와 가족이 서로 라포를 형성하고, 합류나 동맹을 형성하는 이러한 과정은 매우 중요하다.

Carl Rogers(1957)가 제시한 일치성, 무조건적인 긍정적 존중, 공감의 조건은 개방된 분위기나 신뢰감을 형성하고, 치료적 관계나 동맹을 맺는 표준적인 방법을 제공한다. 먼저 **일치성**은 가족구성원들과 의사소통할 때 치료자가 실제 자신을 나타내는 것을 의미한다. **무조건적인 긍정적 존중**은 '내담자가 경험한 것들을 내담자의 일부분으로 수용하는 것으로…… 당신이 이러저러할 때에만 당신을 좋아한다는 감정이 없는 무조건적 수용'(Rogers, 1957, p. 97)을 의미한다. **공감**은 치료자가 '자신의 분노나 두려움, 혼란을 내담자에게 대입시키지 않는 범위에서 내담자의 분노나 두려움, 혼란을 마치 자신의 것처럼 느낄 수 있을 때' 일어난다(Rogers, 1957, p. 99). 치료자가 항상 모든 가족구성원들과 함께 이상적인 조건에서 완벽하게 치료를 하는 것은 불가능하다. 그러나 치료자는 위에서 설명한 일치성, 무조건적인 긍정적 존중, 공감 등을 이용하여 내담자가 치료자를 유능하고 신뢰할 수 있는 사람으로 여길 수 있도록 하는 관계적 목표를 설정할 수 있다. 치료자는 일치성, 무조건적인 긍정적 존중, 공감에 기초한 치료적 의사소통 방식의 영향력을 과소평가해서는 안 된다. 대부분의 사람들은 치료적 의사소통을 경험한 적이 없으며, 많은 사람들이 그러한 경험의 영향력에 대해 놀라게 된다. 긍정가족치료에서는 몇몇 특정 상황에 이러한 기술들을 적용한다.

공감은 타인에 의해 이해받거나 인정받고 있음을 느끼는 과정을 통해 사람들 사이의 매우 중요한 연결고리를 제공한다. 더 나아가 일단 우리를 알고 있는 사람들에게 인정을 받고 편안함을 느끼게 되면, 우리는 관계에서 좀 더 개방적이고 융통적이게 되며 신뢰감을 가질 수 있게 된다.

긍정가족치료는 다른 치료들과는 조금 다른 관점으로 공감기술을 사용한다. 긍정가족치료의 접근법에서 공감적 반응은 내담자가 지금까지 이야기한 것을 있는 그대로 반영하는 것이 아니다. 치료자는 내담자의 진술 속에서 다양한 의미를 파악할 수 있으며, 내담자의 진술 중에서 가장 중요한 내용을 선택한다. 가족치료의 목표는 가족구성원들 간에 긍정적인 관계가 깊어지도록 하는 것이다. 치료자는 가족구성원들이 보다 생산적인 대화를 하고자 할 때 공감적 반응을 이용할 수 있도록 공감적 반응을 통해 의사소통의 통로를 열어 주어야 한다. 가족구성원들이 모두 함께 공감하게 될 때 가족은 더 활발하게 기능한다. 치료자는 가족구성원들이 서로 공감하는 것을 돕기 위해 내담자의 진술 속에 포함된 상처받기 쉬운 감정과 목표 지향성을 파악하여 가족구성원들에게 반응한다. 이와 같은 치료자의 반응을 통해서 가족구성원들은 단지 문제에 대해서만 진술하는 것이 아니라 목표에 대하여 스스로 이야기하게 된다. 그 예로 긍정가족치료의 회기에서 발췌한 다음의 사례를 살펴보자.

아버지 : 퇴근해서 집에 오면 집안이 항상 어수선해요. 아이들은 집안을 뛰어다니고 가구에 기어오르고 있죠. 엘리사는 전화 통화를 하고 있어요. 제가 피곤한 상태로 집으로 돌아왔을 때 매일 이러한 광경을 봐요. 결국 전 폭발하죠.

치료자 : 이러한 모습이 라파엘을 좌절시킨다니 유감스럽네요. 매우 곤란하겠어요. 저는 당신의 목소리에서 당신이 '폭발' 하지 않기를 원한다는 것을 알 수 있었어요. 당신은 집에 돌아와서 자신의 또 다른 부분들을 가족과 공유하고 싶고, 아이들과 아내와의 관계가 달라져 있기를 원하죠. 당신이 바라는 모습은 어떤 모습인가요? 아이들과 아내와 함께 어떠한 이야기를 나누고 싶으신가요?

이와 같은 치료자의 진술은 치료자가 라파엘을 깊이 이해하고 있음을 보여 주기 위한 것이다. 치료자는 라파엘의 좌절감을 언급한 후, 그의 가족이 어떠한 모습이 되기를 바라는지에 대해 이야기를 나누면서 목표에 대한 이야기로 화제를 옮긴다. 라파엘이 가족과 가까워지기 위한 그의 목표를 이야기하기 시작할 때 라파엘의 가족구성원들은 그를 다른 시각으로 바라보기 시작하고, 가족의 공동 목표를 찾아내는 것도 가능하게 된다. 그러나 라파엘은 목표에 대해 이야기할 때 친밀한 가족생활을 하고자 하는 자신의 목표를 달성하는 데 아내와 아이들이 어떻게 방해하는지에 대해서 비난을 하기 쉽다.

아버지 : 모든 사람들이 그렇듯이 물론 저도 달라지기를 원하죠. 하지만 제가 매일 오후마다 보는 어지럽고 소란스러운 모습을 생각하면 그건 불가능해요.

문제중심의 대화 또는 비난이 곧 시작될 것으로 예상되거나 실제로 비난이 시작되었을 때 치료자는 대화를 중단해야 한다. 치료자는 자기 자신을 '좋은 경청자'로 생각하기 때문에 이 과정에서 불편함을 느끼게 되지만, 이에 대해 개의치 말아야 한다. 비난보다 긍정적인 목표들을 받아들이는 방향으로 가족이 발달하는 것은 가족구성원들 간에 새로운 유형의 대화가 활발히 유지될 수 있는가에 달려 있다. 치료의 중요한 목표는 변화 전략으로서 마음에 상처를 주는 대화를 줄이는 것이다. 비생산적인 대화를 중단하는 것은 매우 중요한 기술이다. 개인 또는 문제중심의 치료에서는 비생산적인 대화를 중단하는 기술이 드물게 사용될지도 모르지만 긍정가족치료에서는 매우 흔하게 사용된다.

치료자 : 당신이 원하는 것을 제가 좀 더 잘 이해할 수 있게 설명해 주세요. 지금 당신은 아이들과 이야기를 나눌 수 있기를 원하죠? 그렇죠?

아이들과 이야기를 나눌 때 어떠한 기분을 느끼고 싶으세요?

치료자는 칭찬과 함께 대화를 중단할 수 있다.

> 치료자 : 잠시만요! 잠시만요! 잠시만 기다려 주세요. 침착하세요. 당신은
> 제가 잠시 생각해 보아야 할 매우 중요한 사실들을 이야기했어요.
> 그런데 이야기가 너무 빨리 지나가서 모든 것을 이해할 수 없었어
> 요. 잠시 멈추고 생각할 시간을 주세요.

치료의 첫 회기 초반에 치료자가 중단하기를 사용하는 것은 가족구성원 모두에게 치료자가 해야 할 일이 중단하기라는 것을 알려 준다. 이는 결코 무례한 것이 아니다. 치료 초기에 일부 치료자들은 가족을 정확하게 이해하고, 가족에게 가능한 더 많은 도움을 주기 위해서 종종 가족의 대화를 중단하는 것이 필요하다는 것을 미리 알려 준다. 이와 같이 치료자가 가족에게 치료과정을 미리 알려 줌으로써 가족은 치료를 통해 관계를 형성하는 새로운 방법들을 배우게 될 것이라는 기대를 가지게 된다.

Rogers(1957)의 무조건적인 긍정적 존중과 일치성에 대한 통찰을 가족치료에 적용하기 위해서 치료자들은 첫 회기 동안 가족구성원 개개인들을 알아 가는 과정에서 매우 민첩하게 행동해야 한다. 치료과정에서 가족구성원 중 한 명이 대화를 주도하고 다른 구성원들을 대변하려 할지도 모른다. 사실 가족 전체는 한 사람이 가족구성원 모두를 대변해 주기를 바랄지도 모른다. 그러나 치료자는 가족구성원 모두에게 치료자와 라포를 형성하는 과정을 시작할 수 있는 기회와 발언할 수 있는 기회를 반드시 주어야 한다. 이를 성공시키기 위해서는 추가적인 기법이 필요하다.

2) 중립성

중립성은 가족과의 치료적 관계를 보여 주는 방식이나 기본적인 태도이다 (Boscolo 외, 1987). **중립성**은 치료자가 가족구성원 개개인과 그들이 가지고 있는 관점에 관심을 가지고, 가족구성원들이 공유한 이야기에서 나타난 시너 지효과로부터 새로운 관점을 발달시킬 수 있기를 기대하는 것이다. 중립성을 지킬 때 치료자는 가족체계 내에서 연속적으로 개개인의 '편'에 설 수 있다. 중립성은 가족체계가 기능하는 방법에 대해서 치료자가 하나의 관점만을 가 지지 않도록 도와준다(Cecchin, 1987). 중립성은 개인들과의 관계가 결여되 거나 무관심을 의미하지는 않는다.[2] 중립성은 가족체계 내 구성원들 사이에 서 치료자의 관여가 균형을 이루는 것이다. 치료자는 체계 내 구성원들의 다 양한 관점에 대해 물으면서 의미의 복잡한 연계망을 찾아내기 시작한다. 중 립적인 치료자는 가족의 이야기를 수합하고 전달하는 두 과정에서 균형을 이 룬다. 중립성의 목표는 치료자가 어느 한 사람의 편에 서 있는 것이 아니라 모 든 구성원들의 편에 서는 것, 즉 치료자의 수용과 이해를 가족구성원들이 느 끼게 하는 것이다. 대부분의 가족에서는 한두 명의 가족구성원만이 의견을 말하기 때문에 치료자가 호기심을 갖고 가족에 대한 다양한 의견을 수용하게 되면 가족의 새로운 의사소통 방식이 형성된다(Boscolo 외, 1987; Cecchin, 1987). 치료자는 가족의 이야기에 새로운 정보를 추가함으로써 가족의 전형 적인 첫 대화에서 변화를 촉진할 수 있다.

치료자가 가족구성원 개개인과 이야기를 나누는 시간은 중요하다. 치료자 는 가족구성원 모두가 관심을 가지고 대화에 참여할 수 있도록 시간을 배분해 야 한다. 비록 치료자가 가족구성원 중 한 사람에게 초점을 두고 있을지라도 치료자는 순환질문을 통해 다른 가족구성원들을 대화에 참여시킬 수 있다.

---

2) Boscolo 외(1987)가 정의한 중립성은 정신 역동적 구조와는 매우 다르다.

치료자는 가족구성원 개개인을 대화에 참여시키고 이들에게 집중함으로써 중립성을 표현할 수 있다. 치료자가 사용하는 눈 마주치기, 화자를 향해 몸 기울이기, 추후질문하기, 화자의 진술과 이전의 정보를 연결시키기 등의 매우 보편적인 치료적 전략들은 가족구성원 모두를 대화에 참여시키기 위한 방법이다. 또한 긍정가족치료에서 치료자들은 각 구성원들과의 초기 상호작용에 사용하거나 반영하기 위한 가족의 강점을 찾는다. 예를 들어 치료에 마지못해 참석한 10대와의 첫 번째 상호작용이 진전이 없을지라도 치료자는 다른 가족구성원과의 대화로 넘어가기 전에 다음과 같이 말할 수 있다.

치료자 : 너의 학교생활과 취미생활에 대해 이야기해 줘서 고마워. 너도 알겠지만 우리의 대화에서 네 나이 또래의 누군가가 있다는 것은 중요해. 대부분의 어른들은 지금 네 나이에 어떠했는지 잘 기억하지 못하기 때문에 너와 같은 전문가가 필요해.

가족구성원들이 치료를 불편해할 때 치료자는 가족의 강점에 대해 오랜 시간 동안 이야기를 나눈다. 반면, 가족이 치료를 못마땅해 하고 치료가 빨리 진행되기를 원한다면 치료자는 초기 라포 형성에 적은 시간을 할애하게 되지만, 이 경우에도 치료자는 항상 한 회기의 처음 30분 동안에는 각 가족구성원의 강점을 찾기 위해 노력한다. 이를 통해 얻은 내담자의 강점에 대한 정보는 매우 중요하다.

3) 긍정적으로 끝맺음하기 또는 강점에 집중하기

가족이 강점에 계속 집중할 수 있도록 돕고 긍정적인 정서를 촉진시키기 위해 치료자들이 사용하는 몇 가지 기법들이 있다. 가족의 강점에 집중하는 것은 가족의 희망을 증진시키고 가족의 에너지를 높이며 동기가 강화되는 것을 유지하는 데 매우 중요하다. 치료자가 **끝맺음**을 하는 기본적인 방법, 즉 가족이 강점에 집중하도록 하는 방법은 가족의 이야기 중 특정한 부분에 그들의 에너지를 집중시키는 것이다. 특별한 에너지가 필요한 이유는 치료과정에 가족의 자신감을 떨어뜨리는 사회맥락과 관련된 위협들이 존재하기 때문이다.

예를 들면 대다수의 치료자들은 내담자들보다 민족적 · 인종적 배경, 성 지향, 종교, 성별, 언어, 사회경제적인 측면에서 더 높은 지위에 있다. 치료자가 이러한 차이에 대해 주의를 기울이지 않는다면 지배와 피지배의 사회적 패턴이 의도치 않게 치료 공간에서 재현될 수 있다. 치료자보다 낮은 지위에 있는 내담자들은 그들의 문제에 깊게 파고들려고 하는 치료과정으로 인해 모욕당한 느낌을 받을 수 있다. 문제를 확인하는 과정에서 가족은 과거에 차별당한 경험에 대한 재외상화(retraumatization)를 겪을 수 있다. 강점에 초점을 둔 치료 과정을 통해 내담자는 상대적으로 높은 지위에 있는 치료자가 특권이 주어진 자신의 지위를 정당화하기 위해 그들의 문제를 이해하고 열의를 다한다고 생각하는 함정들을 피할 수 있다. 그러나 스트레스를 받는 가족들은 강점을 확인하는 데 있어 도움을 필요로 할지도 모른다.

성공에 대한 과거의 경험은 내담자의 강점이 될 수 있다. 치료자는 가족구성원들이 과거에 경험한 좋았던 시간이나 감정에 대해 진술하는 모든 것에 주목할 필요가 있다. 내담자들은 자신의 강점을 모르거나 과거에 좋았던 일이 미래에 대한 지표가 된다는 사실을 깨닫지 못할 수도 있지만, 치료자는 내담자들이 그러한 개념을 깨닫도록 할 수 있다. 예를 들면 다음과 같다.

어머니 : 저는 무슨 일이 있었는지 몰라요. 주앙이 학교에 입학했을 때 처음에는 모든 선생님들이 주앙을 좋아했어요. 왜냐하면 주앙은 매우 영리했거든요. 그러나 지금 제가 주앙에 대해 듣는 것들은 모두 불평들이에요.

치료자 : 학교에 입학했을 때 주앙은 반에서 가장 영리한 소년이었군요. 아드님이 매우 자랑스러웠겠어요. 저는 주앙이 자신이 자랑스러운 존재였다는 것을 기억하는지 궁금하네요. 주앙, 네가 학교에서 스타였던 사실을 기억하니?

또한 치료자는 가족구성원들을 칭찬함으로써 가족의 강점을 강조할 수 있다. de Jong과 Berg(1998)는 다음과 같이 주장한다.

> 치료자는 내담자들에게 친절하게 대하기 위해 칭찬을 사용해서는 안 된다. 칭찬하기는 현실에 근거해야 하며, 이는 내담자가 언어나 치료과정을 통해 치료자에게 전달하는 것에서 비롯된다(1998, p.31).

내담자들이 자신의 강점을 강화하기 위해서는 강점들에 대한 정확한 정보가 필요하다. 그러나 칭찬은 평가가 포함된 것이기 때문에 전략적으로 사용되어야 한다. 어느 정도의 칭찬은 치료자가 가족의 강점에 관심을 두고 있음을 나타내는 반면, 지나친 칭찬은 치료사와 가족구성원 사이에 위계적 차이가 크다는 것을 나타낸다. 또한 구체적인 칭찬은 일반적인 칭찬보다 훨씬 더 영향력이 있다. "너는 네가 6살이라고 했지만 넌 마치 8살 아이가 말하는 것처럼 그 질문에 대답했어. 대단한데?" 이러한 진술은 "잘했어요!"라는 막연한 말보다 훨씬 더 긍정적인 평가로 사용될 수 있다.

내담자가 목표 달성에 유용한 행동을 하거나 과거의 행동에 대해 설명할 때 비로소 치료자는 내담자에게 긍정적으로 반응하고 질문을 통해 목표와 행동이 연결되어 있음을 강조할 수 있다.

주 앙 : 저는 학교생활에 더 많은 관심을 가졌었지만 지금은 그냥 무언가를 사기 위해 돈을 벌 계획을 세우고 있어요.

치료자 : 너는 계획적인 사람이구나, 아주 훌륭해. 나는 가족이 좀 더 나은 목표에 도달하는 데 계획을 잘 세우는 너의 능력을 어떻게 사용할 수 있는지 궁금하구나.

때때로 가족의 강점들은 치료자가 어리석게 행동함으로써 두드러지게 나타나기도 한다. 이를 **콜롬보 기법**(Columbo technique)이라고 하는데, 치료자는 분명하게 느껴지는 말을 자세하게 설명할 것을 연속적으로 요청하여 현재 가족이 가지고 있는 강점 그리고 바라는 목표와 강점의 연결을 강조할 수 있다.

치료자 : 앞으로의 계획이 어떻게 너의 성적 향상에 도움이 될 것 같니?
주　양 : 확실하지는 않지만 숙제하는 데에는 도움이 될 것 같아요.
치료자 : 가족 중 누가 훌륭한 계획자인지 궁금하구나. 너의 이러한 점은 누군가로부터 물려받은 거니? 가족 중에 너만큼 훌륭한 계획자가 있니?
주　양 : 저희 가족 중에서는 어머니가 가장 계획적인 사람이에요. 어머니는 쇼핑할 때 사야 할 것들을 잊지 않기 위해 항상 목록을 작성해요. 그리고 우리가 꼭 해야 할 일을 알 수 있도록 큰 달력을 사용하세요.
치료자 : 훌륭한 계획 습관과 기록을 보관하는 것은 가족의 내력이구나. 나는 어머니의 목록과 달력이 너의 학교생활을 돕기 위해 이용될 수 있을지 궁금하구나.

변화를 위한 생각(보다 나은 계획)과 목표(성적 향상)를 연결시키는 반복적인 질문은 계획이 명료해질 수 있도록 돕는다. 생각과 목표를 명확히 제시한다면, 목표를 재검토할 수 있고 발전이 꼭 있으리라는 점을 강조하여 가족이 희망을 갖게 할 수 있다. 가족 중 한 사람이 가족의 목표를 달성하기 위해 필요한 변화에 대한 통찰력을 가지고 있을 때, 이 변화가 극대화될 수 있도록 이를 모든 가족구성원들에게 명확히 이해시키는 것은 치료자의 책임이다.

주   앙 : 확실하지는 않지만, 제가 아는 것은 숙제하는 것을 잊어버리거나 숙제를 늦게 제출하면 점수가 깎인다는 거예요. 제가 어머니처럼 목록이나 계획표를 만든다면 좀 더 잘할 수 있을 것 같아요.

치료자 : 너는 계획을 잘 세우는 것 같구나. 아마도 그 능력은 어머니로부터 물려받은 것 같아.

치료자는 자신의 흥분을 표현하여 가족구성원들도 치료자를 따라 흥분을 표현할 수 있도록 유도한다. 치료자가 가족구성원들에게 서로의 생각을 인정할 수 있도록 직접 또는 간접적으로 요청하는 것은 중요할 수 있다.

치료자 : 와! 매우 좋은 아이디어였어, 주앙! 어머니, 주앙에게 계획을 세우는 능력을 물려 주셔서 감사해요. 그런데 가족은 주앙의 훌륭한 아이디어에 대해 감격하고 있다는 것을 어떻게 표현하나요? 포옹? 하이파이브?

가족구성원이 기분 좋은 한 주(혹은 기분 좋았던 날!)에 대해 이야기할 때 치료자는 활기 넘치고 호기심 있게 반응해야 한다.

치료자 : 훌륭해요, 첼시! 당신이 즐거웠다고 말한 한 주 동안에 어떤 일이 일어났었나요?

변화에 대해 가족이 보고하는 모든 것들은 가족구성원 모두가 그동안 일어났던 변화를 알 수 있게 상세하게 검토되어야 한다. 변화가 일어난 바람직한 사례들을 꼼꼼하게 검토함으로써 과거의 성공을 재현하고 확장시키기 위한 방법을 찾을 수 있다.

> 치료자 : 와! 어떻게 한 건가요? 어떻게 그런 일이 일어났나요? 당신은 그것을 할 수 있다는 것을 알고 있었나요? 그것을 앞으로도 계속할 수 있나요?

가족구성원들로 인해 나타난 변화에 집중하는 것은 가족 내에 존재하는 강점에 기초를 두면 변화가 가능하다는 치료적 믿음을 가족에게 전달한다. 가족구성원들은 성공을 위해 참여하고, 변화를 향한 서로의 노력을 지지하는 방법을 이해하기 시작한다. 긍정심리학에서 주목할 만한 연구들은 실패를 되새기는 것과 연관된 부정적인 결과가 아닌 삶에서 감사하는 부분에 선택적으로 집중하는 것의 영향력을 강조한다(예 : Gable, Reis, Impett, & Asher, 2004; Koole, Smeets, van Knippenberg, & Dijksterhuis, 1999). 우리가 생각하는 것이 우리의 모습이다.

가족치료에서 긍정적인 정서는 중요한 강점이다. 확장 및 형성이론(Fredrickson, 1998)은 긍정적인 정서가 목표를 달성하는 데 필요한 창의적인 생각과 인내심을 증진시키는 방법을 설명한다. 그러므로 치료자는 가족구성원들이 긍정적인 정서들을 표현할 때 이를 반드시 반영하고 강조해 주어야 한다. 가족구성원들이 서로에게 애정을 표현하는 것은 매우 중요하다.

> 치료자 : 그런가요? 정말로 엄마를 사랑하니? 엄마는 네가 엄마를 사랑한다는 것을 알고 계시니? 어머님, 마이클이 어머님을 사랑하는 것을

알고 계시나요? 아주 좋아요!

반면, 치료에서 부정적인 감정은 중요하지 않다. 이는 빨리 처리하고 싶은 전형적인 심리학적 뜨거운 감자로 여겨진다. 대부분의 부정적인 감정들 속에는 오래된 가족 문제와 문제가 상승하는 과정이 잠재해 있다. 가족들은 치료 과정에서 실패와 실망에 대해 더 이상 이야기할 필요가 없다.

4) 가족의 문제적 이슈

그러나 가족들은 무언가를 바로잡아야겠다는 강한 동기를 가지고 치료에 오게 된다. 가족 문제는 변화가 필요하다는 신호의 역할을 한다. 많은 가족들은 치료가 의료 행위와 비슷하다는 생각을 가지고 치료를 받으러 온다. 당신이 자녀를 소아과 의사에게 데리고 갔을 때를 기억하는가? 당신은 정확한 증상들, 시간, 시도되었던 해결법, 아이의 반응에 대해 이야기해야 한다는 강한 부담감을 느꼈을 것이다. 좋은 부모들은 그렇게 할 수 있다. 가족들은 가족치료에서도 이와 동일할 것이라고 생각하여 실패와 만성적인 문제들에 대해 자세히 설명할 준비를 하고 치료실을 방문한다. 가족들은 문제를 상세하게 설명하면 당연히 가족이 치유되는 데 도움이 되는 특별한 처방전을 얻을 수 있을 것이라고 기대한다.

치료에 들어갈 때 대부분의 가족들은 문제를 기술하는 것이 가족의 목표 또는 변화를 위한 정확한 지침이 되지 않는다는 것을 알지 못한다. 이에 따라 치료자가 치료의 목표를 설정하기 위해 다소 빠르게 행동하면 가족은 놀라고 때때로 이에 대해 저항한다. 목표에 집중하기 위한 준비과정으로서 초기 전화 면접을 하는 것은 가족이 느끼는 이러한 당황스러움을 감소시킬 수 있다. 가족에 대한 기초적인 정보와 가족에 의해 제기된 문제들이 전화 면접을 통해 수집되는 동안 치료자들이나 치료자를 돕는 보조원들은 긍정가족치료에 대해 설명할 수 있다.

> 치료자 : 제가 사용하는 가족치료 접근법은 가족으로서 당신이 원하는 것에 초점을 맞추고 목표를 달성하기 위해 가족의 강점을 사용하는 것이에요. 저는 당신이 가족의 문제가 해결되기를 바란다는 것을 알고 있지만, 그보다 먼저 당신이 원하는 가족의 모습에 대해 깨닫는 것이 중요하다고 생각해요. 저는 당신이 문제로부터 벗어나기를 바란다는 것을 알고 있지만, 우리 모두가 당신이 나아가고자 하는 방향이 무엇인지 알아야 할 필요가 있어요. 저의 일은 당신이 목표를 달성하기 위해 당신의 강점을 사용할 수 있도록 도와주는 것이에요.

치료자는 가족문제로 인해 전화로 처음 치료를 의뢰한 사람에게 가족 내 첫 번째 긍정가족치료 전문가가 되어 달라고 요청할 수 있다. 이는 치료자가 가족과 관련된 메시지를 공유할 것을 제안함으로써 달성될 수 있다. 치료가 시작되기도 전에 다음과 같은 말이 어떻게 내담자의 강점에 대해 강한 신뢰를 일으킬 수 있는지 주목해 보자.

> 치료자 : 제게 당신과 함께 가족에 대해 이야기 나눌 수 있는 기회를 주셔서 감사해요. 저는 전화 통화를 하면서 당신이 가족의 미래에 대해 얼마나 걱정하는지 알 수 있었어요. 가족구성원 모두에게 우리의 대화에 대해 알려 줄 것을 부탁드려도 될까요? 저는 당신이 가족구성원들에게 치료에서 무엇을 기대해야 하는지 가장 잘 설명해 줄 수 있는 사람이라고 생각해요.

그러나 치료자가 아무리 내담자를 위해 준비를 잘한다 할지라도 가족구성 원들은 문제에 대해 이야기하기를 원한다. 가족 내 문제에 대해 경청하는 것은 치료적 동맹을 형성하기 위해 중요하지만 이는 신중을 기할 필요가 있다. 치료자는 무엇이 문제인지 알기를 원하지만 비난을 피해야 하고 부정적인 상호작용의 패턴에 시간을 낭비해서는 안 된다. 해결중심 치료자들은 비난을 하지 않는 기법을 지지한다(예 : de Shazer 외, 2007). 치료자는 가족구성원 개개인에게 치료를 받을 때 어떤 일이 일어나기를 바라는지에 대해 물어봄으로써 가족에 대해 알게 된다. 이러한 접근법은 비난을 최소화하고 가족이 목표 설정을 향해 나아가도록 하는 데 효과적인 전략이다.

치료자 : 당신은 치료를 통해 어떤 일이 일어나기를 바라나요?

치료자들은 치료자가 하는 질문과 그 질문에 대한 내담자들의 반응을 통해 치료 대화 과정에서 중요한 몇 가지 원칙들이 소개될 수 있기를 바란다.

1. 문제점과 해결책에 관한 사회적 구성들과 구성들은 차이가 있다.
2. 다양한 관점 혹은 해결책들은 기능적인 가족과 같은 가족 이야기를 풍부하게 하는 방법으로서 매우 유용하다.
3. 추후질문들을 경청함으로써 관심과 존중을 전달하는 과정에서 새로운 정보를 발견할 수 있다.
4. 가족이 도움을 구하게 된 원인인 해결책이 없거나 비방하는 대화법에 대한 대안들이 존재한다.

일부 가족구성원들은 오랫동안 지속되는 문제를 설명하는 것에 다시 집중하려고 시도할지도 모른다. 이 때 어느 한 사람에게 너무 많은 시간을 소모하지 않는 것이 중요하다. 내담자가 목표에 다시 집중하도록 하기 위해 치료자는 다음과 같이 말할 수 있다.

> 치료자 : 이 문제에 많은 사연이 있다는 것을 알 수 있어요. 오늘밤 저는 단지 이러한 문제와 당신이 성취하고자 하는 것에 대해 조금이라도 들을 수 있으면 좋겠어요. 이러한 대화를 통해 우리가 어디서부터 치료를 시작하면 될지 알 수 있을 거예요.

치료자는 가족구성원 모두가 말할 수 있는 기회를 가질 수 있도록 반드시 규칙을 정해야 하며, 이를 통해 중립성을 확보할 수 있다. 그러나 가족구성원들이 이야기할 기회를 동등하게 가질 필요는 없다. 예를 들어 대부분의 부모는 첫 회기에서 정보를 제공해야 한다는 책임감을 주로 느끼기 때문에 치료자는 부모에게 질문에 제일 먼저 대답할 기회를 줘야 한다. 사실 대부분의 가족 문화는 가족이 목표를 설정하는 데 있어 부모가 리더십을 발휘하는 것을 따르기 때문에 치료자는 이러한 부모의 리더십을 존중해야 한다.

치료자는 가족구성원들이 설명한 문제들에 대해 정중하게 듣지만, 아주 최소한의 관심만 보이고 개인이 치료에 대해 기대하는 바를 설명하도록 한다. 또한 치료자는 모든 가족구성원들에게 6개월 이후 가족의 모습을 상상하거나 가족 문제가 해결된 미래 가족의 모습을 그려 보라고 요청할 수 있다.

일부 가족 문화에서는 부모들이 자녀들의 이야기(특히 문제 자녀의 이야기)를 듣는 것에 익숙하지 않는 경우가 있다. 이러한 경우 자녀들이 그들의 관점에 대해 이야기하는 동안 가능하다면 치료자는 자녀의 노력에 대해 부모들을 칭찬해 주어야 한다. 초기 치료 과정에서 치료자가 균형을 잘 잡는 것은 치료적 동맹을 형성하기 위해 가족의 기대를 충분히 존중하면서도 그동안 가족을 문제중심의 교착상태에 가두어 놓았던 바람직하지 못한 상호작용 패턴으로부터 가족이 벗어날 수 있도록 돕는 일이다.

> 치료자 : 미래에 가족이 어떻게 기능할지에 대해 생각하는 것은 당신이 얼마나 건강한 가족을 형성해 왔는지를 보여 줍니다. 모두가 행복한 가족생활에 대해 잘 알고 있는 것처럼 보이네요. 부모님, 자녀를 위해 이러한 비전을 제공해 주신 것은 아주 잘하셨어요.

5) 쉽고 간략하게 설명하기와 요약하기

쉽고 간략하게 설명하기와 요약하기는 치료에서 중요한 기법이다. 쉽고 간략하게 설명하기는 내담자의 이야기를 재진술하거나 내담자의 이야기 중 중요한 내용이나 의미를 반복해서 말하는 것을 의미한다. 쉽고 간략하게 설명하기는 내담자가 한 문장에서 세 문장 정도 이야기한 후에 이루어진다. 치료자의 재진술은 내담자의 진술보다 짧아야 한다. 요약하기는 쉽고 간략하게 설명하기와 유사하지만 내담자의 이야기를 더 많이 재진술하면서 치료자의 일부 부연설명을 포함한다는 점에서 차이가 있다.

쉽고 간략하게 설명하기와 요약하기 기법은 한 회기 내에서 적어도 네 가지 주요한 목적을 가진다. 첫째, 쉽고 간략하게 설명하기와 요약하기 기법은 치료자가 내담자의 이야기를 경청하고 있으며, 내담자를 이해하고 있다는 것을 나타냄으로써 내담자를 안심시킬 수 있다. 재진술을 한 후에 치료자는 내담자가 이해받았다고 느꼈는지 살펴보기 위해 내담자의 반응에 세심한 주의를 기울어야 한다. 쉽고 간략하게 설명하기나 요약하기는 종종 "제가 맞게 이해했나요?"와 같은 질문으로 끝나게 된다. 내담자가 치료자의 쉽고 간략한 설명에 이의를 제기한다면 치료자는 이를 통해 더 많은 정보를 획득할 수 있다.

둘째, 이 기법들을 통해 치료자는 내담자의 대화에서 자신이 중요하게 생각한 것들을 내담자에게 전달한다. 내담자가 진술한 모든 정보들이 재진술되거나 요약되는 것은 아니다. 치료자가 선택하는 내용에 따라 내담자는 치료자의 생각을 알 수 있다. 가족구성원들이 한 말에 대한 재진술은 종종 보다 완곡한 표현으로 진술하거나 문제를 재정의하거나(재정의는 이 장의 뒷부분에서 설명된다) 내담자의 진술에서 표현된 목표나 문제해결 또는 강점에 보다 직접적으로 초점을 맞추는 등 약간의 변화를 반영할 수 있다. 재진술에서의 초점은 치료자가 가족구성원들에게 변화를 위해 가장 중요하게 생각하는 것을 전달하는 것이다.

셋째, 이 기법들은 효과적인 경청 모델이 된다. 가족은 치료자가 그들과 상호작용하는 방식으로부터 학습한다. 치료자가 의사소통하는 방식은 가족에게 "이것이 바로 성공한 성인이 행동하는 방식입니다!"와 같은 함축적인 메시지를 전달한다.

넷째, 이 기법들은 내담자가 치료자의 영향 하에서 치료과정에 몰입할 수 있게 한다. 가족들은 치료자에 대해 안심할 수 있어야 하며, 이는 치료자가 회기를 수행하는 데 책임이 있다는 것을 의미한다. 쉽고 간략하게 설명하기와 요약하기는 치료자가 중단하거나 강점에 초점을 두는 것과 더불어 치료과정에서 치료자가 통제력을 행사하도록 한다.

이와 같은 네 가지 주안점은 다소 놀라울지도 모른다. 치료 회기에서 치료자의 영향력은 그동안 연구에서 중요한 논의 주제가 되었다(Anderson, 1997; Hoffman, 1995; McNamee & Gergen, 1992; Sutherland, 2007). 긍정가족치료에서 내담자의 자율성은 존중받으며, 각 가족구성원들은 자아와 타인과 관련된 자아를 독특한 방식으로 형성하는 존재로 여겨진다. 그러나 치료자는 이렇게 무수한 자아들과 타인과 관련된 자아들에게 치료적 구조를 제공해야 하며, 이는 가족이 가족의 목표와 일치하는 새로운 가족 이야기를 쓸 수 있도록 새로운 의미를 만들어 낼 수 있게 한다.

이러한 치료적 구조는 이론이나 기법, 치료자의 개인적 특성으로부터 형성된다. 치료자가 어떻게 그리고 왜 치료과정에 영향을 미치는지 설명함으로써 치료과정을 명백하게 하면 이를 통해 내담자는 치료를 평가할 수 있다. 내담자들이 치료자의 영향력에 대해 이해하고 승인하며 수용할 때 정보를 근거로 한 선택에 기초를 둔 치료를 지속할 수 있을 것이다.

6) 순환질문

순환질문은 문제에 대한 대화에 가족구성원 모두를 참여시키기 위해 사용되는 인터뷰 기법이다(Penn, 1982, 1985; Tomm, 1987a, 1987b, 1988; Boscolo 외, 1987). 순환질문은 치료자가 가족으로부터 얻은 정보를 수집하고 이러한 정보를 다시 가족에게 전달하기 때문에 붙여진 용어로, 치료자가 가족에게 다시 보내는 정보보다 더 많은 정보를 획득하기 위해서 사용한다. 가족 전체를 대화에 참여시키는 것은 체계 각 부분의 합보다 체계 전체의 힘이 더 크다는 원리에 입각한 것이다(von Bertalanffy, 1976). 대화가 풍부해져야 비로소 새로운 관점, 즉 새로운 해결방법이 도출될 수 있다.

순환질문은 여타 모든 질문들과 같이 평가기법으로 사용될 수 있지만 개입기법이 될 수도 있다(Penn, 1982, 1985; Tomm, 1987a, 1987b, 1988; Boscolo 외, 1987; Scheel, 1994). 치료자가 가족에게서 얻은 정보를 가족에게 다시 알려 주는 것은 가족이 새로운 관점을 가지도록 만든다. 또한 순환질문은 가족 내 모든 관점을 포함하기 때문에 중립성을 확보하는 데에도 도움이 된다. 어떠한 관점도 그 외 다른 관점들을 침묵하게 해서는 안 된다. 가족들로부터 외면받는 관점과 마찬가지로 그 관점을 가지고 있던 구성원도 대화에서 제외된다. 한 가족구성원을 제외시키는 것은 가족을 위해 의도적으로 신중하게 고려된 결정이어야 한다.

순환질문은 한 가족구성원의 진술을 순환질문의 내용과 나머지 가족구성원들의 참여를 통해 가족에게 보다 체계적인 영향을 미칠 수 있도록 변형시킨다. 치료자의 입장은 개인 내 입장에서 대인 관계적 입장이나 상호적인 입장으로 변화된다. 새로운 관점은 각 가족구성원이 기술한 원래의 정보에 대한 진정성을 존중해야 하지만, 치료자의 재진술을 통해 문제를 해결하거나 목표를 달성하기 위한 새로운 기회를 제공할 수 있다. Bateson(1972, 1974)은 이러한 변화의 유형을 자료와 정보 사이의 차이로 설명하였다. 자료는 모두가 이미 알고 있는 지식을 의미하지만, 정보는 새로운 부언가가 추가되기 때문에 변화에 유용하다.

순환질문 기법은 특히 각 가족구성원들이 가지고 있는 관점의 차이를 드러내고, 가족구성원들에게 이를 알리는 것을 목적으로 고안되었다. 차이를 드러내는 것을 통해 가족의 성장을 위한 정보를 쉽게 제공할 수 있으며, 가족은 차이를 두려워하지 않는 방법을 배운다. 긍정가족치료에서 순환질문은 흥미를 유발하고 가족의 강점이나 목표를 드러내는 긍정적인 방법으로 가족 내 차이점에 대해 질문한다.

그러나 순환질문은 치료자의 중립성을 위협할 수도 있다. 순환질문은 가족 내에서의 편들기로 생각될지도 모른다(Scheel & Conoley, 1998). 순환질문의 주제는 일부 가족구성원들이 제안한 관점과 일치할 수도 있고 다른 구성원들의 관점과 일치하지 않을 수도 있다. 질문에 자신의 관점이 나타나지 않은 가족구성원들은 치료자가 자신을 지지해 주지 않는다는 느낌을 받을지도 모른다. 너무 오랫동안 한 가지 관점만을 따르는 순환질문들은 가족구성원들을 배제시키고 치료자가 한 가지 방법으로만 가족구성원들이나 문제를 바라보게 하는 위험을 발생시킬 수 있다. 목표와 강점에 대해 복합적인 관점을 가지는 것은 성공하기 위한 다양한 길을 열어 주고 가족구성원들이 더 많이 참여할 수 있도록 한다.

순환질문을 통해 소개되는 개념은 가족구성원의 진술에 의한 것이기 때문에 순환질문은 가족의 문화를 존중하는 개념이기도 하다. 치료자는 개념을 구성하는 방법을 결정하고 가족의 특성을 고정적인 것에서 상호작용하는 것으로 바꾸지만, 가족이 진술한 정보에 개념의 기초를 두고 있다.

단순한 순환질문은 한 명의 구성원에 의해 만들어진 진술을 채택하고, 다른 구성원들에게도 그것이 문제를 바라보는 방식인지에 관해 묻는다.

> 치료자 : 메이메이, 당신은 가족과 함께 할 수 있는 보드게임을 즐긴다고 말했어요. (다른 가족구성원들을 바라보면서) 모두들 가족의 단합을 위해 메이메이가 제시한 의견에 대해 어떻게 생각하나요? 가족이 함께 보드게임을 하는 것이 좋은가요?

순환질문을 통해 가족은 메이메이의 의견을 선택하였고, 치료자는 이에 대해 쉽고 간략하게 설명하는 것을 반복함으로써 강조하였으며 다른 가족구성원들이 치료과정에 참여하도록 촉진하였다. 메이메이의 진술은 변형될 필요가 없었기 때문에 유용하였다. 그녀의 목표 지향적인 의견은 이미 다른 가족구성원들을 포함하였고 가족에게 도움이 되는 상호작용을 제안한 것이다.

체계적인 정보는 사람 간의 상호관계를 나타낸다. 도움이 되는 해결법은 상호작용적 설명으로 진술된다. 마지막 순환질문을 통해 치료자는 가족구성원 모두에게 그들의 목표를 달성하는 데 메이메이의 의견이 적절한지에 대해 질문할 수 있다.

> 치료자 : 가족이 보드게임을 함께 하는 것은 가족이 좀 더 활발한 의사소통을 하는 것과 어떠한 관련이 있나요? 그것은 어떻게 도움이 될까요?

순환질문은 해결법과 목표를 연결하는 데 있어 개입하는 것과 같은 역할을 한다. 또한 순환질문을 통해 치료자는 가족구성원 중 한 명이 제시한 의견이 가족의 목표에 도달하는 데 정말 도움이 되는지 가족에게 질문한다.

7) 재정의

치료적 재정의는 가족에게 가족의 '사실'로 정해진 내용에 대한 또 다른 관점을 제공한다. 예를 들어 "아빠는 너무 바빠서 나와 놀아 줄 수 없어.", "니키는 지저분한 사람이야.", "데이븐은 항상 화가 나 있어.", "엄마와 아빠는 항상 싸워." 등이다. 재정의는 자료의 일부를 정확하게 설명하지만 약간 변형시킨 해석이다. 재정의는 가족 평가에 새로운 정보를 추가하기 위한 것으로 가족 내 확립된 특정 '사실' 또는 역동성을 이해하는 데 훨씬 더 유용할 수 있다(Watzlawick 외, 1974; Weeks & L'Abate, 1979).

효과적이고 단순한 형태의 재정의는 긍정적인 동기가 부여된 가족구성원의 진술을 치료자가 쉽고 간략하게 설명할 때 이루어진다. 일반적이고 도움이 되지 않는 가족의 해석을 바꾸기 위해 긍정적인 동기를 부여하는 것은 다음과 같은 과정을 따른다.

아버지 : 우리는 아내가 집안청소와 정리정돈에 대해 지나치게 간섭을 해서 집에 있기가 싫어요. 우리는 빵 부스러기를 흘리거나 물 한 방울 떨어뜨릴까 노심초사해요. 왜냐하면 아내가 10초 내로 진공청소기나 걸레를 들고 달려들 테니까요.

치료자 : 부인이 시간을 투자하면서까지 이와 같은 행동을 하는 가장 큰 이유는 가족 모두가 쾌적한 환경에서 지낼 수 있게 하기 위해서예요. 여러분에게 부인이 다른 방식으로도 사랑을 보여 주나요?

아내의 청소하는 행동을 재정의함으로써 아내의 속성은 강제적이거나 통제적인 시각을 내포한 부정적인 틀로부터 사랑에 대한 긍정적 속성을 가진

'실제' 동기로 이동한다. 아내는 가족의 안녕을 위한 책임감으로 청소를 한다. 아무도 아내가 청소를 하는 실제 동기를 알지 못하지만 가족의 사회적 구성이 실제 동기를 결정한다. 아내는 자신이 왜 그러한 방식으로 행동하는지에 대한 이유를 모를 수도 있다. 그러나 아내는 강제적이고 통제적인 사람이라는 부정적인 속성보다는 사랑의 속성으로 가족들이 자신을 바라보는 것을 더 고마워할 것이다. 아내가 감사나 자부심이라는 긍정적인 감정(긍정적 느낌이 무엇이든 간에)을 가진다면 아내는 더 열정적이고 창의적으로 변화를 수용할 수 있을 것이다. 아내는 더 이상 비도덕적인 일을 했다는 비난으로부터 스스로를 방어할 필요가 없으며, 아내의 강점인 사랑을 다른 방식으로 표현할 수 있다. 이에 따라 가족이 변화하고 화목해질 가능성은 증가할 것이다.

재정의에 대한 연구는 심리치료(예 : Conoley & Garber, 1985; Robbins, Alexander, Newell, & Turner, 1996)와 사회적 영향 연구(예 : Davis & Knowles, 1999)에서 그 중요성을 강조한다. 재정의는 치료의 어느 시점에서든지 일어날 수 있지만, 주로 가족의 목표를 명확하게 설정하는 초기 치료과정에서 사용된다(Johnston, Levis, & L'Abate, 1986; Selvini Palazzoli, Boscolo, Cecchin, & Prata, 1997).

재정의는 부모가 자녀의 문제적 행동을 이해하는 데 도움을 줄 수 있다. 이러한 차이점은 처벌보다는 부모의 동정심을 유발시킬 수 있다. 품행이 좋지 않은 자녀는 부모의 화를 유발하는데, 종종 이러한 분노는 부모가 고치려고 하는 바로 그 문제가 지속되게 만든다(Fisch 외, 1982). 예를 들어 부모는 자신의 딸이 물건을 훔쳤다는 사실을 알고 크게 분노하고 수치심을 느낄 수 있다. 부모의 강한 분노는 그들의 의사소통을 방해하며 수치심은 딸이 훗날 범죄자가 되지 않을까 하는 강한 걱정으로 전환된다.

치료자 : 그동안 당신의 아이는 잘못된 행동을 했습니다. 아이는 실수를 저

질렀죠. 유감스럽게도 대부분의 아이들은 성장과정 중 한때 이러한 실수를 저지릅니다. 아이가 무엇을 필요로 하는지 궁금하군요. 아이의 삶에서 슬프거나 부족한 부분들이 있습니까?

　재정의를 통해 아동의 문제에 대해 동정심을 유발하면 부모가 벌을 줘야겠다는 감정을 누그러뜨려 긍정적인 목표를 더욱 쉽게 세우도록 할 수 있다. 우리 문화에서 절도범들은 처벌을 받고 사회로 복귀한다. 아동에 대한 초점을 문제가 아닌 아동이 원하는 무언가로 전환한다면 보다 더 다양한 실행 가능한 목표와 전략을 발견할 수 있다. 치료자는 아동이 행복하고 안전하기를 바라기 때문에 지도받는 아동과 잠재적인 절도범으로 여겨지는 아동에 대한 감정의 성격은 매우 다르다.

　　아버지 : 저는 대부분의 아이들이 성장과정 중 한때 물건을 훔친다는 것을 몰랐지만, 이것을 안다고 해서 이 일이 괜찮아지는 건 아니에요. 저는 다른 모든 아이들이 성장하면서 한 번쯤 물건을 훔치는 것에 대해서는 신경 쓰지 않아요. 라베른은 그런 행동을 할 아이가 아니에요. 라베른이 무엇을 원하는지 잘 모르겠어요. 즐거움, 관심…… . 모르겠어요.

　　치료자 : 아버님의 기분이 언짢으신 상태인데도 불구하고 라베른이 얼마나 멋진 아이인지 안다는 것이 감명 깊네요. 라베른은 다른 아이들과 같지 않아요. 라베른, 방금 들었니? 너의 아버지는 네가 다른 아이들과 다르다고 생각하시는구나. 나는 라베른이 즐거움을 찾거나 주변 친구들로부터 관심을 받고 싶은 건지 궁금하구나. 우리는 라베른에게 어떻게 다른 대안들을 제안할 수 있을까요?

가족 간의 상호작용은 종종 구성원들이 표출한 분노로 인해 중단된다. 치료자는 가족이 표출한 분노 뒤에는 주로 상처나 슬픔의 감정들이 숨겨져 있다고 말한다(Greenberg & Goldman, 2008). 자녀가 분노하면 부모도 같이 분노하거나 철회하게 되는데, 자녀가 슬퍼하고 있다는 생각은 즉각적으로 부모들로부터 다른 반응을 이끌어 낸다. "아이에게 무슨 문제가 있지?"라는 질문은 "아이를 더욱 행복하게 만들기 위해서 우리가 무엇을 할 수 있을까?"로 대체될 수 있다. 재정의하는 것의 핵심은 더 낫거나 정확한 현실의 일부분을 전달하는 것이 아니라 오히려 다른 반응을 활성화시키거나 다른 상호작용을 시작하게 하는 해석이다. 이러한 차이는 가족이 불행해하고 비생산적인 행동을 하는 것에서 벗어나 가족의 목표로 나아가게 하는 새로운 방식을 시작할 수 있게 한다.

자녀는 어머니가 자신에게 끊임없이 잔소리를 한다고 강한 불만을 표현할 수 있다. 잔소리를 하는 것은 매우 불쾌한 행동이며 일반적으로 비난이 잇따르는 가족 간의 다툼을 유발한다. 그러나 가족이 진술한 내용을 바탕으로 치료자가 재정의하는 것은 논쟁을 더욱 생산적인 방향으로 이끌 수 있다.

치료자 : 그러니까, 엄마가 너에 대한 걱정을 표현방식이 마음에 들지 않는구나. 엄마가 너를 어떻게 신경 써주기를 바라니?

자녀의 말을 재정의하는 것에서 목표를 지향하는 것으로 이동하면 자녀의 사고방식은 변한다. '관심'에 대해 자녀에게 질문하는 것은 부정적인 과정(잔소리)에서 긍정적인 과정(관심)에 집중하는 것으로 초점을 변화시킨다. 만약 치료자가 단지 자녀의 정확한 심경과 표현만을 따른다면 그 질문은 '엄마가 어떻게 너에게 잔소리하기를 원하니?'가 될 것이다. 이러한 질문은 자녀의 정확한 심경과 표현을 생산적이지 못한 낡은 사고방식으로 이끌 수 있다. 만약 이와 같은 오래된 표현이 효과적이었다면 가족은 애초에 문제를 의뢰하지도 않았을 것이다.

자녀의 내면을 표출한 행동이나 분노는 부모들이 자녀를 가족치료에 데리고 오는 가장 큰 이유이지만 치료를 찾는 또 다른 이유들이 있다. 공감이 부족한 자녀는 가족구성원들과 소원해지거나 차가운 성격을 가질 수 있는데, 이때 자녀를 무관심하고 냉정한 아동으로 정의하기보다는 오히려 '생각하는 사람'으로 재정의할 수 있다. 생각하는 사람은 또래집단이나 성인들과 성공적인 관계를 맺기 위하여 다양한 감정을 발달시킬 필요가 있을 것이다. 부모들은 거부에 대한 자신의 감정을 다루는 것보다 자녀에게 포용력이나 공감능력을 가르치는 것에 열중하게 될지도 모른다. 자녀가 게으르다거나 수동적이라고 걱정하는 부모들은 자녀가 느긋하고 여유로우며 온화하거나 수용적이라는 시각을 가지고 자녀에게 보다 긍정적으로 반응할 수 있을 것이다. 부모가 자녀를 게으르다는 시각이 아닌 온화하다는 시각으로 바라볼 때 자녀의 새로운 강점을 발견할 수도 있다. 어떠한 치료에서도 부모들에게 자녀로 인해 나타난 현재의 상황을 수용하라고 제안하지 않는다. 부모들의 임무는 가족의 가치에 따라 자녀를 지도하고 가르치는 것이다. 재정의하는 것의 요점은 부모들이 보다 창의적으로 자신의 임무를 수행할 수 있게 하는 것이다.

물론 자녀들도 부모를 부정적으로 명명화할 수 있고, 때로는 부모와 자녀가 모두 서로를 부정적으로 명명화하기도 한다. 부부가 자녀 양육문제에 대하여 서로에게 부정적으로 명명화할 때 부부 중 한 사람은 상대방이 자녀에게 매우 엄하다는 것을 비난하고, 또 다른 배우자는 상대방이 자녀에게 매우 관대하다는 것을 비난한다. 이것은 구조적 가족치료의 창시자 Minuchin(1974)의 격리된 연속성과 밀착된 상태의 개념과 유사하다. 부모는 서로에게 자녀와 밀착되어 있다고 명명하거나 자녀와 다른 배우자로부터 너무 분리되어 있다고 명명한다. 이러한 특성은 가족의 기능을 정확하게 설명할 수도 있지만, 이와 같이 가족을 명명하는 것은 가족이 목표를 달성하는 데에는 도움이 되지 않는다.

좌절한 아버지, 호세 : 수잔나는 아이들에게 너무 허용적이에요. 수잔나 때문에 아이들이 점점 버릇이 없어져요. 수잔나는 아이들이 어떤 행동을 했는지에 관계없이 아이들의 편을 들고, 아이들 스스로 무언가를 끝내도록 놔두지 않아요. 아이들은 집안일을 돕지도 않고 성적도 나빠요.

치료자 : 당신은 이러한 상황 때문에 좌절했군요. 저에게는 당신이 아내가 친절하고 자녀들에게 애정이 많은 엄마라는 것을 인정하는 것처럼 들리는데 그건 좋은 거예요. 당신은 아내가 계속해서 당신과 자녀에게 친절하고 다정하며 성실한 엄마이자 아내이기를 바라는 것 같아요. 그리고 아이들이 이러한 아내의 친절함을 모를까 봐 걱정하죠. 자녀들은 엄마의 친절함을 이용하고 당신을 걱정시키는 습관을 가지고 있나요? 아이들에게 당신이 더 많은 영향력을 미쳐야 할까요?

호 세 : 수잔나는 훌륭한 엄마예요. 그녀는 용서할 줄 알고 굉장히 참을성이 많죠. 그렇지만 제 생각에는 아이들이 수잔나를 마치 잠자코 참기만 하는 사람으로 생각하는 것 같아요. 수잔나는 아이들에 대해 단호한 태도를 가질 필요가 있어요.

수잔나 : 호세는 집에 있었던 적이 별로 없고 집에 와서도 바쁘거나 심술이나 있어요. 호세는 아이들이 무엇을 필요로 하고 아이들을 키우는데 얼마나 많은 시간을 투자해야 하는지 이해하려고 하지도 않고, 실제로 이해하는 것 같지도 않아요. 저는 가끔 정말로 잠자코 참고만 있는 사람처럼 느껴져요…… 모두에게.

치료자 : 두 분 모두 이런 상황에 대해 좌절한 것처럼 들리네요. 아마 두 분 모두 상대방에게 조금은 무시당한 것처럼 느끼겠죠. 좋은 소식은 아버님은 자녀에게 엄격하게 대하기를 원하고 어머님이 훌륭한 엄마라고 생각하는 것 같네요. 어머님은 자신이 가끔 이용당한다고 느끼고 있을지도 모르고, 자신이 잠자코 참고만 있는 사람에서 중요한 역할을 하는 사람으로 옮겨가는 데 도움을 줄 자신의 편을 찾고 있을지도 모르죠.

가족의 상호작용에 대한 두 가지 관점을 모두 획득하고 나면 두 가지 관점을 모두 포함하여 요약할 수 있다. 두 가지 관점 중 한 가지 관점을 사용하는 것은 양자택일론이라고 하며, 두 가지 관점을 모두 사용하는 것은 양자수용론이라고 한다. 두 가지 이상의 관점들이 어떻게 중요한 정보를 포함하는지 이해하는 것은 가족구성원에 대한 모든 관점을 인정하고 강점들을 형성하는 것이다.

치료자 : 어머님은 자녀들이 지적 호기심을 가지고 평생 학습하며 지속적으로 성장하기 위해 즐겁게 학습하기를 원하는군요! 그리고 아버님은 아이들이 공부가 즐겁지 않을 때조차도 학업에 최선을 다하길 바라시는군요. 아버님은 성적이 중요하고 자녀들의 미래에 가지게 될 직업이 항상 즐겁지만은 않다는 사실을 알고 있어요. 두 분 모두 이 문제와 관련하여 정말 중요한 지혜를 가지고 있어요. 어떻게 하면 아이들이 이와 관련된 지혜를 부모님 모두에게서 배울 수 있을까요?

재정의된 관점과 양자수용 표현을 결합시키는 것은 복잡할 수 있으며, 이러한 과정은 고도의 기술을 필요로 한다. Insoo Kim Berg와 Steve de Shazer 는 치료자가 이러한 기술을 고안하기 위해서는 각 회기의 후반부에 회기를 재 검토하는 치료적 휴식을 가질 것을 추천한다(Berg, 1994). 이들은 양자수용 진술에 대한 재정의와 문제에 알맞은 과제 부여를 연결시킬 것을 추천한다. 이에 대한 다양한 예들은 이 책의 전반에 걸쳐 제시될 것이다.

치료자는 자녀에게 다음과 같이 제언해 줄 수 있다.

> 치료자 : 너희들은 그동안 부모님이 너희들에 대해 말하신 것을 들었을 거 야. 두 분 모두 너희들에게 굉장한 기대를 갖고 계시고 너희들이 무 한한 가능성을 가지고 있다고 생각하셔. 그러나 부모님은 너희가 훌륭한 사람이 될 수 있다는 것을 스스로 알고 있는지 조금 걱정을 하시고 계시는구나. 나는 너희들이 가족구성원으로서 자신의 강점 을 부모님께 보여 주는 방법을 찾을 수 있는지 궁금하구나.

8) 모델로서의 부모

부모는 자신이 자녀에게 가장 중요한 모델이고 가장 의미 있는 영향을 미치는 존재라는 것을 생각해야 한다. 치료자는 모든 회기에서 직·간접적으로 자녀 에게 가장 중요한 모델로서 부모의 역할을 강조한다. 부모에게 이러한 점을 강조하는 것은 치료자가 부모에게 가지고 있는 존경심을 강조하는 것이며, 이는 라포 형성에도 도움이 된다. 부모는 치료자의 도움을 받지만 결국 자신 의 노력에 의해 치료 안팎에서 변화를 경험할 수 있다. 치료자는 부모를 유능 한 사람이라고 생각한다. 부모는 자녀의 행복에 대해 책임감을 느껴야 하고 자녀의 행복을 증진시킬 수 있다는 것을 인식해야 한다. 치료자가 치료과정 에 영향을 미치는 역할을 담당한다는 것을 받아들이는 것과 마찬가지로 부모 도 자녀가 발달하는 데 자신이 영향을 미칠 수 있다는 사실에 자신감을 가져야 한다. 부모가 이러한 믿음을 갖고 있지 않다면 가족은 변화하는 데 어려움을 겪게 될 것이다.

치료자는 부모의 능력이나 재능, 취미에 대해 질문할 수 있다. 부모나 자녀의 강점들이 전체적으로 명확하지 않더라도 그들의 강점들을 포괄적으로 이해하는 것은 중요하다.

> 치료자 : 당신의 강점 중 하나는 가치에 대한 강한 신념이에요. 당신이 아이에게 가장 잘 가르칠 수 있다고 생각되는 가치는 무엇인가요?

치료과정 후, 치료자는 부모에게 의사소통 기술을 모델링하는 것에 대해 질문할 수 있다.

> 치료자 : 가족이 어떻게 '모든 가족구성원들이 서로 긍정적으로 의사소통하기'라는 목표에 도달할 수 있을까요? 가족구성원 중 누가 가장 긍정적으로 의사소통하고 있을까요? 그들이 다른 구성원들에게 알려주고 있는 좋은 의사소통의 내용은 구체적으로 무엇일까요?

부모는 자녀를 통제할 수 없다는 느낌을 받거나 자녀가 통제 불가능한 행동을 할 때 또 다시 통제하기 위해 벌을 준다. 부모가 자녀의 문제에서 느끼는 실망감, 좌절감, 걱정은 종종 분노로 표출된다. 그러나 분노와 벌에는 숨겨진 대가가 따르는데, 그 대가는 바로 철회이다. 우리는 벌을 받게 되는 일이나 벌을 주는 사람을 멀리하고 싶어 한다. 또한 대부분의 사람들은 분노를 표출하는 사람들을 피한다. 부모들은 자녀에게 큰 영향을 미치기 위해 노력하지만 실제로는 주로 분노와 벌에 의존함으로써 그 영향력을 잃게 된다.

부모는 자녀에게 주는 벌이 효과가 없을 때 무시당하는 느낌을 받는다고 한다. 일반적으로 아이들은 자신의 경험을 명확하게 전달하지 못하며, 부모와 같이 유창하게 말하거나 논리적으로 말하지 못한다. 이와 같은 부모와 자녀의 의사소통 발달 차이는 부모와 자녀 모두에게 혼란을 주고 서로에게 실망감을 안겨 준다. 가족 내 현실이라는 사회적 구성에서 가장 힘이 있고 논리적으로 말하는 사람의 영향력은 가장 클 수밖에 없다. 이러한 현실에 있는 자녀들은 본인이 너무 자주 야단맞고 비판받는 것이 가족의 문제라고 말한다.

첫 번째 목표로 '야단맞지 않기'를 설정하는 것은 단지 문제만 감소시키기 때문에 좋지 않다. '야단맞지 않기'라는 목표는 '엄마와 매일 즐거운 시간 보내기'로 대체될 수 있다. '엄마와 매일 즐거운 시간 보내기'라는 목표는 어머니에 대한 의미를 변화시킨다. 어머니는 부정적인 감정을 유발하는 사람에서 재미있는 감정을 유발하는 사람이 된다. 재미있는 어머니가 되는 것은 중요한 이점을 가진다. 우리는 모두 좀 더 행복한 사람과 가까워지려는 경향이 있기 때문에 어머니는 자녀에게 역할모델이 되고 자녀는 어머니의 말을 더욱 주의 깊게 듣는다. 연구자들이 예상한 대로 안정된 가족들은 심지어 스트레스가 많은 기간 동안에도 긍정적인 상호작용을 부정적인 상호작용보다 5배 더 많이 하였다(Gottman, 1994; Gottman & Levenson, 1999).

치료자 : 라베른은 야단맞지 않았다는 것을 어떻게 알 수 있을 것 같니? 어떤 것이 다를까? 무엇이 다를까? 엄마는 너와 어떻게 대화를 할까? 엄마가 야단치지 않는다면 엄마와 무엇을 함께 할 수 있을 것 같니?

라베른 : 오, 저도 잘 모르겠어요……. 엄마가 나를 향해 웃어 주고 내 친구들을 좋아한다고 말할 수 있을 것 같아요. 엄마와 많이 싸우지 않는다면 더 많은 것을 함께 할 수 있을 거예요. 그러나 혼자 있고 싶을 때는 엄마가 나를 혼자 내버려 두었으면 좋겠어요.

치료자 : 네가 엄마와 다투지 않는다면 엄마는 너의 좋은 점들을 많이 알게 되시고 너에게 개인적인 시간도 주실 거야. 그리고 네가 친구들을 좋아하기 때문에 엄마도 네 친구들을 가끔 초대하실 거야. 그렇죠?

엄 마 : 라베른이 늘 화를 내서 나는 비판받는 것 같고 절망감을 느껴요.

치료자 : 분노는 우리 모두가 그런 느낌을 받게 하죠. 무엇을 알고 싶나요. 라베른은 당신의 웃음과 관심을 그리워하고 있어요. 그리고 라베른은 친구를 초대하는 것에 대해 도움을 필요로 할지도 몰라요. 저는 아이들이 도움을 필요로 한다는 것은 좋은 신호라고 생각해요.

9) 기적질문

기적질문은 해결중심치료의 대표적인 개입기법이다(de Shazer 외, 2007). 치료자는 내담자에게 치료하려는 문제가 마술처럼 사라지는 것을 상상해 보라고 한다. 치료자는 가족에게 기적이 일어나면 삶이 어떻게 달라질지에 대해 자세하게 질문하고 이에 대해 대답하도록 요청한다. 가족구성원들 개개인이 말하는 것은 각 개인의 상호작용을 묘사한다.

치료자 : 아버지는 당신에게 뭐라고 말씀하시나요? 아버지는 어떤 표정을 짓고 계시죠? 당신은 어떻게 반응하나요? 뭐라고 말하나요? 당신은 웃고 있나요?

가족구성원들은 기적질문에 대답하면서 목표가 달성되는 것을 경험해 볼 수 있다. 치료자는 가족에게 추후질문을 함으로써 마법과 같은 이 사건을 통해 가족구성원들의 상호작용이 어떻게 변화될 수 있는지 정확하게 설명해 달라고 요청한다. 또한 치료자는 기적으로 인해 발생한 가족의 긍정적인 변화를 어떻게 유지할 것인지에 대해 가족구성원들에게 질문한다. 가족은 이러한 마법 같은 가상현실에 참여하여 목표 달성을 위해 향상시켜야 하는 새로운 상호작용을 실제로 해 보지 않고도 정확히 알 수 있게 된다. 만약 가족구성원들이 기적질문에 상세하게 대답한다면, 치료자는 기적질문을 통해 목표를 시각화하고 구성요소를 파악할 수 있다. 이 과정은 각 가족구성원들이 성공을 위해 해야 하는 행동을 명확하게 하며, 이러한 과정을 통해 변화의 체계적 특성이 명확히 드러난다.

Steve de Shazer는 훌륭한 기적질문의 예를 보여 준다. Steve de Shazer는 매우 극적이고 경이롭게 기적질문을 한다.

> 지금 저는 당신에게 이상한 질문을 할 거예요. 주위는 고요하고, 오늘밤 당신이 자고 있는 동안에 기적이 일어났다고 상상해 보세요. 그 기적은 당신을 오늘 여기 오게 한 문제가 해결된 것을 말해요. 그러나 그 기적은 당신이 잠자는 동안에 일어났기 때문에 당신은 그 기적이 일어났는지 알지 못해요. 그렇다면 당신이 내일 아침 잠에서 깼을 때 기적이 일어났고 당신이 여기에 가져온 문제가 해결되었다고 말할 수 있을 정도의 차이점이 있다면 무엇일까요?(de Shazer, 1988, p.5)

가족구성원 개개인은 기적 같은 새로운 삶에 대한 자신의 기여에 대해 듣거나 이를 직접 설명하기 때문에 de Shazer의 초기질문들과 추후질문들은 가족의 문제를 나타내거나 체계 전체가 목표에 도달하도록 돕는다. 가족구성원들로 하여금 기적을 믿게 하는 것이 문제에 대해 책임을 묻는 것보다 훨씬 쉽다. 가족이 이러한 해결책에 대한 체계적 특성을 더 잘 이해할수록 문제에 대한 가족의 좌절감을 줄일 수 있다. 가족의 목표에 도달하기 위한 해결책은 가족구성원 중 한 사람만의 책임이 아닌 것이다. 뿐만 아니라 가족이 문제를 해소하고 목표가 일부 혹은 전부 달성된 삶을 현실에 가깝고 명확하게 시각화한다는 것은 가족구성원 개개인이 목표를 성취하는 방법에 대해 알고 있음을 의미한다. 기적질문은 누가 먼저 변화할 것인가의 문제를 교묘하게 피해간다. 모든 구성원들이 새로운 기적과 같은 삶에서 동시에 일어나는 변화가 무엇인지에 대해 이야기하고 희망을 경험할 수 있다.

Insoo Kim Berg는 '화해할 수 없는 차이(irreconcilable difference, 1997)'라는 비디오에서 한 가족에게 기적질문을 사용한 예를 보여 준다. 치료자인 그녀는 가족에게 최면을 걸고 지금까지와는 전혀 다른 어떠한 일이 생길 것이라고 알림으로써 가상의 무대를 설정한다. 그녀는 가족들에게 마치 깜짝 놀랄 만한 일들을 금방이라도 전할 것처럼 더욱 밝고 장난을 치듯 유쾌하게 행동한다. 그녀는 치료의 초반부에 가족에게 기적을 믿는지에 대해 질문한다. 가족은 기적을 믿는다고 대답하고 그녀는 "음, 좋습니다."라고 말한다. 가족은 기적을 기대하며 소리 내어 웃는다. 만약 가족이 기적을 믿지 않는다고 대답했다면 그녀는 "그렇다면 당신들은 오늘 정말 횡재한 겁니다."라고 말하며 큰 소리로 웃었을 것이다. 그녀는 기적질문을 하고 가족은 또 다시 웃는다.

기적질문으로 한바탕 웃고 난 후에는 추후질문을 하는 것이 매우 중요하다. Berg는 가족에게 기적질문을 하면서 현재와 미래 시제를 혼합해 사용하는 방법과 전제적 언어를 사용하는 방법을 설명한다. 즉 치료자는 변화가 이미 일어났거나 앞으로 확실히 변화가 일어날 것이라고 가정하는 어법을 반드시 사용해야 한다. 예를 들면 "기적이 일어난 지금, 무엇이 달라질까요?", "당신은 지금 무엇을 할 건가요?", "당신이 내일 일어났을 때 기분은 어떨까요?"라고 질문하는 것이다. 전제적 언어에서는 '만약' 혹은 '노력' 이라는 단어는 사용하지 않는다.

기적질문을 사용할 때 가족에게 틈틈이 가상의 기적에 대한 설명을 되풀이해 주어야 한다. 대부분 가족구성원들은 새로운 가상 상태를 유지하는 것에 어려움을 느낀다. 가족구성원들이 기존의 상호작용을 되풀이하려 할 때 그들에게 기적이 일어날 수 있음을 상기시켜야 한다.

치료자 : 좋아요, 그건 과거에 일어난 일이었어요. 지금 기적이 일어나서 내일 아침 짐이 스스로 한 번에 기상했을 때 당신은 무엇을 하고 있을까요?

치료자가 추후질문을 하는 것은 가족구성원들이 목표를 달성하기 위해 서로 상호작용하여 문제를 해결할 수 있는 방안을 시각화하도록 만든다. 이와 같은 추후질문은 가족구성원 개개인이 체계로서 가족의 목표를 달성하는 데 기여할 수 있다는 것을 가정한다.

10) 실연화

기적질문이 불러오는 시각화나 환상을 통해 가족이 성공을 경험할 수 있는 것처럼, 실연화도 가족이 성장이나 성공을 경험할 수 있도록 한다. 실연화는 가족구성원들이 회기를 통해 과거에 일어났던 행위나 가정에서 일어나기를 바라는 행위를 치료과정에서 재연할 때 일어난다. 치료자는 회기 중에 가족 내 역동이나 중요한 과정을 가족에게 실연(가족 스스로의 역할극)하게 함으로써 그들의 의사소통 기술을 지도할 수 있다.

실연화는 회기 중에 가족이 안전하게 실연할 수 있게 해 주며, 그 과정 자체로서 평가도구가 된다. 가족구성원들은 회기에서 다양한 행동들을 시도해 봄으로써 그들의 목표 앞에 놓인 장애물들을 발견할 수 있다. 가족의 목표가 다음과 같이 설정되었다고 가정해 보자. "부모가 자녀에게 샤워를 마칠 것을 친절하고 즐거운 태도로 요청했을 때 자녀는 한 번에 부모의 말을 따를 것이다."라는 이 내용은 회기에서 실연화될 수 있다. 부모들은 '친절과 즐거움'에 대한 지도를 필요로 할 것이며, 자녀는 부모의 말에 따르기 위해 많은 강화를 필요로 할 것이다. 새로운 행동을 취하기 위해서는 추가적인 노력이 필요하다는 사실을 모르는 부모에게 치료자는 모델로서 적극적인 강화를 제공해야 할 것이다. 특히 어린 자녀들에게는 이러한 강화가 매우 중요하다. 또한 이 과정은 치료자가 역할극의 방향을 설정하고 연출하는 기쁨을 경험할 수 있는 좋은 시간이 된다. 이러한 역할극은 얼마든지 즐거울 수 있고 모두가 참여하도록 계획될 수 있다. 가장 바람직한 것은 정해진 목표를 연습해 보는 것이지 과거의 가족불화를 재현하는 것이 아니다. 실연화를 통해 가족의 바람직하지 않은 행동들이 반드시 나타나기 때문에 치료자는 실연회의 방향을 제설정하고 지도해야 할 필요가 있다.

11) 예외 찾기

가족의 목표는 대부분 가족이 과거에 부분적으로나 완벽하게 달성했던 것들을 포함한다. 가족의 목표는 이러한 것들을 일관성 있게 유지하는 것일 수도 있다. 즉 그들은 과거에 바라는 것들을 경험했으며 그 경험을 좀 더 하기를 원한다. 목표의 일부분일지라도 과거에 성공했던 경험을 통해 내담자의 강점을 찾아낼 수 있다. 과거 어느 한때의 성공 또는 부분적인 성공이 발견된다면 치료자는 이를 예외라고 부른다. 예외(de Jong & Berg, 1998; de Shazer 외, 2007)란 내담자들이 현재 가지고 있는 문제가 발생하지 않았던 상황의 경험들을 일컫는다.

내담자가 목표를 성공적으로 달성한 경험이 언제였는지를 파악하는 것은 내담자가 어떠한 강점으로부터 시작해야 하는지 그리고 어떠한 강점을 가지고 목표를 달성해야 하는지에 대한 가치 있는 통찰력을 제공한다. 과거의 부분적인 성공들에 대한 상황과 구체적인 것들에 관해 자세하게 묻는 것은 가족 성장에 필요한 구성요소들을 제공한다. 게다가 가족이 과거에 성공했던 경험과 자신들의 능력을 기억하는 과정은 가족의 희망을 더욱 증가시킨다.

아내, 수잔나 : 결혼해서 아이가 생기기 전에 우리는 서로 자신의 일과에 대해 이야기하곤 했어요. 그건 훌륭했다고 봐요. 저는 그것을 중요하다고 느꼈어요.

남편, 호세 : 맞아요. 우리는 산책하거나 침대에 누워 있기도 했고, 가끔은 이야기하거나 신문을 읽고 나서 기사들에 대해서 이야기도 나눴어요. 지금 우리는 너무 바빠진 것 같아요. 그렇지만 우린……

치료자(중단하기) : 그래서 당신이 함께하는 시간을 갖게 될 때 기분이 좋아지는군요. 산책을 하거나 이야기하는 것은 서로를 더 가깝게 만드는 것 같아요. 미래에도 이러한 친근감이 더 있었으면 하시는 거죠? 지금 당장 이러한 순간들을 찾는 방법에 대해 생각할 수 있겠어요?

12) 척도질문

치료자가 내담자에게 자신의 경험을 평가하도록 요청하는 것은 내담자가 복잡한 문제들에 대해 이야기할 수 있는 간단한 방법을 제공하는 것이다(Berg, 1994; Berg & de Shazer, 1993; Berg & Miller, 1992; de Shazer 외, 2007). 척도질문은 내담자가 0부터 10까지의 범위 안에서 그들의 경험을 평가할 수 있는 틀을 제공한다. 예를 들어 내담자는 목표를 향해 나아가기 위한 동기, 목표를 성취할 수 있다는 자신감, 목표를 위해 다음 단계에서 해야 할 가장 바람직한 행동들의 순위, 치료를 종결해야 하는 시점 등에 대해 점수를 매길 수 있다(De Jong & Berg, 1998).

치료자는 각 구성원들의 노력을 측정하여 그들의 동기를 수치화하는 것을 통해 목표 성취에 대한 각자의 의지를 파악할 수 있다.

치료자 : 이 목표를 성취하기 위해 당신은 얼마나 열심히 일하고 있습니까? 만약 0이 당신이 어떤 것도 하지 않는다는 것을 의미하고 10이 당

신이 가능한 모든 것을 하겠다는 것을 의미한다면, 당신은 자신의 노력에 몇 점을 주시겠습니까?

동기의 수준은 가족의 목표가 가족구성원 모두에게 중요한 목표인지 아닌지의 여부를 나타낸다. 또한 치료자는 목표를 이루기 위해 얼마나 노력할 의지가 있는지 가족구성원들에게 질문함으로써 개인이 각자 노력해야만 하고, 변화는 마법이나 치료자가 조제하거나 처방하는 약물로 이루어지지는 않는다는 점을 분명하게 상기시킬 수 있다.

척도질문을 사용하는 시점에 대해서는 논란이 있다. 일반적으로 척도질문은 치료과정 후반에 제시되는 것이 가장 좋다. 치료자는 가족이 성취할 수 있는 것에 대한 이해, 시도하고자 하는 가족의 동기, 성공할 수 있다는 가족의 자신감 등을 끌어올리기 위해 충분히 노력하기 전에는 가족에게 목표를 물어볼 수 없다. 다시 말해 치료자는 목표가 어느 정도 개인적으로 의미 있다고 생각되는 수준에 도달하였을 때만 내담자들에게 목표와 관련된 것들을 측정하도록 부탁해야 한다. 이러한 척도질문법은 예외를 탐색하는 질문과 목표를 공식화하는 치료전략의 일환으로 사용될 수 있다. 만일 치료 초기에 가족구성원 중 한 명이 목표를 달성하기 위해 아무것도 하지 않을 것이라고 말한다면 치료 과정은 다시 처음으로 되돌아간다.

스트레스가 많은 가족의 아동은 0점을 표시하는 경우가 많다. 치료의 불필요한 지연을 막기 위해 치료자는 목표에 아동의 관점이 포함되어야 한다는 것을 명확하게 해야 한다. 일단 아동이 목표에 대해 이야기할 수 있는 기회를 얻었다고 느끼면 목표에 대해 아동이 보여 주는 열의에 모두가 놀라게 된다.

목표를 달성할 수 있는 가능성에 대해 가족구성원들이 가지고 있는 자신감을 측정하는 것은 가족치료에 대한 믿음과 가족이 가지고 있는 희망의 정도를 나타낸다. 치료자는 측정된 척도 점수에 주의를 기울여야 하고, 척도 점수가 낮을 경우 목표에 대한 의사소통, 재정의, 칭찬, 예외 찾기, 동기부여를 강조하는 접근법에 다시 초점을 맞추어야 한다. 그러나 내담자가 척도질문에 대해 어떻게 대답하든 간에 치료자는 기대 이상의 성과를 얻었을 때 기뻐해야 하며, 이를 통해 가족구성원들이 치료에 대한 긍정적 감정과 희망을 가지도록 할 수 있다.

치료자가 가장 선호하는 척도질문은 가족이 성취했다고 생각하는 목표 달성 범위에 대한 가족의 생각을 질문하는 것이다. 목표란 디딤돌의 연속으로 묘사될 수 있다. 작은 단계는 설명하기 어려운 반면, 최종 목표는 알아차리기 쉽다. 척도질문은 이러한 단계들을 명확하게 전달해 준다. 척도질문을 통해 목표 달성에 대한 개개인의 인식을 단계적으로 끌어올릴 수 있다.

치료자 : 당신은 현재 목표를 향한 10단계 중에서 4단계에 와 있다고 생각하시네요. 10단계를 향해 조금 더 나아가기 위해서는 무엇이 필요할까요? 당신이 5단계에 와 있다고 생각하기 위해서는 무엇이 필요할까요?

이 과정은 실현 가능한 단계에 따라 변화하는 것이 중요하다는 것을 시사한다. 이를 통해 가족은 더욱 자신감을 가질 수 있고 과정마다 거둔 성공에 대해 축하할 수 있다.

또한 가족은 목표를 달성하는 데 가족구성원 개개인이 0~10까지의 연속 척도 상에서 어디에 위치하고 있는지 파악함으로써 각 가족구성원들의 다양한 견해들을 파악할 수 있고 치료의 종결에 대해서도 이야기할 수 있다.

치료자 : 부모님이 너와 함께 행복하기를 바라는 너의 목표가 숫자 척도에서 현재 어디에 있다고 생각하니? 0이 '부모님이 나를 볼 때마다

화내며 소리를 지른다'이고 10이 '부모님은 나를 볼 때마다 기뻐하
신다' 일 때 너는 어느 정도인 것 같니?

만약 목표에 대한 진전이 있다면 목표척도질문에 대한 추후질문에서 치료
의 종결에 대해 이야기할 수 있다.

> **치료자** : 가족치료를 종결하려면, 그러니까 저를 만나지 않고도 계속해서
> 행복하기 위해서는 척도점수가 얼마나 높아야 할까요?

이와 같이 치료자는 가족에게 최종목표가 반드시 치료 중에 달성되어야 하
는 것은 아니며 치료가 종결된다는 것의 의미가 무엇인지 알려 준다.

결론

이 장에서 살펴본 기본적인 기법들은 가족치료의 기초가 된다. 긍정가족치료
기법은 새로운 가족 현실을 구성하고 설계하는 데 있어 모든 가족구성원들을
참여시키고 그들에게 권한을 부여한다. 가족문화, 자질, 즐거운 활동을 포함
한 가족의 강점들은 가족 성장을 지지하는 기초를 형성한다. 모든 가족구성
원이 치료과정에 기여하고 도움을 받기 위해서는 가족구성원 개개인이 치료
자를 받아들이고 친숙해져야 한다. 긍정가족치료의 다양한 기법은 개인치료
기법들과 다르다. 바람직하지 않거나 낭비되는 시간은 치료자의 적극적인 개
입과 체계적인 치료과정의 구성을 통해 최소화된다. 이 장에서는 각 가족구
성원이 멈추기를 원하는 것에 초점을 두기보다는 바람직한 결과에 초점을 두
었다. 긍정적 생각이나 행동, 감정을 포함하는 진술은 재진술, 깊이 있는 질
문, 치료과정에 다른 가족구성원들을 참여시킴으로써 강조된다. 치료자는 부

정적인 생각, 감정, 행동들도 꼼꼼하게 기록하기는 하지만 이에 대해 관심을 가지고 장려하지 않으며, 만약 시기가 부적절하거나 반복된다면 적극적으로 배제한다. 또한 가족은 회기 내에서 목표 지향적인 행동을 상상해 보고 이를 실연화한다. 가족이 목표 지향적으로 행동하는 데에는 가족구성원들 각자의 역할이 있고, 이는 가족구성원 모두에게 도움이 된다. 각 가족구성원들은 치료과정과 결과를 평가한다. 바로 이러한 것들이 긍정가족치료자에게 중요한 기본적인 기법들이다.

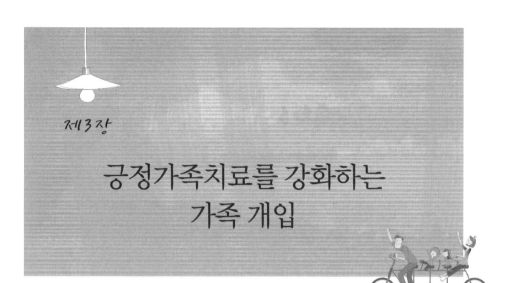

제3장

긍정가족치료를 강화하는
가족 개입

목표

이 장에서는 가족들이 각 회기 사이에 주어지는 과제를 수행하도록 하기 위해 치료자가 사용하는 개입들에 대해 설명하고 있다. 치료자는 가족들이 성공적으로 과제를 수행하도록 하기 위해 치료의 효과뿐만 아니라 수용성에 관한 문제도 고려해야 한다. 치료자는 이와 관련된 전문지식을 이용하여 가족이 행복을 증진시키는 과제에 도전하고, 이를 지속하기 위한 동기를 강화하는 데 도움을 줄 수 있다.

핵심개념

감사(gratefulness)

강점 찾기(catching them being good)

개인주의 문화(individualistic cultures)

공감(empathy)

대서특필(capitalization)

대처 모델(coping model)

모델링(modeling)

사회적 기술(social skills)

사회적 의식(social awareness)	자기관리(self-management)
사회적 지지(social support)	자기인식(self-awareness)
수용성(acceptability)	정서지능(emotional intelligence)
심리지도(psychological guidance)	집단주의 문화(collective cultures)
의례(rituals)	행동지도(behavioral guidance)
일상(routines)	
공식적의 첫 회기 과제(Formula First Session Task)	
단계적 접근법(successive approximations)	

개요

치료 회기 동안 치료자가 가족에게 다양한 방법으로 개입하는 것이 유용하다는 것은 여러 연구와 경험을 통해 입증되었다. 이러한 많은 연구와 경험들에 대해서는 이전 장에서 설명하였다. 각 회기 사이에서 가족에게 주어지는 과제는 행복한 가족생활을 위해 필요한 새로운 기술들을 습득할 때 매우 중요하다. 가족치료에서 사용할 수 있는 연구와 임상 기술을 함께 적용하는 과정을 통해 이러한 과제를 개발하고 가족에게 부여할 수 있다. 이 장에서는 가족들이 과제를 수행하도록 하기 위해 제시되는 회기 사이의 과제에 초점을 맞추고 있다.

1. 수용성

가장 효과적인 개입일지라도 내담자들이 사용하지 않으면 가치가 없다. 사람들을 돕는 전문가들이 경험하는 모순은 사람들이 관심 있는 일을 종종 하지 않는다는 것이다. 이와 같은 모순에는 처방받은 약을 복용하지 않는 것, 건강에 좋은 음식을 섭취하지 않는 것, 운동을 하지 않는 것 또는 약물남용과 같은 위험한 행동을 하는 것 등이 포함된다(Osterberg & Blaschke, 2005; Scheel, Hanson, & Razzhavaikina, 2004; Schmidt & Woolaway-Bickel, 2000).

내담자가 치료에 순응하지 않는 문제는 심리치료에서도 발생되고 있다.

예를 들면 전략을 실행할 책임이 있는 교사나 부모 등은 치료자의 개입을 매우 불쾌하게 여겨 초기 행동주의 심리학자들의 효과적인 개입을 거부하였다(Kazdin, 1981; Wolf, 1978). Kazdin은 치료를 통해 현재의 문제들을 해결할 수 있을지라도 내담자들은 치료를 부적절하고 불공평하며 비합리적이거나 지나치게 개입적인 것으로 생각할 수 있다고 밝혔다. 내담자가 이러한 인식을 가지고 있다면 성공적인 전략들도 지속되기는 어렵다. 치료의 수용성을 증가시키는 방법을 이해하는 것은 연구에서 중요한 영역이며 치료자에게도 중요한 사항이다. 치료자가 가족의 변화를 촉진하는 방법에 대하여 좋은 아이디어나 완벽한 아이디어를 가지고 있다 해도 이것만으로는 충분하지 않다.

Kazdin(1981)은 치료에 대한 내담자의 수용성을 극대화하기 위해 내담자의 수용성을 공식화함으로써 내담자가 치료의 여러 측면(예 : 치료가 얼마나 복잡하며, 어느 정도 시간이 소요되는지, 일상생활에 어느 정도 장애가 되는지)을 어떻게 인식하는지 조사할 필요가 있음을 알려 주었다. 예를 들어 내담자가 "바람직하지 않은 행동을 소거하기 위해 부적강화를 이용하라."는 지시에 따르는 것을 불가능하다고 여긴다면, Kazdin은 치료자가 내담자에게 "아이가 저녁식사를 끝마칠 때까지 어떠한 디저트도 주지 마세요."라고 말할 것을 제안할 것이다.

이처럼 임상에서 필수적인 부분에 관하여 저자들이 연구한 결과(예 : Conoley, Conoley, Ivey, & Scheel, 1991)는 Kazdin의 통찰을 지지하지만 보다 확장될 부분이 있음을 발견하였다. 특히 저자들의 연구결과에서 치료자와 내담자의 관계는 치료자가 어떠한 치료방법을 사용할지 예측 가능하게 하는 것으로 나타났다. 구체적으로 치료자는 다음과 같은 점들을 고려하는 것이 중요하다.

1. 내담자는 치료적 목표[1]와 치료자의 개입이 관련이 있는지 또는 개입이 적절한지를 이해한다.
2. 내담자는 치료자의 개입이 실행 가능하고 효과적이며, 자신의 윤리적/도덕적 가치에 부합한다고 믿는다.
3. 내담자와 치료자는 긴밀한 관계를 맺는다.

목표와 개입의 적합성, 개입과 개인 변수와의 일치성, 치료자와의 관계라는 이러한 세 가지 영역에 따라 내담자가 치료에서 과제 수행에 동의할지 동의하지 않을지가 결정된다.

물론 내담자가 개입에 동의하는 것은 중요한 단계이지만 개입을 실행하는 것은 필수적인 단계이다(예 : 말만 하는 것은 쉽다). 개입을 실행하는 데 있어 가족이 가지고 있는 능력은 매우 중요하다. 치료자는 가족에게 기대되는 것을 가족이 스스로 이해할 수 있도록 하기 위해 충분히 설명하였는가? 치료자는 성공이 무엇인지 알 수 있게 하기 위한 과제를 가족에게 부여하였는가? 특히 강압적인 방법에 익숙해진 가족에게는 "하루에 한 시간씩 서로에게 친절하게 이야기하세요."라고 말하기가 어려울 것이다. 따라서 치료자는 가족에게 매우 구체적으로 설명해야 한다. 예를 들어 부모와 청소년 자녀가 용돈과 관련하여 부정적인 의사소통을 하고 있다면 치료자는 다음과 같이 제안할 수 있다.

치료자 : 라베른이 용돈을 달라고 할 때 라베른에게 무엇을 사고 싶은지, 물건을 사고 나면 기분이 좋아지는지 물어보세요. 그리고 "신발을 고

---

1) 원래 저자들의 연구에서는 '내담자의 문제'로 기술되었으나, 이후 수정 보완을 거쳐 '치료적 목표'로 변경되었다.

르는 센스가 뛰어나구나! 신발 색깔이 너에게 잘 어울려."라고 말해 보세요. 라베른에게 용돈을 주실 수도 있고 주시지 않을 수도 있지만, 라베른과 함께 쇼핑의 즐거움을 느끼고 라베른이 스스로 용돈을 벌기 위한 방법을 계획할 수 있도록 도와주세요.

만약 치료자가 개입을 실행하였다면, 그 다음의 궁극적인 목표는 가족이 그 개입을 지속적으로 사용하고 유지하는 것이다. 개입이 유지되는 것은 다음과 같은 세 가지 요소에 따라 좌우된다.

1. 내담자들이 과제를 수행하려고 했는가? 즉 내담자들은 회기 사이에 과제를 수행했는가?
2. 과제를 수행하면서 내담자들은 긍정적 정서나 행복[2]이 증진되는 경험을 하였는가?
3. 개입을 통해 내담자들이 경험한 변화는 내담자들이 목표를 향해 움직이게 할 만큼 충분히 강력한가?

이러한 요소들은 당연한 것처럼 보이지만 가족치료가 성공하기 위해서는 매우 중요한 요소이다(예 : Conoley, Padula, Payton, & Daniels, 1994; Conoley 외, 1991; Padula, Conoley, & Garbin, 1998; Scheel 외, 2004). 만약 가족이 과제를 수행하지 않았다고 보고한다면(예 : 가족이 너무 바빴거나, 서로에게 화가 났거나, 협력을 하지 않았을 경우) 치료자는 자신의 제안(또는 다른 개입)에 대한 가족의 수용성을 다시 증진시켜야 한다. 만약 가족이

---

2) 원래 저자들의 연구모델에서는 '감내할 만한 혼란'으로 기술하였으나, 이후 확장 및 형성이론에 기초한 연구를 통해 보완되었다.

과제를 하려고 시도는 했지만 완수하지 못했다면, 치료자는 가족구성원들을 코치하기 위해 가족에게 있었던 일을 치료 현장에서 보여 달라고 요청해야 한다. 또한 가족이 과제를 수행하고는 있지만 충분히 큰 효과가 나타나고 있는지 의심된다면, 치료자는 치료 요소를 추가하거나 가족이 과제를 계속할 수 있도록 동기를 부여할 수 있다(건강한 가족은 일주일 만에 만들어지지 않는다).

많은 가족들은 서로 상호작용하는 것을 통해 실질적이고 끊임없이 적응해야 목표를 이룰 수 있다는 사실을 제대로 알지 못한 채 치료에 임하게 된다. 의사들은 환자들에게 5일간 약을 복용하도록 동기를 부여하는 것이 어렵다고 말한다(Osterberg & Blaschke, 2005). 평생 동안 변화가 지속되도록 하기 위해 개인을 지지하고 동기를 부여하는 것은 매우 중요한 문제이다.

확장된 수용성 모형이 내담자의 과제 수행 가능성을 어느 정도 예측하는지를 검증한 결과, 확장된 수용성 모형의 예측 정확도는 90%인 것으로 나타났다(Conoley 외, 1994). 수용성과 관련된 다음의 세 가지 변인들은 내담자가 과제를 완수할 수 있을지를 예측하게 해 준다.

1. 치료자는 내담자의 강점과 연결되고 강점을 이용할 수 있는 개입을 제시하였는가? 여기서 강점은 내담자가 즐기거나 잘한다고 말하는 모든 것이다.
2. 내담자는 목표나 문제에 대한 내담자의 이해와 치료자의 개입이 서로 관련이 있다는 것을 알았는가? 내담자는 과제를 새로운 것으로 생각할 수 있지만, 치료자는 내담자가 관심을 가지는 문제와 과제가 서로 관련 있다는 것을 확실하게 알도록 하기 위해 내담자에게 몇 가지 근거를 제시해야 한다.
3. 과제의 난이도는 내담자에게 적절하였는가? 치료자는 과제에 대한 내담

자의 이해도나 과제수행 기간의 제한, 평가된 동기 수준을 고려하여 과제를 부여하였는가?

즉 치료자가 내담자에게 이러한 사항에 대해 질문하고 이에 대한 대답을 듣는다면, 내담자가 과제를 더욱 잘 수행할 수 있도록 개입을 제시하고 발달시킬 수 있을 것이다. 중요한 점은 내담자가 즐기거나 잘하는 활동에 주의를 기울이면 그들이 가지고 있는 강점을 쉽게 발견할 수 있다는 것이다. 치료자가 개입을 목표를 향한 가족의 점진적인 움직임과 연결한 후 가족에게 이러한 연결을 이해하였는지 질문한다면, 가족은 목표에 대한 가족의 이해와 치료자의 개입이 서로 관련이 있다는 것을 이해할 수 있다. 치료자가 가족이 형성하는 의미나 열린 체계의 특성을 고려하지 않고 과제나 개입을 제시한다면 치료는 성공하지 못할 것이다.

치료자는 과제 실행에 있어 장애물이 될 수 있는 것들을 조사하면서 가족이 과거에 어려운 과제를 수행했었던 경험을 함께 평가할 수 있다. 치료자가 회기 내에서 가족에게 개입을 실연하도록 요청한다면 성공적인 시도를 방해하는 문제를 발견할 수 있다. 가족구성원들이 치료자의 지시사항을 이해하지 못하거나 치료자가 가족의 상황을 명확하게 이해하지 못하는 상황이 있을 수도 있다. 이는 치료자가 가족들이 과제를 수행할 때 직면하게 되는 상황과 가족의 이해력을 파악하는 정도에 따라 달라진다. 가족에게 개입의 실연화나 시각화를 요청한다면 장애물에 부딪히기 전에 장애물을 미리 발견할 수 있다. 회기 내에서의 실연화는 가족의 상황과 관련된 장애물을 해결하게 하거나 치료자에게 하나의 특정 전략만을 사용하지 않도록 주의를 줄 것이다. 만약 가족이 치료자가 제안한 실연화를 할 준비가 되지 않았다면, 치료자는 다음과 같이 말할 수 있다.

치료자 : 여러분이 방금 시도한 것은 매우 어려운 기술입니다. 하지만 여러분이 목표에 조금 더 가까워지면 이를 시도하는 것은 좀 더 수월해질 것입니다. 지금부터 다음 단계에서 해야 하는 것과 관련이 높은 것을 해 보죠.

어전히 가족구성원들은 그들이 가지고 온 문제가 해결되는 시점이 지료가 종결되는 시점이라고 생각하기 때문에 목표와 과제의 관련성에 대해 가족이 의심하는 것은 일반적인 현상이다. 치료자는 새로운 상호작용 방식이 가족에게 도움이 될 것이라는 것을 설명하기 위해 이에 대한 합당한 근거를 가족에게 제시해야 한다.

치료자 : 여러분은 가족을 위해 과거에 많은 일들을 했습니다. 그러나 이제 여러분이 잘할 수 있지만 해 보지 않은 일을 할 때가 되었습니다. 여러분은 이러한 생각을 통해 스트레스를 받아 잃어버렸던 창의적인 대안들을 다시 찾게 될 것입니다.

치료자는 자신이 제안한 개입을 내담자가 수용할 수 있게 만드는 세부사항에 집중할 필요가 있다.

2. 공식적인 첫 회기 과제

Steve de Shazer(1984, 1985)는 공식적인 첫 회기 과제가 목표를 명확하게 만들고, 목표 달성에 대해 더 긍정적으로 생각하게 하며, 치료에서의 협력을 강화함으로써 내담자에게 이익이 된다고 설명한다. 이러한 개입, 즉 공식적인 첫 회기 과제(FFST)는 다음과 같은 치료자의 지시로 요약된다.

당신이 계속 일어나기를 바라는 일이 실제로 가족에게 일어났는지를 다음 상담에서 설명할 수 있도록 지금 이 시간부터 가족을 관찰해 보세요(de Shazer, 1985, p.137).

FFST는 문제에 초점을 둔 다른 첫 회기 과제들과 비교했을 때 더 효과적이다. 문제에 초점을 둔 일반적인 구조적 전략 개입과 비교해 보았을 때, FFST는 가족이 치료에 더 순응하고 명확한 치료 목표를 가지게 하며 현재의 문제를 개선하는 데 있어 더 효과적이다(Adams, Piercy, & Jurich, 1991).

FFST는 가족구성원 모두가 동의한 목표에 가족이 집중하지 못할 때 특히 유용하다. 치료자는 가족이 지금 하고 있는 것이나 하고 있지 않은 것 중에서 가족이 해야 하는 것을 찾도록 요청해야 한다. 가족이 잘 되지 않는 것만 생각하고 있을 때 치료자는 가족에게 긍정적인 면에 집중할 것을 요청한다. 사람들이 정보를 처리하는 방법에 대해 살펴본 광범위한 연구들은 선택적으로 주의집중하는 것의 영향력을 지지하였다. 또한 긍정심리학 분야의 연구는 좋은 것에 집중하는 것의 영향력을 강조하였다(Emmons & McCullough, 2003). 좋은 것들(예 : 감사하는 것)을 생각하는 데 시간을 보내는 사람들은 더 행복해지며, 이렇게 더 행복해진 사람들은 더욱 활기차고 분명하게 생각하며, 문제를 해결할 때 창의적인 방법을 떠올린다(Lyubomirsky, King, & Diener, 2005).

따라서 FFST를 수행한 후 가족구성원들의 목표 지향성은 증가하게 되고 가족은 과거보다 현재에 집중하게 된다. 비난과 실패는 과거와 관련되어 있기 때문에 현재와 미래에 초점을 두는 것은 매우 유용한 치료적 전환이라 할 수 있다.

FFST 개입의 또 다른 이점은 가족구성원의 강점을 보여 준다는 것이다. 가족이 과거에 경험한 감사함은 확장과 유지를 위한 목표이기 때문에 가족구성원들이 감사해하는 것들을 밝히는 것은 추후 개입의 기초가 된다. 가족구성원들은 자신의 강점에 대해 듣는 것을 좋아하기 때문에 FFST를 수행한 후 이에 대해 서로 이야기하는 것은 가족구성원들의 자신감, 희망, 변화의 속도를 증진시키는 데 도움이 된다.

이와 같은 과제는 제2장에서 언급된 **예외기법**(de Shazer, 1985)을 사용하는 단계에도 적용된다. 가족구성원 개개인은 개인적인 목표와 가족의 공통적인 목표를 향해 나아가는 데 도움이 되는 강점들을 가지고 치료에 임한다. 대개 가족구성원들은 자신의 강점을 잊어버리거나 과거 자신의 강점을 현재의 상황에 접목시키는 데 실패할 것이라는 걱정으로 혼란스러워한다. FFST는 문제에 대한 예외 상황 — 가장 문제가 있는 구성원이 가족의 행복을 증진시키는 행동을 하는 상황 — 을 드러내는 과정에서부터 시작한다(예 : Conoley 외, 2003; Dahl, Bathel, & Carreon, 2000).

또한 FFST는 어느 상황에나 적용될 수 있기 때문에 특히 유용하며, 가족구성원들은 FFST를 통해 첫 회기가 끝난 후 더욱 큰 용기를 얻을 수 있다. 즉 치료 초기에 잠깐 일어난 사건일지라도 가족은 깜짝 놀랄 만한 새로운 것을 얻을 수 있다. 또한 첫 회기에서 과제를 제시하는 것은 남은 치료과정을 위한 기준을 설정하는 데 도움이 된다. 치료가 잘되고 있을 때 가장 중요한 작업은 회기 사이에서 이루어진다. FFST는 수행하기 쉽고 가족과 치료자가 초기에 성공을 경험할 수 있게 하며, 이러한 성공의 경험은 가족에게 변화에 대한 희망을 가져다준다.

3. 가족 의례

가족 의례는 가족의 정체성과 가치를 연결하는 예측 가능한 활동이다. 의례는 세대와 세대를 지속적으로 연결하고 가족을 하나로 묶는 유대를 형성한다

(Bossard & Boll, 1950; Moss & Moss, 1988; Troll, 1988). 치료자는 가족에게 그들의 의례에 관하여 질문함으로써 가족의 정체성에 대한 많은 정보를 얻을 수 있다.

Fiese와 동료들(2002)이 가족 의례를 조사한 50년 동안의 연구들을 살펴본 결과, 가족의 일상과 의례가 가족을 다양한 방법으로 강화시킨다는 것을 발견하였다. 가족이 기능적인 의례를 가지고 있을 때 아동은 더 건강하고 바람직하게 행동한다. 또한 가족 의례가 지속되면 아동은 부모의 이혼, 가족 구성원의 사망, 한부모 가족, 재혼 가족과 관련된 위험에 직면했을 때 더 쉽게 회복할 수 있다. 가족 의례는 알코올 중독자의 자녀가 부모처럼 알코올 중독자가 되지 않도록 도움으로써 알코올 중독의 세대 간 전수를 예방한다(Wolin, Bennett, & Noonan, 1979; Wolin, Bennett, Noonan, & Teitelbaum, 1980).

가족 의례는 생의 모든 단계에 있는 가족구성원들에게 유익한 영향을 미친다. 유아나 미취학 자녀가 있는 가족들은 의미 있는 가족 의례를 가지고 있을 때 결혼만족도가 더 높은 것으로 나타났다(Fiese, Hooker, Kotary, & Schwagler, 1993). 의미 있는 의례를 가지고 있는 가족의 자녀는 불안감이 낮으며(Markson & Fiese, 2000), 많은 의례를 가지고 있는 가족의 청소년 자녀는 알코올 섭취 가능성이 적고(Fiese, 1993), 사회성이 더욱 발달하며 심리적으로 더 건강하다(Bomar & Sabatelli, 1996; Gavazzi, Goettler, Solomon, & McKenry, 1994; Gavazzi & Sabatelli, 1990).

일반적인 가족 의례로는 생일 축하, 기념일, 종교적 공휴일, 비종교적 공휴일, 친목회, 결혼식, 장례식 등이 있다. 또한 예측할 수 있는 종교 행사 참여, 안식일, 일요일의 저녁식사와 같은 행사들도 가족 의례에 포함된다.

의례는 가족의 일상을 포함하는 개념이지만, 의례는 가족의 일상으로부터 형성된다. 가족의 일상은 무언가를 성취하기 위한 습관적인 행동이며 저녁식사 시간, 취침 시간, 집안일, 친척들에게 하는 정기적인 안부전화와 관련이 있다. 일상은 자녀에게 안정감을 주는 습관적이고 예측 가능한 과정이며, 의사 결정 과정에서 부모의 노력을 덜어주기 때문에 가족이 좀 더 편안하게 생활할 수 있게 한다. 그러나 일상은 의례에서 핵심적으로 다뤄지는 상징적 의미를 포함하지는 않는다. 의례는 일상과 달리 가족의 정체성과 관련된 정보를 한 세대에서 다른 세대로 전달한다. 가족구성원들이 가족 의례를 실연하는 것을 기억할 때 가족은 좋은 감정을 다시 느낄 수 있다. 그러나 치료자는 가족구성원들이 일상에 중요한 상징적 의미를 부여한다면 일상이 의례가 될 수 있다는 것을 명심해야 한다. 치료자는 즐거운 가족의 일상(예 : 잠자기 전에 부모가 자녀에게 동화책을 읽어 주는 것)을 강화시키고 가족이 중요한 정보와 가치를 전달하는 시간을 늘리도록 돕는 동안 다음의 변화를 고려해야 한다.

치료자 : 잠들기 전에 항상 아이들에게 이야기를 들려주시는군요. 모두 이 시간을 즐거워하나요?

어머니 : 저는 잠들기 전 아이들에게 이야기를 들려주는 것이 좋고 아이들 도 그 시간을 좋아하는 것 같아요. 우리는 침대에 함께 앉아 꼭 껴 안고 있는데, 그러면 기분이 참 좋아요.

치료자 : 그렇다면 잠들기 전 아이들에게 이야기를 들려주는 시간을 통해 어머님과 아이들이 신체적으로 더욱 가까워질 수 있군요. 아이들 이 어머님의 이야기에 관심이 있다는 것을 알고 있기 때문에 어머 님은 책을 통해 중요한 가치를 전달하고 있군요.

어머니 : 책을 통해 전달되는 가치에 대해서 생각해 본 적은 없어요. 저는 그 냥 주변에 있는 책을 고른걸요. 저희 집에는 여러 번 보아도 좋은 할아버지와 할머니, 사촌들에 관한 책이 몇 권 있어요. 우리는 친척 들과 멀리 떨어져 살고 있기 때문에 아이들에게 친척들도 가족의

일부라는 것을 알려 주고 싶었거든요.

의례는 가족의 정체성과 강점을 보여 주는 창이다(Imber-Black, Roberts, & Whiting, 1988; Wolin & Bennett, 1984). 의례는 개인의 욕구가 충족되고 가족이 점차 변화되는 동안 가족과 관련된 가치를 유지시키는 가족발달 과정의 특수한 요소이다. 아동과 청소년들은 가족의 모든 의례를 제대로 인식하지 못한다. 자녀가 저항하면 부모들은 자녀에게 져주거나 특정 의식이나 방식에 따르는 것을 그만두려고 할지도 모른다. 예를 들어 많은 가족들은 각자의 바쁜 일상생활로 인해 가족이 함께 식사하는 것을 포기하는데, 어떤 가족들은 아이가 학원으로 가는 차 안에서 보통 저녁을 먹는다고 말하기도 한다.

아이가 학원으로 가는 차 안에서 급하게 식사를 하는 것은 건강에 좋은 음식을 섭취하지 못하게 하며 많은 것들을 잃게 한다(Videon & Manning, 2003). 가족들은 사회적 지지, 가치 전달, 성공에 대한 감사, 문제 분석, 규범 형성 — 식사예절을 가르치는 시간까지 포함 — 을 연습하기 위한 무대가 필요하다. 연구결과에 따르면 가족이 함께 자주 식사를 하는 것(주당 5~7회)은 가족이 더 좋은 영양분을 섭취하게 하고 자녀가 더 높은 성적을 받도록 하며 섭식장애, 약물섭취, 우울증, 자살시도 발생률을 감소시키는 것으로 나타났다(Eisenberg, Olson, NeumarkSztainer, Story, & Bearinger, 2004).

물론 가족구성원들이 식사시간에 서로 헐뜯거나 오래된 불평들을 이야기한다면 식사시간은 서로에게 재앙의 시간이 될 수 있다. 가족이 함께 식사하는 것이 정신건강을 위한 묘책은 아니지만 안정, 영양, 공유, 즐거움의 감정을 가진 가족이 함께하는 정기적인 식사시간은 매우 강력한 가족 의례가 될 수 있다. 문제를 겪고 있는 가족이 사소하지만 긍정적인 경험들을 축적할 수 있게 되면 작은 변화들은 점차 확대될 수 있을 것이다. 이는 마술처럼 갑자기 나타나는 것이 아니라 긍정적인 상호작용 방식과 감정을 형성하고 확장하는 것과 같은 점진적인 과정이다. 추후에 소개되는 개입 중 일부는 가족이 받아들이고자 하는 새로운 의례로 이해되고 제시될 수 있다.

4. 감사하는 마음 키우기

감사는 가치 있는 것을 받았다는 믿음과 관련된 긍정적인 감정으로 정의된다. Emmons는 감사를 '삶을 향해 일어나는 경이, 고마움, 이해의 느낌'으로 정의하였다(Emmons & Shelton, 2002, p.459).

감사를 느끼는 것은 많은 긍정적인 결과들을 가져온다(McCullough, Emmons, & Tsang, 2002). Wood, Joseph과 Linley(2007)는 감사를 모든 덕성의 근원으로 보았으며, 또한 Lyubomirsky(2008)는 감사를 행복해지기 위한 메타전략으로 정의하였다. Lyubomirsky는 주관적 안녕 및 사회적 기능을 증가시키고 우울을 감소시키는 것과 감사의 관계를 설명한 연구들을 정리하였다(Emmons & McCullough, 2003; Lyubomirsky, Sheldon, & Schkade, 2005; McCullough, Emmons, & Tsang, 2002; McCullough, Tsang, & Emmons, 2004; Seligman, Steen, Park, & Peterson, 2005; Watkins, 2004; Wood, Joseph, & Linley, 2007).

자신에게 도움을 준 사람에게 감사를 표현하는 것은 그 사람이 다시 자신에게 도움을 줄 수 있게 만든다(Bartlett & DeSteno, 2006; Carey, Clicque, Leighton, & Milton, 1976; McCullough, Kilpatrick, Emmons, & Larson, 2001; Rind & Bordia, 1995; Tsang, 2006). 따라서 감사를 표현하는 것은 가족과 개인에게 도움이 되는 자원을 늘리는 것이라 할 수 있다. 감사를 자주 표현하는 것은 사람들이 서로를 지지하는 우정을 쌓는 데 유용한 기술을 형성하도록 돕는다.

감사는 가족 외부의 사람들과 우정을 쌓는 데 도움을 줄 뿐만 아니라 가족 구성원들이 서로에 대해 더 긍정적으로 생각하게 하는 데도 도움을 준다 (Wood, Joseph, & Maltby, 2008; Wood, Maltby, Stewart, Linley, & Joseph, 2008). 특히 자녀를 위해 부모는 감사의 덕성을 매우 강조한다. 많은 아동들은 부모로부터 감사를 표현할 때 '고맙습니다'라고 이야기하라는 말을 끊임없이 듣는다. Emmons와 Shelton(2002)은 감사의 정점을 삶에 대한 감사와 경이로움의 표현이라고 설명하였다. 그러나 삶에 대한 매우 작은 경이로움을 표현하는 것 또한 중요하다. 가족은 그들이 얻고 있는 이익을 깨닫고 스스로를 가치 있는 존재로 인식하며, 경험을 즐기는 것을 통해 매일 감사할 수 있다.

구성주의에 관한 이전의 논의와 마찬가지로 내담자들이 말하는 사건에 대한 이야기를 통해 치료자는 내담자가 감사해할지 감사해하지 않을지 예측할 수 있다(Lakey, McCabe, Fisicaro, & Drew, 1996). 만약 아내가 남편에게 받은 선물을 가치 없는 것으로 여기거나(예 : 남편의 선물이 친구들의 선물보다 작을 때) 남편에게 자신의 생일이라는 것을 직접 알려 주었다면, 아내는 다이아몬드를 선물로 받는다고 해도 고마워하지 않을 것이다(Lane & Anderson, 1976; Okamoto & Robinson, 1997; Tesser, Gatewood, & Driver, 1968; Weiner, Russell, & Lerman, 1978, 1979). 또한 아동은 선물이나 다른 사람이 베푸는 호의에 가치를 두지 않거나 이에 대해 감사를 표현하지 않아도 되는 특권을 행사할 수 있다. 가족에서 아동의 권리는 너무 많이 이해받아 왔을 것이다. 아동은 자신이 선물을 받을 가치가 있다고 지속적으로 느낄 때 점점 커지는 이익에만 관심을 가진다. 부모는 자녀가 받은 것에 비해 덜 감사하고 오히려 더 많은 것을 요구함에 따라 자녀가 고마워하지 않는다는 것을 알게 된다. 긍정심리학 연구자들(예 : Brickman, Coates & Janoff-Bulman, 1978)은 이를 쾌락의 적응 또는 쾌락의 쳇바퀴라고 부른다.

단순하게 보이는 개입일지라도 감사함을 느끼는 자녀의 경험에 큰 차이를 가져올 수 있다. 감사함을 느끼는 경험 세어보기라 불리는 감사 개입은 청소년의 부정적인 정서는 감소시키고 주관적인 안녕과 낙관성은 증가시킨다(Froh, Sefick, & Emmons, 2008). 치료자는 청소년들에게 과거에 감사했던 경험 다섯 가지를 적어보라고 요청한다. 가족치료에서는 이를 회기 사이에 자녀들이 매일 수행하는 과제로 수정하여 사용할 수 있다. Froh, Sefick과 Emmons는 청소년들에게 다음과 같이 제안하였다.

> 우리의 삶 속에는 감사해야 할 크고 작은 것들이 많이 있습니다. 과거를 돌아보고 삶에서 감사하게 생각하고 있는 것 다섯 가지를 아래에 써보세요 (p.220).

11~13세의 청소년들은 2주 동안 매일 이러한 과제를 수행하였다. 개입이 종결된 직후와 그로부터 3주 후에 검사를 실시한 결과, 감사표현 과제를 수행하였던 학생들은 감사표현 과제를 수행하지 않았던 학생들보다 학교생활 만족도와 행복도가 더 높은 것으로 나타났다. 학생들의 행복은 3주 후에 더욱 증가하였는데, 이와 같이 시간이 지나면서 행복이 더욱 증가하는 것은 "긍정적인 감정이 증가되면 이러한 긍정적인 감정이 순환되도록 만드는 생각과 행동들도 더욱 증가되고, 이를 통해 긍정적인 감정이 가져오는 이익은 더욱 증가한다."는 것을 예측하는 Fredrickson(1998)의 확장 및 형성이론과 일치한다.

치료자는 가족을 위해 감사 개입을 계획할 때 몇 가지 사항을 주의해야 한다. 치료자는 가족구성원들이 규칙적으로 이익이 발생하는 상황을 인지하고 그에 대해 감사해하거나 즐길 수 있게 한다. 이미 기억하고 있는 말을 생각 없이 계속 반복하는 것은 도움이 되지 않는다.

가족의 현재 일상이나 의례에 대한 감사 개입은 가족이 성공할 수 있는 기회를 증가시킨다. 다양한 종교에서는 감사를 중요한 요소로 생각하기 때문에 가족이 현재 종교를 가지고 있다면 이를 이용하는 것도 좋은 방법이 될 수 있다. 예를 들어 치료자는 가족에게 식사시간에 할 수 있는 감사 의례를 만들도록 요청할 수 있다. 이를 가족에게 요청하는 이유는 감사 의례가 가족구성원의 행복을 증진시키고 더 많은 친구를 사귈 수 있도록 도우며, 서로에 대해 더 가치 있게 생각하고 함께 즐거워하며, 불안을 줄이고 더 건강한 가족이 되는 것을 돕기 때문이다. 치료자는 가족에게 다음과 같이 말할 수 있다.

치료자 : 제가 지금 요청하는 일을 한다면 여러분은 긍정적인 결과들을 많이 얻을 수 있을 것입니다. 여러분은 이러한 작은 행동이 가족을 개선시킬 것이라고 믿지 못하겠지만, 여러분이 정말 노력한다면 그 작은 행동들이 가족생활을 개선시키는 힘에 놀라게 될 것입니다.

가족이 과제를 수행하기 전에 치료자는 가족구성원 개개인에게 감사의 덕성에 대해 물어보아야 한다. 가족구성원들은 자신의 바람직한 행동이 인식되고 감사받는 것을 즐기는가? 가족구성원들은 다른 사람에게 감사를 표현하는가? 가족구성원들은 감사를 매우 중요한 인간의 덕성으로 인식하는가? 가족은 일반적으로 감사를 증가시킨다는 생각을 매우 쉽게 받아들인다. 가족구성원들이 감사하는 것에 관심을 가지면, 치료자는 어떤 것에 감사할지를 인식하기 위해 투자한 시간이 가족을 강화시킬 수 있다는 생각을 가족에게 전달한다. 그리고 나서 치료자는 이러한 생각을 가족의 일상이나 의례와 조화시키기 위하여 가족구성원 개개인에게 이러한 생각을 개인화하라고 요청한다.

종교를 가지고 있는 가족들은 신앙심을 가지고 다른 사람과의 상호작용이나 타고난 재능에 감사하는 토론을 좋아할지도 모른다. 가족구성원들은 어떤 것이 자신에게 가장 많은 이익을 주었는지 생각하여 어떤 것에 가장 먼저 감사해할지 결정한다. 가족은 오늘 그들에게 친절하게 대해준 사람이나 좋아하는 동물 중 하나를 본 것에 대해 감사할 수 있다. 또한 초등학생 자녀에게는 새로 배운 단어의 철자를 적어 보게 할 수도 있다. 만약 이 단어들이 감사와 연결되면 모든 가족구성원들에게 즐거운 자극이 될 수 있다.

> 동생 : 나는 이번 주에 새로운 세 가지 단어의 철자를 배운 것에 대해 감사해. 그 단어는 '유럽', '바다', '산' 이야.
>
> 언니 : 나는 우리가 가족여행을 하는 동안 '산'과 '바다'를 볼 수 있어서 좋았어. 그리고 언젠가는 '유럽'에도 가보고 싶어.

감사의 긍정적인 효과는 가족구성원들이 감사의 경험을 즐기는 데 달려 있다. 부모들은 다른 가족구성원들의 이야기에 집중하고 칭찬하며, 대화에 집중하는 것을 지속하는 데 있어 중요한 역할을 할 수 있다. 변화의 속도를 늦추는 것과 모델링을 통한 개입은 자녀가 즐거운 순간을 경험할 수 있는 가능성을 증가시키고 이에 대한 참여를 돕는다. 무의미하게 반복되는 일상은 가족에게 도움이 되지 않는다.

종교가 없는 가족들(예 : 식사 전에 "하느님 감사합니다."를 외치지 않는 사람들)도 감사에 초점을 둔 가족 일상을 형성할 수 있다. 이 책의 저자들은 가족구성원들에게 매일 서로 두 가지 칭찬을 주고받을 것을 요청한다. 저자들은 회기 내에서 가족들이 칭찬을 주고받는 연습을 하게 한다. 많은 가족들은 서로 칭찬하는 습관을 가지고 있지 않기 때문에 이를 연습하는 것은 중요하다. 10대 딸을 칭찬하는 것을 연습하는 아버지에게 치료자가 제공한 도움의 예는 다음과 같다.

아버지 : 너는 예쁜 미소를 가지고 있어. 네가 행복한 모습을 보면 나도 행복하단다. 나는 네가 지금까지 보여 주지 않았던 아름다운 미소로 더 자주 웃었으면 좋겠어.

치료자 : 아버님이 따님에게 가장 처음으로 말씀하신 부분은 아주 좋은 칭찬입니다. 따님은 사랑스러운 미소를 가지고 있어요. 아버님이 말씀하신 것은 말을 통해 하는 스킨십과 같습니다. 그러나 아버님이 두 번째로 말씀하신 부분은 비판적이기 때문에 이로 인해 따님과 가까워질 수 있는 기회를 놓칠 수 있습니다. 지금부터는 따님에게 말로 하는 스킨십만 제공하실 수 있나요?

가족들은 다른 사람의 어떤 부분을 칭찬해야 하는지 또는 그들이 칭찬받은 것에 어떻게 감사해야 하는지 확인하는 데 도움을 필요로 할지도 모른다. 행복하지 않은 가족은 주변에 있는 좋은 것들을 인식하지 못하며 문제와 관련된 것에만 관심을 가진다. 치료자는 가족에게 타고난 재능, 좋은 날씨, 일용할 양식, 확대가족, 직장, 여행, 과거의 성공, 작은 승리, 가족의 단결 등을 상기시켜 주는 것이 필요지도 모른다. 저자들이 알고 있는 훌륭한 교사는 집으로 귀가하는 학생들을 칭찬하면서 하루 일과를 마친다. 어떠한 학생이 힘든 하루를 보냈을 때 교사는 그 학생에게 "치아 교정이 잘되고 있는 것 같구나, 테디. 치아가 고르게 보여."라고 말하였다. 이 교사는 아이의 좋은 점을 발견하는 기술을 완벽하게 습득한 교사라고 할 수 있다.

만약 치료자가 가족구성원들에게 현재나 과거의 즐거웠던 활동을 상기시킨다면 가족은 이를 통해 변화를 시작할 수 있다.

치료자 : 저는 여러분 모두에게 힘든 시간이 있었다는 것을 알고 있지만, 영화를 보며 가족들과 함께 보낸 순간들에 대해 감사해하고 있을 거

라는 것도 알고 있어요. 여러분은 모두 지난 여름에 블록버스터 영화를 보러 갔었던 즐거운 순간에 대해 이야기했어요. 저는 여러분이 부모님이 비용을 지불해 준 것, 팝콘과 음료가 맛있었던 것, 영화에 대해 즐겁게 이야기를 나누었던 것, 단지 함께 웃으며 시간을 보낸 것들에 대해 감사하게 생각했기 때문에 영화를 보러 가는 것을 즐겼는지 궁금합니다.

5. 사회적 지지

사회적 지지는 사랑받고 존중받는 경험이며 상호의무 연계망의 일부분이다(Taylor, 2003). 이와 같은 상호의무 연계망에는 가족, 친구, 지역사회 조직, 심지어는 애완동물도 포함된다. 가족은 정서적 지원이나 가시화된 지원을 통해 지지를 경험할 수 있다. 가족은 서로 배려하는 메시지를 전달하고 관심을 보이고 경청하며, 좋거나 힘들었던 시간에 단순히 함께 있어 주고 헌신하는 것으로 정서적 지지를 제공한다. 한편 가시화된 지원은 가르침, 모델링, 재정적 지원과 다른 물질적인 지원을 통해 제공될 수 있다.

인간의 행복에서 친밀한 관계는 매우 중요하다(Diener & Oishi, 2005). 친밀한 관계는 스트레스를 낮추고 면역체계의 기능을 강화시킨다(Uchino, Cacioppo, & Kiecolt-Glazer, 1996). 예를 들어 Cohen과 동료들(1997)은 더 다양한 사회적 네트워크(예 : 직장, 집, 교회와 같은 다양한 관계들)를 가진 사람들이 예방접종 후 감기에 덜 걸린다는 연구결과를 보고하기도 하였다.

미국의 다양한 가족구조와 인종집단에서 사회적 지지의 영향력을 연구한 결과, 상당히 일관된 결과가 도출되었다. 집단주의와 개인주의 문화에 속한 사람들 모두 친밀한 관계를 가치 있게 생각하고 친밀한 관계로부터 도움을 얻는다(Oishi, 2002; Diener, Oishi, & Lucas, 2003). 그러나 기능적인 가족에서의 사회적 지지는 인종 집단과 문화적응 경험에 따라 다르게 표현될 것이다(예 : Chao, 1994, 2001; Zayas, 1992). 예를 들어 라틴계, 아프리카계 미국인, 유럽계 미국인, 아시안 가족에서의 정서적 친밀감은 자녀 학대 빈도를 감소시키며(Chao, 1994; Coohey, 2001; Mammen, Kolko, & Pilkonis, 2003; Medora, Wilson, & Larson, 2001), 1세대 중국계 미국인 가족과 달리(Chao, 2001) 유럽계 미국인 가족에서는 친밀한 부모자녀 관계를 통해 자녀가 더 기능적이게 된다. 그러나 문화적으로 더 적응한 2세대 중국계 미국인 가족은 정서적 친밀감에서 유럽계 미국인들과 유사한 양상을 보였다.

또한 라틴계 가족을 대상으로 연구한 결과, 중학생 자녀가 한쪽 부모와 정서적으로 친밀할 때 다른 한쪽 부모와의 갈등에서 발생하는 부정적인 영향은 상쇄되는 것으로 드러났다(Crean, 2008). 그러나 모녀 갈등은 친밀한 부녀 관계를 통해 상쇄될 수 없다. 따라서 라틴계 가족의 경우, 모녀 갈등으로부터 딸이 부정적인 영향을 받지 않도록 하기 위해서는 치료자의 직접적인 개입이 필요하다.

사회적 지지는 이민 온 지 얼마 되지 않은 가족들이 느끼는 문화변용 스트레스를 감소시킨다(Safdar, Lay, & Struthers, 2003; Thomas & Choi, 2006; Yeh & Inose, 2003). 사실 이민 온 가족들을 유사한 인종에 속하거나 주류 문화에 속한 가족들과 연결시켜 돕는 것은 가족이 이중문화 정체성을 발달시키도록 촉진함으로써 그들의 주관적 안녕에 도움을 줄 수 있다(Yoon, Lee, & Goh, 2008). 여기서 이중문화 정체성은 그들이 원래 가지고 있던 문화적 전통과 새롭게 소속된 문화 모두를 가치 있게 여기는 가족의 능력을 의미한다.

맞벌이 부부는 21세기의 일반적인 가족구조이다. 맞벌이 부부는 직장과 가족에서 요구하는 것이 서로 상충되고 과중되어 스트레스를 경험하게 된다. 이러한 맞벌이 부부의 부담은 피로, 성관계 횟수의 감소, 가사에 대한 공평한 기여에 관한 다툼을 초래할 수 있다. 서로가 정서적으로 지지받고 있다는 느낌은 배우자의 행복을 증진시킨다(Parasuraman, Greenhaus, & Granrose, 1992). 부부가 서로 지지를 많이 한다면 일-가족 갈등과 스트레스는 감소한다(Adams, King, & King, 1996; Carlson & Perrewe, 1999; Parasuraman, Purhoit, Godshalk, & Buetell, 1996). 이와 같이 스트레스가 감소되면 많은 관계적인 요소들이 개선될 수 있다(Fensalon & Beehr, 1994).

부모의 지지는 자녀양육, 가정관리, 확대가족의 의무에 대하여 부부가 분담하고 있는 역할들을 꼼꼼하게 확인하고 실연함으로써 표현된다. 치료자는 가족의 성공을 위해 부부 모두가 각각 50%가 아닌 100% 기여하고, 본인의 요구사항을 상대방에게 직접 말할 것을 제안할 필요가 있다. 직접적인 의사소통 대신 간접적으로 상대방의 마음을 읽는 것은 바람직하지 않다.

대부분의 부부는 자녀를 양육하는 데 있어 갈등을 경험한다. 맞벌이 부부들은 이러한 자녀양육 갈등에 대처할 때 특별한 어려움에 직면하게 된다. 스트레스 상황에서 배우자가 자신의 원가족이 사용한 방법을 똑같이 사용하는 것은 흔한 일이다(즉 부모가 되었을 때 자신의 부모처럼 되거나 배우자가 자신의 부모처럼 되기를 기대한다). 이러한 경향은 가족의 목표와 맞지 않는 시대착오적인 행동에 부부가 적응하게 만든다. 아기가 아프면 직장에서 조퇴하는 사람은 누구인가? 한밤중에 일어나서 아기에게 우유를 주는 사람은 누구인가? 집을 청소하고 식사를 준비하는 사람은 누구인가? 조부모와 이야기하는 사람은 누구인가? 학부모 회의에 참석하고 자녀의 숙제를 봐 주며 형제간의 다툼을 조정하는 사람은 누구인가? 부모에게 주어진 수많은 과제들은 가족의 성장과 관련된 예측 가능한 어려움을 완화하기 위해 부부간에 긴밀한 협력과 지원을 필요로 한다.

치료자 : 여러분은 각자의 원가족에서 경험한 것들 중 가장 좋았던 경험을 토대로 자녀양육을 위한 협력 관계를 형성할 수 있는 기회를 가지

고 있습니다. 무엇이 이상적일까요? 어떻게 서로가 중요하고 특별한 존재라는 것을 느낄 수 있을까요?

치료자는 때때로 작은 상징을 통해 얻고자 하는 사회적 지지의 수준이 전달되는 것에 놀라곤 한다. 치료자가 위에서 한 말에 대해 한 젊은 아버지는 다음과 같이 말했다.

> 내담자 : 엘렌이 제가 아기에게 음식을 잘 먹이고 기저귀를 잘 갈아 준다고 생각하고 있다는 것을 저에게 가끔 말해 주었으면 좋겠어요. 엘렌은 제가 실수를 할까 봐 항상 불안해하기 때문에 제가 진짜 도움이 되고 있는지 모르겠어요.

가족은 자녀가 형제, 부모, 친구들과 관계를 맺는 기술을 훈련하는 공간이다. 일반적으로 가족관계를 강화시키기 위해 회기 사이에 주어지는 과제는 가족들이 다음 회기 전까지 함께 게임을 하는 것이다. 가족은 함께 게임을 함으로써 협력기술을 발달시킬 수 있고 적절한 수준의 경쟁을 연습할 수 있게 된다. 게임 과제의 중요한 목표는 가족의 즐거움을 증진시키고 자녀가 정당하게 승리하고 패배하는 방법을 알 수 있도록 하는 것이다. 부모와 자녀는 새로운 게임을 통해 가르치는 기술과 모델링 기술을 연습할 수 있다. 또한 부모는 완벽하지 않은 수행에 대한 인내심을 자녀에게 보여 줄 수 있다.

친구들을 집으로 초대하도록 자녀를 격려하는 것은 자녀에게 사회적 지지의 연계망을 형성하는 방법을 가르쳐 주는 또 다른 전략이다. 치료실을 찾은 한 가족은 아들이 집에 놀러온 친구들에게 자신이 하고 싶고 이해할 수 있는 게임만 해야 한다고 우기는 바람에 가족의 모든 일정이 엉망이 되어 난감했다고 말하였다. 부모는 아들이 친한 친구를 사귀지 못할까 봐 걱정하고 있었다.

치료자 : 너는 게임과 친구 중에서 어떤 것이 더 중요하다고 생각하니?

아　들 : 친구가 게임보다 중요해요.

치료자 : 그럼 왜 친구가 게임보다 더 중요하다고 생각하니?

아　들 : 글쎄요. 친구들이 없으면 함께 놀 사람이 없으니까요. 그리고 게임은 많이 있지만 친구는 세상에 단 한 명밖에 없으니까요. 당연히 친구가 게임보다 더 중요하죠.

치료자 : 정말 훌륭한 답변이구나. 적어도 두 가지 이유에서 너는 친구가 게임보다 더 중요하다고 생각하는구나. 첫 번째는 친구는 세상에 단 하나밖에 없는 사람이니까. 그리고 두 번째는 친구가 없다면 그만큼 즐겁지 않기 때문이구나. 게임보다 친구가 더 소중한 존재라고 생각하는 것을 친구들에게 어떻게 보여 줄 수 있을까?

아　들 : 나는 친구들에게 와줘서 고맙다고 말하고 게임하는 동안 친구들이 실수해도 내버려 둘 거예요. 친구들이 더 즐거워하고 하고 싶은 게임을 더 많이 했으면 좋겠어요.

이 아동은 친구에 대한 통찰력이 강화되었으며, 부모와 함께 친구들과 게임을 하는 동안 사용할 수 있는 비언어적 신호체계를 정함으로써 관계 기술이 향상되었다. 부모는 자녀가 친구들에게 참을성 없이 행동할 때 자녀에게 친구들의 기분을 중요하게 여기고 있지 않다는 것을 알리기 위해 엄지손가락을 아래로 내리며 '안 돼' 라는 신호를 보냈다. 자녀가 인내하거나 친구들을 격려하는 모습을 보이면, 부모는 엄지손가락을 치켜들며 '잘했어' 라는 신호를 보냈다. 이와 같은 단순한 과정을 통해 아동은 게임을 함께 할 수 있는 친구들을 사귀고자 하는 목표에 도달할 수 있다.

자녀의 관계 기술을 향상시킬 수 있는 또 다른 전략은 자녀가 확대가족이나 가족이 아닌 다른 성인과 관계를 형성하도록 하는 것이다. 때로는 부모보다

이모나 삼촌, 부모의 친구가 자녀에게 더 영향력 있는 모델이 된다. 그러나 부모가 자녀에게 거부당한 것처럼 느끼거나 다른 성인에게 경쟁심을 느낄 수 있기 때문에 치료자는 부모가 이러한 사실을 알 수 있도록 개입할 필요가 있다. 사회적 지지와 관련된 모든 긍정적인 결과 중, 특히 부모-자녀 관계에서 나타나는 긍정적인 결과를 부모에게 상기시키는 것은 도움이 된다. 사실 이는 "아이 하나 키우는 데 마을 전체가 필요하다."는 속담과 일치하는 것이다. 부모는 부모역할을 수행하는 데 있어 다른 사람에게 도움을 요청할 수 있고 도움을 받는 것에 대해 감사해할 수 있다.

좀 더 자세히 살펴보면, 능력 있는 아이 돌보미나 개인교사, 또래집단도 아이를 키우기 위한 마을의 일부분이 될 수 있다. 이와 같은 사람들은 보통 부모의 친구들과 확대가족보다 자녀와 나이가 비슷하고 청소년들에게 더욱 영향력 있는 행동 모델을 제공할지도 모른다(이 장에서 추후에 설명될 모델링에 대한 설명 참조). 자녀와 성별이 같고 연령이 같거나 비슷하며, 유사한 능력을 가진 모델은 자녀가 기술을 배울 수 있도록 하며, 기술을 배우기 위해 필요한 자기효능감을 증진시킬 수도 있다(Davidson & Smith, 1982). Schunk와 Hanson(1985)은 같은 성별의 친구가 어려운 뺄셈 문제를 푸는 모습을 관찰한 아동이 교사가 동일한 문제를 푸는 모습을 관찰한 아동보다 뺄셈을 배우는 데 있어 자기효능감이 더 높다고 보고하였다. 자녀에게 강하게 미치는 영향을 운에 맡기는 대신, 부모는 자녀를 위해 의도적으로 도움이 되는 또래집단을 모델에 포함해야 한다.

6. 친밀감 형성하기

다른 사람과의 관계에서 친밀감을 증진시키는 것은 흔히 가족의 목표로 언급된다. 가족구성원이나 친구들 간의 친밀감은 다양한 방법을 통해 형성될 수 있다.

친밀감을 형성하는 데 있어 의례와 칭찬의 유용성은 이미 앞에서 언급하였다. 친밀감을 증진시키는 또 다른 기술은 대서특필(capitalization, 의미를 강조하기 위해 대문자로 표기하는 것－역자주)이다. 대서특필은 자신의 긍정적인 사건을 공유하고 다른 사람의 성공을 축하해 주는 것을 의미한다(Langston, 1994). 능동적이고 적극적으로 반응하는 누군가와 긍정적인 경험을 공유하는 것은 성공을 통해 얻을 수 있는 이득을 증가시킨다. 가족구성원은 성공하는 것, 성공에 대하여 이야기하는 것, 성공을 위해 지지받는 것을 즐긴다(Gable 외, 2004). 매일 즐거운 일을 공유하는 것이 긍정적인 결과를 가져온다는 연구결과들은 매우 인상적이다. 기분 좋은 일들을 대서특필하는 것과 사소할지라도 기분 좋은 일들을 공유하는 것은 우울증을 감소시킬 수 있다(Nezlek & Gable, 2001; Zautra, Schultz, & Reich, 2000). 긍정적인 일을 서로 축하함으로써 자존감은 향상된다(Beach & Tesser, 1995; Nezlek & Gable, 2001; Tesser, Millar, & Moore, 1988). 대서특필이 성공하기 위해서는 공유하고 있는 일에 대해 긍정적이고 열정적으로 반응하는 것이 가장 중요하다. 이와 같이 긍정적이고 열정적으로 반응하는 것을 통해 더욱 많은 공유를 할 수 있으며, 부가적으로 긍정적인 대인관계 과정을 촉진할 수 있다(Gable 외, 2004).

회기 내에서 가족은 대서특필하는 방법을 연습하는 것을 통해 가족이 공유하는 긍정적인 사건에 적극적으로 반응하는 방법을 배울 수 있으며, 이러한 반응을 통해 가족은 친밀감과 행복을 증진시킬 수 있다. 이에 대한 예는 다음과 같다.

치료자 : 저는 집으로 돌아와서 당신에게 이번에 승진되었다고 말합니다. 저는 행복하고 약간 겁도 난다고 말합니다. 당신은 저에게 뭐라고 말씀하실 건가요?

내담자 : 저는 "일이 잘 풀리지 않아도 당신은 직장에서 해고되지 않을 거예

요. 그러니까 걱정하지 마세요."라고 말해 줄 거예요.

치료자 : 좋아요. 저는 당신이 제가 걱정하는 것을 이해해 주고 있다는 것을 알 수 있었어요. 잘하셨어요. 하지만 저는 당신이 승진에 대하여 "정말 멋진 소식이에요. 당신은 충분히 승진할 만하고 앞으로 더 잘될 수 있어요."와 같은 말로 강조해 주면 더 좋을 것 같아요. 한 번 해 보시겠어요?

치료자는 가족구성원들에게 매일 긍정적으로 반응하도록 하는 과제를 내 주어야 한다. 이는 가족구성원 개개인이 긍정적인 사건의 이점에 대해 파악하고, 이를 가족과 공유해야 한다는 것을 의미한다. 또한 가족구성원들은 다른 가족구성원이 자신에 대해 긍정적으로 말하는 것들에 집중할 필요가 있으며, 이는 가족이 긍정적인 것에 더 중점을 두게 한다. 그러나 치료자는 가족구성원들이 대서특필하는 능력을 타고나지 않았다는 것을 알아야 한다. 연구와 임상 보고서에서 많은 사람들은 좋은 소식을 들었을 때 능동적이거나 수동적으로 부정적인 반응을 보이는 것으로 나타났다. 이는 그들이 행복한 상황에 숨겨져 있는 위험을 찾는 경향이 있거나 성공하는 것에 관심이나 중점을 두지 않는 것을 의미한다(Gable 외, 2004). 이러한 청자의 두 가지 반응이 긍정적이거나 중립적일지라도 좋은 소식을 공유하는 사람에게는 부정적인 영향을 미칠 수 있다. 적극적으로 부정적인 반응을 보이는 사람은 화자에게 숨겨진 위험을 경고하고 싶었는지도 모른다. 그들은 가족을 위해 부정적인 역할을 담당하고 있는 것이다. 특정 상황에서 회의적이거나 비관적일 수 있지만, 어떠한 것도 긍정적인 가족 개입은 아니다. 치료자는 회기 사이에 대서특필 과제를 부여하기 전에 이러한 일반적인 두 가지 패턴을 중단시킬 필요가 있다.

가족이 서로에게 "사랑해." 또는 "네가 너무 보고 싶어.", "나는 네가 생각나고 그리워."와 같은 직접적인 애정표현을 할 때도 이와 유사한 이익을 얻을 수 있다. 직접적으로 애정을 표현하는 것은 다양한 가족문화에서 다르게 나타날 수 있지만, 서로에게 애정을 표현하는 것은 가족에게 전혀 해롭지 않으며 가족의 친밀감을 증가시킨다. 저자들은 치료과정 중에 가족구성원들이 사랑받지 못하고 무시당하며 잊혀져가고 있다는 느낌으로 인해 괴로워하는 경우는 보았지만, 애정을 너무 많이 표현하는 것에 대해 불평을 하는 경우는 보지 못하였다.

이와 같이 가족은 서로에게 애정표현을 함으로써 서로를 가치 있게 여길 수 있다. 예를 들어 치료자는 자녀가 덕성을 가지도록 하는 목표에 집중하도록 부모를 격려해야 한다. 부모는 친절함, 정직성, 신뢰성, 끈기, 이타심, 충실함, 유연성 등의 덕성들을 가치 있게 생각한다. 부모가 집중하는 덕성을 통해 자녀가 어떠한 덕성을 가지고 있지 않은지를 알 수 있다. 단계적인 접근을 위해 부모가 애정적이고 지지적인 반응을 보이는 것은 자녀에게 덕성을 가르치는 동안 친밀감을 형성하는 기술이다. 목표를 향한 단계적 접근 또는 점진적 과정에 주목하는 것은 현재의 시도에 대한 보상을 제공하면서 이러한 과정을 더욱 발전시킨다. 칭찬은 자신이 인지한 감정이나 태도와 행동 그리고 덕성을 포함하고 있어야 한다. 자녀는 덕성을 통해 스스로를 규정하기 때문에 칭찬과 덕성을 연결하는 것은 매우 중요하다. 그 예로 "주앙, 짐에게 네가 미소를 짓는 것이 너무 좋아. 너는 매우 다정하고 상냥해!"라고 말하는 것을 들 수 있다.

부모와 치료자는 자녀를 칭찬하기 위해 자녀와 관련된 문제를 부정해서는 안 된다. 만약 자녀가 자신의 체중이 많이 나가는 것에 대해 불평을 한다면, 부모는 그러한 자녀의 믿음을 부정하는 반응을 보여서는 안 된다. 이는 효과적이고 적극적인 대처 전략을 연습할 수 있는 좋은 기회이다. 요즘에는 아동과 성인 모두 체중을 감량하는 것에 많은 관심을 가지고 있지만, 이는 체중감

량에 내재된 위험을 가져올 수 있다.

> **엄마** : 음…… 브리트니, 너는 전혀 뚱뚱해보이지 않아. 정확한 검사를 해
> 보자! 그러면 너에게 무엇이 가장 좋은지 알 수 있을 거야.
>
> **브리트니** : 좋아요. 우리 컴퓨터로 한번 알아봐요. …… (잠시 후) 보세요. 엄
> 마, 저는 5파운드나 더 나간다구요.
>
> **엄마** : 그래. 나는 5파운드가 그렇게 걱정할 정도는 아니라고 생각하지만,
> 네가 변화를 원한다면 우리가 무엇을 해야 할지 함께 알아볼 수 있
> 어, 어때? 함께 목표를 세우고 목표를 달성하기 위한 방법을 찾은
> 후 성공을 축하하는 것은 재미있을 거야. 그런데 너는 왜 살을 빼고
> 싶니?

날씬한 사람을 더 좋아하고 매력적으로 느끼는 바람직하지 않은 문화적 규
범을 통해 얻을 수 있는 것이 무엇인지에 대해서는 논의할 필요가 있다. 앞에
제시된 예에서 어머니는 체중을 감량하겠다는 자녀의 목표를 수용하였지만,
좀 더 건강해지기 위해서는 식이요법과 운동을 함께 병행하는 것이 목표라고
이야기하였다.

자녀가 어려운 목표를 달성하거나 불가능한 목표를 향해 더욱 즐겁게 나아
가도록 돕는 것은 자녀에게 다양한 도움을 제공할 수 있다. 다수의 중요한 메
시지를 전달하는 목표를 향한 과정에서는 부모를 끊임없는 지지와 의지의 자
원으로 바라보아야 한다. 반면, 자녀에게 진부하고 믿을 수 없는 긍정적인 이
야기만을 전달하는 부모는 지속적으로 자녀에게 도움을 주는 믿음직한 자원
이 될 수 없다.

7. 정서지능의 형성

정서지능은 '효과적이고 우수한 성과를 야기하는 타인이나 자기 자신에 관한 정서적 정보를 인식하고 이해하며 사용하는 개인의 능력'이다(Goleman, 1995, p.5). 정서지능은 인지적 추론과 정서적 감수성을 조합하여 다양한 이익을 얻는 데 도움이 된다. 높은 수준의 정서지능은 잘 발달된 자기인식, 자기관리, 사회적 의식, 사회적 기술을 포함한다(Boyatzis, Goleman, & Rhee, 2000). **자기인식**은 개인의 감정, 선호, 자원, 직관에 대해 정확하게 평가하는 것이며, **자기관리**는 감정, 사고, 행동을 관리하기 위한 능력을 말한다. 또한 **사회적 의식**은 다른 사람의 감정, 욕구, 관심을 이해하기 위한 능력이며, **사회적 기술**은 효과적으로 의사소통하고 타인으로부터 원하는 반응을 이끌어 내기 위한 능력들이 모인 것이다.

많은 연구들에서는 정서지능과 긍정적인 가족생활의 관계에 대해 설명하였다. 예를 들어 정서적으로 잘 기능하는 것은 교육의 성공과 개인의 발달(Zins, Weissberg, Wang, & Walberg, 2004), 경력 유효성(Mayer, Salovey, & Caruso, 2000; Mayer & Davidson, 2000), 리더십과 협력 기술의 증진(예 : Abraham, 2005; Daus & Ashkanasy, 2005)을 가져오고 약물 문제를 피할 수 있게 하는 것(Trinidad, Unger, Chou, & Johnson, 2004)으로 나타났다. 즉 정서지능의 증진은 정신건강, 높은 학업성취, 다양한 문제행동의 개선과 관련이 있는 것으로 나타났다(Greenberg 외, 2003).

정서지능의 구성요소인 자기인식, 자기관리, 사회적 의식, 사회적 기술은 모두 가족 개입을 위해 설정할 수 있는 목표들이다. 이러한 구성요소들은 서로 완전히 구별될 수 없기 때문에 저자들은 이를 분리하여 개입하는 것을 추천하지는 않는다. 그러나 각각의 구성요소들은 치료자가 가족이 가지고 있는 강점에 따라 제시할 수 있는 회기 사이의 유용한 과제를 떠올릴 수 있게 한다.

1) 자기인식

부모는 자녀가 자신의 감정을 인식하고 그 감정을 명명화하는 것을 도움으로써 자녀의 자기인식을 증진시킬 수 있다. 부모는 자녀에게 문제나 환경에 대해 어떻게 느끼는지 질문하고, 자녀가 표현하는 감정에 대해 공감하며 반응을 보여야 한다. 부모가 자녀에게 하는 질문은 음식과 관련된 경험을 묻는 간단한 질문이거나 최근에 일어난 사건이나 영화에 대해 어떻게 분석하였는지를 묻는 복잡한 질문일 수도 있다. 학교에서 보낸 하루를 되돌아보는 저녁식사 시간 대화에서 가족들은 감정을 표현해야 한다. 감정과 관련된 어휘를 사용하여 자녀를 돕는 것은 자녀가 정서세계를 경험하고 정서를 표현하는 방법을 발달시키는 데 있어 중요하다. 부모는 자녀에게 자신이 보낸 하루를 공유하는 모델이 될 수 있다. 부모는 일과 친구에 대해 자신이 드러내는 태도와 감정이 자녀의 태도에도 영향을 미칠 수 있다는 것을 알아야 한다. 부모가 자신의 일에 대한 만족감과 흥미 있는 도전에 대해 자녀에게 말하는 것은 자녀가 일에 관하여 부모와 유사한 태도를 가지도록 하는 경향이 있다.

부모가 자녀의 자기인식을 증진시키는 데 있어 흔히 저지르는 실수는 자녀가 자신의 감정을 표현한 것에 대해 도덕적인 판단을 하는 것이다.

자녀 : 오늘 받아쓰기에서 100점을 받지 못해서 화가 나요. 저는 공부를 열심히 했고 모든 문제를 다 맞혔어야 했어요.

부모 : 글쎄……. 받아쓰기에서 100점을 받지 못했다고 해서 화를 내는 것은 매우 어리석은 일이야. 다음에 더 열심히 공부하면 100점을 받을 수 있을 거야.

자녀의 자기인식을 증진시키기 위한 더 좋은 부모의 대답은 다음과 같다.

부모 : 네가 원하는 성적을 받지 못한 것은 정말 안타깝구나. 그런데 너는 누구에게 화가 난 거니? 너 자신에게 화가 난 거니? 아니면 다른 사람에게 화가 난 거니?

자기인식의 과제를 제시하기 전에 치료자는 가족에게 몇 가지 사항에 대해 가르쳐 주고 모델링을 제공해야 한다. 모든 가족구성원은 서로의 감정에 대해 논쟁하기보다는 이를 수용하는 연습을 해야 한다. 가족이 목표를 향해 나아가는 것을 방해하는 감정은 있을지라도 잘못된 감정은 없다. 부모는 다음과 같이 말하는 연습을 할 수도 있다.

부모 : 나를 때리는 것은 안 되지만 미워하는 것은 괜찮아. 나는 네가 느끼는 모든 것을 알고 싶어. 나는 지금도 널 사랑하고 앞으로도 영원히 사랑할 거야.

또는 부모는 다음과 같이 말하는 것을 연습할 수도 있다.

부모 : 너는 스스로를 어리석다고 말했는데, 네가 너 자신을 그렇게 의심했다니 정말 유감이구나. 나는 지금 당장이라도 네가 매우 똑똑하다고 생각하는 이유를 100가지도 말할 수 있어.

부모 : 너는 가장 친한 친구와 말하지 않기로 했어. 나는 둘 중 누가 상처를 받을지 궁금하구나. 너일까, 친구일까? 친구에게서 멀어지기로 결정하면 네가 원하는 것을 얻을 수 있을까? 친구에게 느낀 실망감을 다

른 방법으로 다룰 수 있을까?

2) 자기관리/감정조절

치료자가 가족구성원들이 자신의 행동과 감정을 관리하는 법을 배울 수 있도록 돕는 것은 매우 중요하다. 자기관리 기술을 형성하는 것은 개인이 내·외부의 자원에 대한 수요 경쟁에서 자신의 행동에 대한 통제력을 얻게 되는 것으로, 배변훈련과 함께 시작되고 노년기까지 지속되는 일생의 과정이다. 사람들이 자기관리를 통해 지속적으로 친사회적인 결정을 한다는 것은 매우 중요한 성취이다. 예를 들어 부모가 자신에게 주어진 도전의 일부에 대해 자녀에게 설명하는 것은 제 시간에 일어나기를 거부하는 자녀를 격려하는 데 도움이 된다.

> 부모 : 나도 피곤하고 그냥 잠을 좀 더 자고 싶어. 하지만 직장동료들이 나에게 의지하고 있다는 것을 알게 된 후부터 나는 제시간에 일어나게 되었어. 일어날 시간이 되었을 때 너도 다른 사람들에 대해서 생각해 보았으면 좋겠구나.

혹은 상처 주는 말을 하는 자녀에게도 부모는 동일한 방법으로 말할 수 있다.

> 부모 : 동생이 너를 비난할 때 불쾌감을 느끼는 것은 괜찮지만, 네가 동생을 다시 비난하는 것은 옳지 않아. 상처 주는 말들은 일단 내뱉고 나면 다시 주워 담을 수 없어. 나는 네가 말하기 전에 한 번 더 생각해 보았으면 좋겠어.

감정을 관리하는 능력은 효과적이고 수용될 수 있는 표현을 고려하는 것이다. 즉 감정을 관리하는 능력을 통해 타인으로부터 지지를 얻고 타인에 대한 영향력을 얻게 된다(Eisenberg, Fabes, Guthrie, & Reiser, 2000). 자기관리에서는 감정에 주의를 집중하고 이로부터 멀어지는 것이 가장 중요하다(Eisenberg, Champion, & Ma, 2004; Eisenberg, Smith, Sadovsky, & Spinrad, 2004). 사람들이 감정에 주의를 집중하고 그 집중을 계속 유지하기 위해 에너지를 쏟을 때 감정은 더욱 강조된다(예 : 심사숙고). 반면, 주의집중을 부정적인 생각(예 : 과거의 부정적인 감정이나 경험)에서 긍정적인 생각(예 : 이점 발견)으로 이동시키는 기술은 부정적인 생각의 영향력을 감소시키고 추가적으로 긍정적인 감정을 가져온다. 가족구성원들은 긍정적 감정과 부정적 감정을 의도적으로 관리하는 방법을 배움으로써 자신이 경험한 감정에 대해 더욱 자신감을 가질 수 있다. 긍정적 감정과 부정적 감정이 서로 효과적으로 영향을 주고받을 수 있다면 감정은 더 이상 두려운 것이 아니다.

노련한 부모는 자녀의 수용 가능한 행동을 증가시키기 위해 주의집중을 방해하는 전략을 사용할 수 있다. 부모는 이를 통해 자녀가 자신의 주의집중을 부정적인 감정에서 긍정적인 감정으로 이동시키는 방법을 배우는 것을 도울 수 있다. 자녀가 수용될 수 없거나 위험한 행동을 할 때 부모들은 충동적으로 자녀에게 "안 돼!" 또는 "그만해!"라고 말한다. 그러나 이보다는 원하지 않는 행동을 자녀가 그만두도록 자녀에게 다른 활동을 제공하는 것이 더욱 좋은 방법이다. 이는 적어도 두 가지 이유에서 더 효과적인 접근법이라 할 수 있다.

1. 이 접근법은 자녀가 부모로부터 "안 돼.", "그만해."라고 말하는 것을 배우지 않게 한다.
2. 이 접근법은 대안적인 활동을 하거나 다른 생각에 집중하는 것을 통해 자기관리를 더 쉽게 할 수 있다는 것을 보여 준다. 자녀가 주의집중을 옮기는 것의 영향력을 이해할 때 자녀는 강력한 자기관리 기술을 이용할 수 있다. 그 예로 부모의 이혼 후 부모를 번갈아가며 만나는 8세 자녀가

"아빠를 만날 때 나는 엄마가 그리워요. 하지만 정신없이 놀다보면 그런 감정들은 모두 사라져요."라고 말하는 것을 들 수 있다.

유아기부터 초기 성인기까지의 생애 과정은 감정을 적절하게 관리하는 방법을 배우는 과정이다. 아기는 배가 고프거나 불편할 때 울며, 10대 청소년들은 불평하거나 투덜거리지 않고 저녁식사가 준비되기를 기다린다는 것(혹은 저녁식사가 더 빨리 준비되도록 돕는 것)을 모든 사람들은 예상한다. 두 살짜리 아동은 짜증낸 행동에 대해 보상을 받지는 못하더라도 쉽게 용서를 받지만, 여섯 살짜리 아동은 쉽게 용서받지 못한다.

자기관리는 통제와 표현에 관한 것이며, 이 두 가지 중 어느 하나만을 말하는 것이 아니다. 지난 몇십 년 동안 '감정을 통제하지 않고 그대로 놓아두기'나 '감정을 솔직하게 말하기'의 의미에 대한 혼란은 계속 있어 왔다. 감정조절은 친사회적인 결과를 얻을 수 있는 방법으로 진실한 감정을 공유하는 것을 의미한다. 감정을 통제하지 않고 드러내는 것이 정서지능의 징후가 되는 경우는 드물며 일반적으로 치료에서도 잘 사용되지 않는다.

분노를 관리하는 것은 가족치료의 일반적인 목표이다. 흔히 부모들은 자녀의 분노를 감소시키는 데 샌드백을 치거나 소리를 지르는 것과 같은 자기관리 전략이 도움이 된다고 믿는다. 카타르시스에 대한 일반적인 믿음에도 불구하고 이러한 믿음은 비논리적이며 잘못된 것이다. 분노를 관리하는 것에는 적어도 두 가지 목표가 있다. 첫 번째 목표는 분노를 극복하는 것이고, 두 번째 목표는 분노의 에너지를 생산적인 방법으로 사용하는 것이다.

이와 대조되는 다소 어리석은 경우를 생각해 보자. 행복하기를 원한다면 어떻게 해야 할까? 더 미소를 짓고 웃어야 할까? 분명한 것은 어떠한 감정을 가지기 시작하면 같은 감정이 더 많이 생성된다는 것이다. 사람들은 자신의 감정을 거스르거나 감소시키기 위해 원하지 않는 감정과 반대되는 생각을 하고 행동해야 한다. 분노를 감소시키기 위해 무언가를 치거나 소리를 지르는 행동은 분노를 감소시키기 보다는 오히려 증가시킬 것이다.

분노를 감소시키고 감정의 방향을 구조적으로 전환하기 위한 첫 번째 단계는 감정의 원인을 이해하고 감정에 대해 명명화하는 것이다. 나는 좌절한 것인가, 나 자신이나 다른 사람에게 실망한 것인가, 당황한 것인가, 부끄러운 것인가? 이러한 모든 감정은 분노처럼 느껴질 수 있다. 또한 이러한 감정에 대해 책임이 있는 누군가를 떠올리는가? 아니면 나 자신이 이러한 감정의 원인이라고 생각하는가? 이러한 감정의 원인이 무엇이든지 간에 자신만이 그 감정을 해결할 수 있다. 숨을 깊게 들이마시고 긍정적이고 평화로운 생각을 말하는 것, 자신이 바라는 최종 상태에 초점을 두고 잠시 휴식을 취하는 것, 개인의 목표를 현실적으로 평가하는 것은 분노 문제를 다루고 있는 가족에게 추천할 만한 적절한 전략들이다.

또한 치료자는 부모에게 스트레스를 받는 상황에서 자신에게 이야기하는 방법을 자녀에게 보여 주라고 요청할 수 있다. 부모가 자녀에게 모델이 되는 것은 자녀들이 효과적인 자기관리 기술을 배우는 데 도움이 된다.

부모 : 이 문제 때문에 나는 좌절감을 느껴. 흠……. 나는 좀 더 집중하고 열심히 노력해야 할 것 같아……. 와! 이것을 달성하고 나니 기분이 좋아졌어! 많은 노력과 집중이 필요했지만 나는 해냈어!

부모 : 오, 안 돼! 안경을 깨뜨렸어. 나는 숨을 깊게 세 번 들이마시고 10을 셀 거야. 그러면 나는 좀 진정될 거고 그 후에 부서진 안경을 치워야지.

3) 사회적 의식

사회적 의식은 상황의 역동성과 타인의 세계관 및 감정의 상태를 이해하는 것이다. 상황의 역동성을 이해한다는 것은 사람들 사이에 일어난 일의 맥락을 파악하고, 무슨 일이 일어났는지를 이해할 수 있는 것이다. 예를 들어 이것은 우울한 일일까, 축하해야 하는 일일까? 사람들은 팽팽한 교환관계에 있는 것일까, 아니면 서로를 괴롭히고 어리석게 구는 것일까? 이러한 상황은 사람들에게 신중하고 적절한 행동을 요구하는 것일까, 아니면 사람들이 무관심해지고 난폭해지는 것을 기대하는 것일까? 대부분의 사람들은 훌륭한 경청 기술을 연습함으로써 이러한 사회적 의식의 수준을 배운다. 즉 사람들은 이야기하기 전에 먼저 생각하게 된다.

아이들은 다양한 상황에서 어떻게 행동해야 하는지에 대해 배워야 한다. 아이들이 고급 레스토랑에서 패스트푸드점의 놀이공간에서처럼 돌아다니도록 허락하는 것은 바람직하지 않다. 사회적 의식은 높은 기대와 연습을 통해 길러진다.

공감은 또 다른 중요한 기술이며 사회적 의식과 관련된 덕성이다. 공감은 타인의 경험과 감정, 관점에 깊게 연결되는 것을 의미한다. 공감은 가족구성원들에게 많은 이점을 제공하는데, 그중에서도 가장 중요한 점은 공감이 동정심을 느끼는 능력을 갖게 한다는 것이다. 동정심을 가지는 것은 만성화된 분노와 양극화된 갈등을 해결하는 데 있어 중요하다. 동정심이 없다면 가족구성원들은 다른 사람들의 관점을 이해하기보다는 자신의 입장을 정당화하는 데 집중하게 될 것이다. 공감은 다른 사람의 상황에 대해 동정적으로 이해함으로써 가족이 보다 더 융통적으로 문제를 해결하도록 돕는다.

역할을 바꾸어 실연화하는 것은 회기가 진행되는 동안이나 진행되지 않는 동안에 가족구성원의 공감을 촉진시키는 방법이다. 가족들은 다음과 같은 지시를 받는다.

치료자 : 다음에 또 이 싸움이 시작된다면 저는 여러분이 말하는 것을 멈추었으면 좋겠어요. 화가 나면 호흡이 빨라지고 몸에서 열이 나는 것

처럼 느껴지기 때문에 여러분은 자신이 화가 났다는 것을 알게 될 거예요. 목소리가 커지거나 떨리는 것도 화가 났다는 신호예요. 자신에게 이러한 변화가 발생한 것을 알자마자 역할을 바꿔보세요. 부모님은 자녀가 되고 자녀는 부모님이 되는 거예요. 여러분은 모두 새로운 역할을 수행해야 해요. 그리고 행복해지기 위해 어떤 일이 일어나기를 바라는지 말해 보세요.

많은 가족들은 완벽하게 역할을 전환하기 위해 회기 내에서 이와 같이 역할을 바꾸어 실연화할 필요가 있다. 그러나 대부분의 가족은 가정 내에서 공감을 증진시키는 전략으로 이와 같이 역할을 바꾸어 실연화하는 것에 적응할 수 있다. 또한 이와 같이 역할 바꾸기를 실연화하는 것은 가족구성원들이 과거에 화가 났던 일들을 생각하면서 웃을 수 있게 한다는 이점도 있다. 긍정적인 정서는 보다 더 창의적인 방법으로 문제를 해결하도록 하기 때문에 다른 사람을 비하하지 않는 유머는 좋은 것이다.

공감을 잘하는 아동은 다른 사람들에게 적대적이거나 공격적이지 않다 (Goldstein, 1999). 특히 까다로운 기질의 자녀를 둔 부모들은 의도적으로 자녀의 공감 기술을 발달시켜야 한다. 감정적이고 타인 지향적인 아동은 인지적이고 자기 지향적인 아동보다 더 쉽게 공감한다. 아동이 잘하는 것부터 시작하고 아동의 강점을 자세히 말해 주면 아동은 더 쉽게 공감을 형성한다. 또한 부모가 인지적인 자녀를 위해 최근의 사건을 이용하는 것은 자녀의 공감이 발달하는 데 도움이 되는 기반을 제공한다. 부모들은 뉴스에서 일대일 대화나 가족 토론을 위한 논쟁거리를 찾을 수 있다. 그 예로 가족구성원들은 홍수로 인해 집을 잃었거나 가뭄으로 인해 굶주리고 있는 절망적인 상황에 처한 사람들에 대해서 토론할 수 있다.

부모는 자녀가 매우 어려운 상황에 처한 사람들을 이해하는 것을 돕기 위해 구체적인 질문을 할 수 있다(예 : "만약 우리가 집이 없다면 우리는 어떻게 해야 할까? 전기가 없다면 어떤 일이 일어날까? 우리 집이 물에 가라앉는다면 어떤 기분이 들까?"). 이러한 질문의 핵심은 자녀를 놀라게 하는 것이 아니라 타인이 처한 상황에 자녀가 더 가까워지도록 하는 것이다. 저자들은 어릴 적 부모로부터 "중국에는 음식이 없어 굶어 죽어가고 있는 아이들도 있기 때문에 음식을 남기지 않고 다 먹어야 해."라고 들었던 것을 떠올린다. 이러한 부모의 말은 상당히 이상한 인과관계 모델이다(예 : 내가 음식을 다 먹으면 중국에 있는 아이들은 배가 덜 고플까?). 그러나 이는 자녀가 어려운 상황에 처해 있는 다른 나라의 또래 아동이 경험하고 있는 것에 가까워지도록 하는 부모의 시도였다. 또한 불황을 경험한 부모 세대는 현재의 풍족함에 대해 감사하는 마음과 도움을 필요로 하는 사람들에 대한 자녀의 동정심을 증가시키기 위해 자녀가 불황기의 상실과 불안에 대해 생각해 보도록 하였다.

공감을 훈련하는 것이 모든 연령의 아동에게 중요할지라도 치료자는 부모를 잃어버리는 것과 같이 자녀의 불안을 더욱 증가시킬 수 있는 상황을 자녀가 생각하도록 하는 것은 안 된다고 부모에게 주의를 주어야 한다. 불안이나 애착문제를 가지고 있는 아동은 이러한 대화를 통해 공감이 발달되지 않으며, 오히려 자신이 처한 상황에 대해 더욱 불안감을 느낄 것이다.

저자들은 가족치료에서 불안이나 애착문제를 가지고 있는 아동에게 '9·11 테러' 비디오를 보여 준 후, 테러로 인해 부모를 잃고 고아가 된 아이들에 대해 토론하였다. 그 결과 비디오를 본 아동들은 고아가 된 아이들에 대해 공감을 하는 것이 아니라 분노와 심각한 행동을 표출하는 것으로 나타났다. 부모를 찾기 힘들고 부모가 어디에 있는지 예측할 수 없는 문제는 불안이나 애착문제를 가지고 있는 아동이 걱정하는 것과 매우 유사하기 때문에 아동은 그러한 상황에 처한 다른 아이들을 공감할 수 없다.

이러한 자녀를 둔 부모는 좋은 결과를 가진 다른 문제에 대해 자녀와 이야기할 수 있다. 예를 들어 가족은 환영받지 않더라도 돈을 벌기 위해 새로운 곳으로 이사를 가는 것은 어떨지에 대해 이야기를 나눌 수 있다. 또한 다른 학교로 전학을 가거나 스포츠 팀에 들어가면 어떨지에 대해서도 이야기할 수 있다. 이러한 토론의 핵심은 아동과 일부 성인들이 자기중심적인 입장에서 타인중심적인 입장으로 발전되도록 하는 것이다.

4) 사회적 기술

정서지능의 마지막 구성요소인 사회적 기술은 Bandura(1973)의 사회학습이론에 심리학적 근거를 둔 방대한 연구와 조사를 대표한다. 사회적 기술은 듣기, 감사 표현하기, 질문하기와 같은 기초적인 사회적 기술에서부터 타인에게 도움을 요청하거나 타인을 설득하는 것과 같은 발전된 사회적 기술까지 다양한 기술들을 포함한다. 또한 사회적 기술에는 두려움을 다루거나 애정을 표현하는 것과 같은 감정을 다루기 위한 기술, 허락을 요청하고 싸움을 피하는 공격을 대안할 수 있는 기술이 있다. 뿐만 아니라 스트레스와 비난을 다루기 위한 기술, 목표 설정 및 의사결정을 포함하는 계획을 설정하는 발전된 기술들도 포함된다.

Goldstein과 동료들(예 : Goldstein, 1999; McGinnis & Goldstein, 1990)에 의해 개발된 효과적이고 실용적인 사회적 기술 교수법에서 이러한 기술에 대한 간단한 표본이 만들어졌다. Goldstein은 성공적인 삶을 위해 반드시 학습해야 하는 총체적인 기술의 목록을 제공했을 뿐만 아니라 기술 학습법을 공감훈련 및 인성 · 도덕발달 교육과 결합하였다.

사회적 기술을 학습하는 것은 올바른 모델을 가지고 연습할 수 있는 기회를 가지며 교정적 강화를 받는 것에 달려 있다. 만약 가족구성원들이 이에 대한 올바른 정보를 가지고 있다면, 가족은 상호작용을 통해 이러한 모든 것들을 제공받을 수 있다. 가족구성원들은 회기가 진행되는 동안이나 회기 사이에

Goldstein의 접근법을 배우고 연습할 수 있다.

　Arnold Goldstein(1999)의 사회적 기술은 실제로 기술이 사용되는 것을 보여 줌으로써 긍정가족치료의 발전에 기여했다는 점에서 중요하지만, 다양한 상황에서 기술을 일반화시키는 것은 어렵다. 부족한 기술은 대체되어야 하고 새로운 기술은 학습되어야 하며, 성공을 위해서는 더 높은 공감의 수준을 반영하는 새로운 이해와 다른 사람에 대한 책임감이 내재되어야 한다. Goldstein의 공격성 대체 훈련을 적용한 최근에 연구들(Goldstein & Glick, 1987; Goldstein, Nensen, Daleflod, & Kalt, 2004; Reddy & Goldstein, 2001)에서는 공격성 대체 훈련이 가족에게 도움을 주는 것으로 나타났다 (Calame & Parker, 2003). 사회적 기술은 행동적·감정적·인지적 영역에서 지도되어야 하며, 사회적 기술을 바탕으로 공감을 강조하는 도덕적 의사결정을 하는 것은 가족과 치료자 모두에게 중요한 것이다.

8. 부모의 지지와 지도

부모의 개입에 대한 연구들은 어린이와 청소년이 기능을 잘 수행하고 행복한가를 일관적으로 예측하는 부모의 지지와 지도[3]의 중요한 두 가지 차원을 확인하였다. 올바른 지도를 하는 지지적인 부모는 자녀들의 학업성취도(예 : Bean, Bush, McKenry, & Wilson, 2003; Kim, Brody, & Murry, 2003)와 자존감(예 : Bean 외, 2003)을 증가시키고 우울을 감소시킨다(Mounts, 2004; Zimmerman, Ramirez-Valles, Zapert, & Maton, 2000).

　부모의 지지에는 부모의 따뜻한 말과 자녀에 대한 수용이 포함된다. 국제적

---

3) 선행연구들에서는 '통제'라는 용어가 사용되지만, 이 책의 저자들은 '지도'라는 용어를 선호한다.

인 연구와 미국의 인종 집단 연구(예 : Garber, Robinson, & Valentiner, 1997; Gray & Steinberg, 1999; Herman, Dornbusch, Herron, & Herting, 1997)에서 부모의 지지는 효과적인 양육의 중요한 구성요소로 확인되었다. 부모가 수용적이고 친절하게 자녀와 의사소통 하는 것은 민족성이나 사회경제적 지위와 관계없이 자녀가 낙담을 덜하고 외현화된 문제들을 덜 일으키도록 한다(Barber, Stolz, & Olsen, 2005; Bean 외, 2003; Kim & Cain, 2008; Kim 외, 2003; Mounts, 2004; Zimmerman 외, 2000; Gonzales, Deardorff, Formoso, Barr, & Barrera, 2006).

보통 선행연구에서는 부모의 지도를 통제로 정의한다. 그러나 통제라는 용어는 부모자녀 관계에서 정확하지 않은 인과관계를 내포하고 있기 때문에 저자들은 지도라는 용어를 더 선호한다. 또한 통제에 대한 생각은 상대방에 대한 영향력을 증가시키는 것이 상대방으로부터 올바른 반응을 이끌어 낼 것이라는 것을 암시한다. 이러한 추론은 제1장에서 살펴본 상호작용 변화 신념을 통해 학대상황이 일어나게 할 수도 있다. 통제는 치료에 대한 자연과학적 은유 안에서 논리적으로 구성되지만, 대부분의 노련한 부모들은 결국 통제에 대한 자신의 생각이 착각이라는 것을 깨닫게 된다. 자녀들이 성장하는 동안 부모들은 자녀의 삶에 매우 영향력 있는 사람이 되기 위해 노력할 수 있다.

유럽계 미국인 가족 표본에 근거를 두었을 때 부모의 지도에 대한 개념은 **행동지도와 심리지도**로 나누어진다(Barber 외, 2005; Schaefer, 1965). 먼저 부모의 행동지도는 자녀가 바람직한 행동을 할 수 있는 상황(예 : 유아가 안전하게 지낼 수 있는 장소)에 자녀를 두고, 자녀가 적절하게 행동할 수 있도록 지지하는 방법으로 자녀의 세계를 구성하는 것을 말한다. 행동지도의 또 다른 예는 자녀를 관찰하거나 감독하며, 자녀가 어디에 있는지 자녀가 특정 장소에서 무엇을 하고 있는지를 아는 것이다. 일반적으로 이러한 행동지도의 기술은 자녀에게 도움이 되는 것으로 나타난다. 예를 들어 행동지도는 다양한 환경에서 자녀가 더 잘 기능하는 것과 관련이 있는 것으로 나타났다 (Barber, 1997; Garber 외, 1997; Steinberg, Dornbusch, & Brown, 1992; Steinberg, Mounts, Lamborn, & Dornbusch, 1991). 행동지도는 아프리카 계 미국인 가족(Eccles, Early, Frasier, Belansky, & McCarthy, 1997; Mason, Cauce, Gonzales, & Hiraga, 1996)과 유럽계 미국인 가족(Barber, Stolz, Olsen, & Maughan, 2004; Weiss & Schwartz, 1996) 아동의 범죄 율을 낮추는 데 도움이 되는 것으로 나타났다.

반면, 부모의 심리지도는 자녀의 내적 경험을 구성하는 것을 말한다. 심리 지도는 자녀의 내적 과정에 대한 침범으로 상당히 부정적인 성격을 띤다. 심 리지도의 구성개념을 측정하기 위해 사용되는 문항들은 Minuchin(1974)의 밀착[4] 개념과 유사한 부분이 있다. 그러나 치료자는 심리지도를 할 때 발달적 으로 그리고 문화적으로 충분히 판단해야 한다. 밀착 또는 '마음 읽기'는 부모 가 내적 상태를 어떻게 평가하는지에 따라 자신의 존재가 달라지는 어린 자녀 들에게 필요하다. 또한 기대하는 밀착의 수준과 도움이 되는 밀착이 수준은 문화마다 다양하게 나타난다. 부모가 높은 수준의 심리지도를 하는 것이 유 럽계 미국인 아동과 청소년들에게는 부정적인 것으로 밝혀졌지만(Barber 외, 2005), 아프리카계 미국인 청소년에게는 그렇지 않은 것으로 나타났다 (Bean, Barber, & Crane, 2006). 이러한 연구들은 집단주의 문화[5]에서 부 모가 아동, 심지어 10대 후반인 자녀의 사고나 감정에 개입하는 것이 건강한 가족이 되는 데 도움이 된다는 것을 암시한다. 가족 내 높은 수준의 심리지도 는 더 기능적인 지도를 위해 가족의 높은 친밀감을 필요로 한다.

---

4) Minuchin은 밀착을 정서나 사고의 비독립적인 경험에 의해 나타나는 도움이 되지 않는 정체성 의 융합이라고 설명하였다.
5) 집단주의 문화(예 : 아시아계 미국인, 라틴계 미국인, 아프리카계 미국인)들은 집단과 관련된 개인에게 더 초점을 둔다.

자녀에게 어떤 유형의 지도를 할 것인지, 얼마나 지도를 할 것인지는 가족의 문화적 전통과 문화변용의 수준에 의해 결정된다. 몇몇 유형의 행동지도는 자녀가 어디에 있는지, 누구와 함께 있는지, 무엇을 하고 있는지를 아는 데 중요할 뿐만 아니라 청소년 자녀가 정확한 감정의 종류를 알 수 있도록 돕는 심리지도에 있어서도 중요하다. 가족치료자는 행동지도와 심리지도의 방법에 대한 가족의 문화적 기대에 익숙해져야 한다. 행동 관찰을 더욱 증신시키는 것은 항상 안전하지만, 자녀의 감정 상태를 구성하고자 하는 부모의 노력을 지지하는 것은 도움이 될 수도 있고 도움이 되지 않을 수도 있다.

9. 모델링의 극대화

앞서 설명한 회기 사이의 과제들에서 부모는 자녀를 위해 긍정적인 모델이 되기를 요청받았다. 사실 이것은 부모가 자녀에게 줄 수 있는 가장 좋은 선물 중 하나이다. 영향력 있는 본보기나 청사진은 자녀에게 미래를 위한 가이드가 되거나 적어도 몇 가지 선택권을 제공한다.

그러나 좋은 모델이 된다는 것이 완벽해지는 것을 의미하는 것은 아니다. 사실 대처 모델은 완벽한 모델보다 더 효과적이다(Meichenbaum, 1971). 대처 모델은 목표 달성을 위한 과정이 평탄하지 않고 많은 노력을 필요로 한다는 것을 관찰자가 이해하도록 하기 위해 딜레마, 혼란, 실수들을 만드는 것을 의미한다. 관찰자는 대처 모델을 통해 성공을 위해 지속적으로 노력해야 하고, 목표를 달성하기 위한 대안을 개발해야 한다는 것을 배우게 된다.

자신을 지지하고 격려하는 말을 하며 기쁜 감정으로 자신을 축하하는 것으로 마무리하는 것을 통해 혼란스럽고 좌절감이 들거나 불안함을 느끼는 감정에서 벗어나는 과정에 대해 자녀에게 말할 수 있는 부모는 훌륭한 대처 모델이다(Kazdin, 1973; Sarason, 1973). 반면, 완벽한 모델이나 숙련된 모델에서는 성공한 사람들은 대처 전략들을 개발하거나 노력할 필요가 없다고 주장한다. 아동은 부모로부터 복잡한 과제를 수행하기 위해서는 자신감 있는 자기 격려와 노력이 필요하다는 것을 배움으로써 가장 큰 도움을 얻는다.

특히 불안문제를 가지고 있는 자녀를 둔 부모는 실수로부터 회복하는 과정을 자녀와 공유함으로써 매우 유용한 모델링을 제공할 수 있다. 부모가 모델이 되어 우유를 흘렸거나, 컵을 깨뜨렸거나, 물건을 잃어버렸을 때 어떻게 대처해야 하는지 자녀에게 보여 준다면 자녀는 자기효능감과 자아존중감을 향상시키는 방법을 배울 수 있다. 외동자녀나 첫째 자녀는 손위 형제자매가 실수를 하는 것을 관찰할 수 없기 때문에 부모로부터 실수를 하고 이를 다시 회복하는 것이 인간의 생활이라는 것을 배워야 한다.

의사를 결정하는 과정은 회기 사이에 부모가 모델링을 할 수 있는 또 다른 기회를 제공한다. 현재 가족이 어떻게 의사결정을 하고 자신의 원가족이 어떻게 의사결정을 했는지를 이해하는 것은 의사결정 과정에서 가족의 강점이 드러나게 하며, 가족이 변화하기 바라는 것을 명확하게 하는 데 도움이 된다. 의사결정 과정을 개선하는 것의 목표는 중요한 토론에 모든 가족구성원들이 참여하도록 하는 방법을 찾는 것이다.

분명히 가족 내에서 부모나 관리감독 하위체계가 특정 부분에 대한 결정권을 가지게 될 것이다 — 가족은 이상적인 민주주의가 아니다. 또한 특정한 가족 문화로 인해 연장자가 의사결정을 하는 데 특권을 가지거나 남성 또는 여성이 더 많은 영향력을 가질 수도 있다. 가족 안에서 신체적으로나 심리적으로 특별한 요구를 가진 사람은 가족이 의사결정을 하는 데 '고정된 결정자'가 될 수도 있다. 아버지는 바깥 세상에 대해서 가장 잘 알고 어머니는 집에서 벌어지는 일들을 결정한다는 각본은 확대가족으로부터 얻을 수 있는 지혜이다. 의사결정에 관한 많은 모델들은 가족에게 적용될 것 같지만 대부분의 모델들은 연구될 필요가 있다. 모든 문화, 가족, 개인들은 높은 수준의 성공을 위해 발전할 수 있으며 적절한 가족구성원들을 포함하는 성찰적인 토론은 가족의 변화를 불러올 수 있다.

여권주의 치료법들은 가족구성원들이 사회적·문화적 기대를 근거로 가족구성원에게 주어지는 특권이 야기하는 결과를 알아야 한다고 주장한다. 가족치료자는 특정한 가족구성원이나 가족의 생활방식을 이해하기 위해 지배적인 문화가 표순화하는 영향력이나 특권을 항상 알고 있어야 한다. Hare-Mustin(1994)은 "우리 사회는 이성 관계를 드러내는 것에 더욱 특권을 주고 여성의 욕구를 드러내는 것은 덮어 버리며 여성의 희생을 증가시키고 있다." (p. 24)고 언급하였다. 가족구성원들과 가족치료자가 가지고 있는 검증되지 않은 기대들은 가족 안에서 개인을 억제하고 제한하거나 심지어는 개인에게 해를 끼칠 수도 있다. 단지 특정한 가족구성원이 가지고 있는 특권에 대해 궁금한 치료자는 가족구성원들이 가진 특권에 대해 조사하는 과정을 가족에게 공개할 수 있다. 앞서 설명되었던 역할 바꾸기 과제는 회기 사이에 가족이 의사결정에 대한 대화를 시작하고 부모가 모델링을 제공하는 것으로 변경될 수 있다.

가족이 의사를 결정하는 과정에는 매우 중요한 두 가지 단계가 있다. 첫 번째 단계는 행동의 결과에 대해 미리 생각하는 것이며, 두 번째 단계는 가족의 결정이 다른 사람들에게 미치는 영향에 대해 생각하는 것이다. 의사결정 과정은 보통 찬성과 반대 의견이 균형을 이루는 것을 말한다. 가족의 의사결정 과정을 드러내는 것을 통해 가족의 응집력과 기술은 더욱 증가된다. 아동은 자신의 결정에 따른 결과들을 생각하는 동안 다른 사람과 자신에 대해 생각하는 것이 얼마나 중요한지 알 수 있게 된다. 이를 통해 아동은 공감을 형성하고 자신에 대한 이해를 증진시킬 수 있는 모델링을 제공받는다. 치료자는 부모와 자녀에게 몇 가지 의사결정 과제를 제시할 수 있다.

치료자 : 여러분이 이번 주에 했으면 하는 일들이 있어요. 여러분은 외식할 수 있는 횟수를 어떻게 정할지에 대해 고민하고 있어요. 아이들은 자주 외식을 하고 싶어 하고 부모님은 집에서 먹는 것을 더 좋아하는 것 같아요. 저는 부모님이 아이들과 함께 어떻게 결정할지에 대해서 이야기했으면 해요. 그리고 난 후 아이들도 똑같이 부모님과 이야기하고요. 여러분은 두 가지 결정에 따라 돈, 영양, 시간, 좋은 음식, 맛 등이 어떻게 달라지는지에 대해서도 생각해 보아야 해요. 다음 주에는 서로에 대해 알게 된 것을 말해 주세요. 그리고 우리가 그것에 대해 이야기하기 전까지는 최종 결정을 내리지 마세요.

회기 사이에 이와 같은 종류의 실연화를 하는 것은 매우 즐거울 수 있다. 이러한 실연화를 통해 부모와 자녀는 번갈아가며 다양한 결정에 따른 결과를 고려해 볼 수 있다. 또한 서로의 의견을 공유하는 것을 통해 자녀에게 부모의 가치를 전달할 수 있으며, 서로의 의견을 경청하는 것을 통해 존중을 표현할 수 있다.

정서지능과 관련된 기술은 말하기 전에 생각하는 것 — 갑자기 떠오르는 모든 것을 말하지 않는 것 — 이지만, 자녀를 양육하는 시기는 자신의 생각을 드러내고 가족의 발달을 위한 안내자로서의 자신의 가치를 재평가하는 시기이다. 대처 모델은 자신의 의견을 큰소리로 말할 수 있도록 하며 자신의 의견을 자조적으로 말하거나 다른 사람에게 친절하게 말할 수 있도록 바로잡는다.

어머니 : 오늘 아침에 할머니와 통화하다가 너무 화가 나서 전화를 끊어버렸어요. 하지만 할머니께 다시 전화를 드리면 매우 좋아하신다는 것을 알기 때문에 곧바로 할머니께 전화를 다시 드려야겠다고 생각했어요.

부모가 타인에 대해 걱정하는 모습을 자녀에게 보여 주는 것은 다양한 방법으로 모델이 될 수 있다. 부모가 소방차나 구급차의 사이렌이 울릴 때 자녀에게 "저게 잘못된 경보면 좋겠어."라고 말하는 것은 자녀의 머릿속에서 평생 지워지지 않을 깊은 사려심을 보여 주는 것이다.

10. 자녀의 강점 찾기

자녀의 강점을 찾는 것은 가족에게 도움이 되는 중요한 기법이다. 이 기법은 가족이 자녀의 문제점이 아닌 긍정적인 행동을 발견하고 이를 적극적으로 지지하는 것에 초점을 두기 때문에 가족에게 이익이 된다. 긍정적인 행동에 주의를 기울이는 것은 가족구성원들이 긍정적인 상호작용을 증가시켜 서로의 관계를 강화하는 것을 의미한다. 자녀의 강점을 찾기 위해서는 자녀가 긍정적인 행동을 하거나 이와 유사한 행동을 하였을 때 이를 알아차리고 칭찬하는 것이 필요하다. 또한 가능한 범위 내에서 낮은 수준의 부정적 행동은 무시할 필요가 있다.

이러한 과제는 매우 간단하지만 실제로 실행하는 데는 상당한 어려움이 있다. 부모는 자녀의 부정적인 행동에는 주의를 집중하고 반응을 보이지만, 정작 자녀가 바람직한 행동을 했을 때는 자녀와 상호작용하는 것을 피한다. 이러한 부모의 행동 패턴을 바꾸기 위해 노력하는 것은 매우 힘든 일이다. 또한 부정적인 행동이 긍정적인 행동으로 빠르게 대체될 수 있다는 것을 믿는 데는 용기가 필요하다.

가장 좋은 칭찬은 구체적인 칭찬이다. 예를 들면 "이 문제를 해결하기 위해 네가 단어를 사용하는 방식이 정말 마음에 들어."라고 말하는 것이다. 또한 가장 효과적인 칭찬은 아이의 행동을 가족의 가치와 연결하는 칭찬이다. "문제를 해결하기 위해 네가 단어를 사용할 때 네가 친절하고 사려 깊은 사람이라는 것을 알 수 있어."라고 말하는 것은 자녀의 행동과 가족의 가치를 연결한 것이므로 좋은 칭찬이라고 할 수 있다.

자녀는 부모의 강점을 찾는 것을 통해 자신의 강점을 찾는 기법을 배울 수 있기 때문에 부모는 반드시 자신의 행동을 개선하는 것에 전념해야 한다. 예를 들어 부모는 인내심을 기르고 자녀와 함께 긴 시간을 보낼 수 있다. 치료자는 자녀에게 부모의 실수는 무시해야 하지만 부모의 성공에 대해서는 아끼지 않고 칭찬해야 한다고 가르친다. 만약 부모가 자신의 긍정적 행동에 대해 자녀로부터 칭찬받는 것을 머뭇거리는 것처럼 보인다면, 치료자는 부모에게 이러한 과정이 자녀가 좋은 행동을 생각하고 부모에게 더욱 감사하도록 하는 데 도움이 된다는 것을 상기시켜 주어야 한다.

11. 갈등 관리

인간의 모든 상호작용에는 어느 정도의 갈등이 포함되어 있다. 갈등이 고통스러운 것으로 느껴지더라도 갈등을 확인하고 해결하는 것은 가족이 성장할 수 있는 가장 좋은 기회이다. 그러나 갈등이 공격이나 철회, 모욕적인 언어 패턴으로 악화되는 것을 막기 위해서 갈등은 반드시 다루어져야만 한다(Gottman, 1994; Gottman & Levenson, 1999). 가장 이상적으로 갈등을 해결하는 방법은 양쪽 모두 승자인 것처럼 느낄 수 있도록 갈등을 해결하는 것이다.

치료의 목표는 가족이 갈등을 관리하고 해결하는 과정을 연습할 수 있도록 돕는 것이다. 또한 치료의 부가적인 목표는 가족구성원들이 다른 구성원들로부터 비난이나 불신을 경험하지 않고 자신의 의견과 일치하지 않는 다른 구성원의 의견을 들을 수 있도록 하는 것이다. Gottman과 Levenson(1999)의 연구에 따르면, 매우 기능적인 가족은 갈등 상황에서도 서로에게 긍정적인 말을 계속 할 수 있는 것(부정적인 말을 한 번 하면 긍정적인 말을 다섯 번 함)으로 나타났다. 반면, 이혼 과정에 놓여있는 가족들은 갈등 상황에서 긍정적인 말보다 부정적인 말을 더 많이 하는 것으로 나타났다.

치료자는 가족마다 갈등과 과열된 토론에 대한 인내심이 다르다는 것을 기억해야 한다. 특정한 문화 집단에서는 아동의 지능이 높다는 증거로 아동이 활발하게 논쟁하거나 심지어 공격적으로 논쟁하는 것을 장려하는 것처럼 보인다. 심각한 갈등은 반드시 그 정당성을 입증하는 경험을 통해서 받아들여지거나 반박되어야 한다. 예를 들어 가족 내 논쟁에서 진다는 것은 무슨 의미일까, 논쟁에서 진 사람의 권위는 어떤 식으로 떨어질까, 이러한 경험은 어떻게 반박될 수 있을까라고 생각하는 것이다. 다른 가족들이 논쟁이 되는 부분을 드러내려 하면 가족의 혼란과 분열은 더욱 가중될 것이다. 부정적인 말은 한 번 뱉으면 취소할 수 없기 때문에 어떤 가족은 긍정적인 말에만 초점을 두는 규칙을 따른다. 이와 같이 갈등을 회피하는 가족은 서로 간의 차이에 솔직하게 접근하는 방법을 알기 위해 기술과 지지를 필요로 한다. 갈등 해결을 위해 가족이 가지고 있는 다양한 기술과 가족이 갈등에 대해 가지고 있는 의미는 치료적 논의를 위한 주제들이 나타나게 한다. 어떠한 가족에서든지 모든 가족구성원들이 가족의 내부와 외부에서 발생하는 갈등을 관리하고 해결하는 기술을 필요로 한다는 것은 분명하다.

치료자가 가족에게 대표적인 대화기술인 '나 진술법(I statement)'을 가르쳐 준 후, 가족이 이를 연습하도록 요청하는 것은 유용한 기초 단계이다. 가족 패턴의 일부가 변화되기를 원하는 가족구성원은 가족 토론에서 나 진술법 사용이 증가되는 것의 위험을 감수해야 하지만, 문제를 자신의 것으로 확인하고 자신이 바라는 해결책에 대해 이야기해야 한다(예 : "네가 가족과 너무 많은 시간을 떨어져 지내는 것 같아서 너무 걱정돼. 나는 우리가 주말 저녁을 함께 보내면서 좀 더 가까워졌으면 좋겠어."). 갈등을 해결하기 위한 중요한 원칙은 긴장을 풀기 위해 숨을 깊게 들이마시고, 조용하고 진지한 목소리 톤으로 말하는 것이다. 부정적인 정서는 호기심보다는 방어를 형성하여 내용을 명확히 알지 못하게 하는 경향이 있다. 가족들은 갈등이 있는 주제에 관하여 토론을 할 때 중간휴식을 필요로 할지도 모른다. 가족이 열띤 토론에서 잠시 벗어날 수 있도록 치료자가 가족에게 잠깐의 휴식을 요청하는 것은 좋은 전략이다. 그러나 특정 주제를 의도적으로 피하거나 철회하는 것은 긍정적인 가족생활을 하는 데 도움이 되지 않는다. 만약 가족구성원 중 한 사람이 중간휴식을 요청했다면, 그 사람은 정해진 짧은 시간 안에 토론이 다시 시작될 수 있도록 책임을 져야 한다.

여러 번의 회기를 통해 나 진술법을 연습하고 나면 회기 밖에서 다음과 같은 대화가 시작된다.

대학교 2학년 딸 : 저는 기숙사에 살고 싶어요. 혼자서 살아가는 방법을 연습하고 독립심을 좀 더 기르고 싶어요.

아버지 : 지금은 그것에 대해 이야기하기에 적절한 때가 아닌 것 같구나. 네가 집을 떠나는 것에 대해 내가 어떻게 느끼는지 너는 알고 있고 내가 지금 매우 바쁘다는 것도 알고 있을 거야.

딸 : 제가 집을 떠나는 것에 대해 아버지가 좋지 않은 감정을 가지고 있다는 것을 알고 있어요. 아버지의 그런 감정이 저에 대한 사랑에서 나온다는 것도 알고 있고요. 그렇지만 저는 제가 좀 더 어른스러워질 필요가 있다고 느껴요. 하지만 우리가 차분한 마음으로 신중하게 이야기를 나눌 수 있다면 대화를 몇 시간 뒤로 미룰 수도 있어요.

아버지 : 내가 너를 사랑한다는 것을 알고 있다니 고맙구나. 너에게 좀 더 어른스러워진다는 것은 어떤 의미니?

딸 : 물론 저도 아버지를 정말 사랑해요. 어른스러워진다는 것은 스스로 옷을 세탁하고, 귀가시간을 결정하고, 친구를 사귀고, 컴퓨터를 하고 싶

은 만큼 하고, 도서관에 있고 싶은 만큼 있고, 전반적으로 자유로운 사람이 되는 것을 의미해요.

아버지 : 내가 허락한다면 너는 방금 네가 말한 모든 것들을 지금도 할 수 있어. 네 스스로 돈을 벌어보는 건 어떠니? 내 생각에는 독립하는 데 그게 걸림돌인 것 같은데.

딸 : 아버지 말씀이 옳아요. 그리고 저는 직장을 구하거나 학자금 대출을 받거나 아버지에게 수업료를 계속 지불해달라고 요청하는 것과 같은 재정적 계획을 세웠어요.

아버지 : 일단 무엇보다 네가 이 모든 것을 생각했다는 것이 매우 놀랍구나. 그렇지만 네가 집을 떠난다고 이야기하면 엄마와 나는 약간은 버림받고 거부당한 것처럼 느낄 것 같구나.

딸 : 그게 바로 제가 마지막으로 이야기하고 싶었던 거예요. 저는 우리 가족 모두가 이 새로운 일을 기분 좋게 느꼈으면 해요. 제가 집을 떠나더라도 아주 많은 일들에 아버지의 조언을 필요로 할 것이라는 것을 알고 있고 실제로도 아주 오랫동안 아버지의 조언이 필요할 거예요.

아버지 : 좋아. 엄마와 이야기해 볼게. 하지만 엄마는 네가 집을 떠나는 것을 좋아하지 않을 거야. 아마도 몇 년 동안 이 일로 울겠지. 네가 어른이 되어 우리를 떠나는 것을 지켜보는 것은 정말 힘들구나.

이 발췌문은 가족이 주고받은 훌륭한 대화를 보여준다. 위의 대화에 등장하는 딸과 아버지는 서로의 의견을 경청하고 공감을 전달하며, 상대방의 입장에 대해 다시 말하고 자신의 걱정과 이에 대한 해결책을 밝히는 기술들을 보여 주고 있다. 이 가족에서 딸이 특권과 권리(예 : 가족은 딸의 디자인 대학 교육비를 지불해야 함)를 버리고 독립하려고 하는 것은 주목할 만하다. 딸은 부모의 재정적 상황에 대해 공감하고 현재의 문제를 해결하기 위한 기술들을 발달시키는 치료과정에서 성장하고 있는 것으로 보인다.

가족이 윈-윈(win-win)할 수 있는 해결책이 분명하지 않다면 어떨까? 양쪽의 의견을 다 수용할 수 없을 때 의사결정은 간단하게 교대로 이루어지거나(예 : "지난주에 네가 피자를 골랐으니깐 이번 주에는 내가 중국음식을 고를 거야."), 의견이 일치될 때까지 결정하는 것을 미루기도 한다(예 : 모두가 소파를 원한다고 생각하고 "우리 모두가 좋아할 수 있는 소파를 계속 찾아야 할 거야.").

가족구성원들이 교대로 의사결정을 하는 것이 가장 합리적인 과정인 것처럼 보일지라도 이에 대한 몇 가지 주의사항을 고려해야 한다. 첫 번째 주의사항은 다음 결정을 누가 할 것인가에 대한 논쟁을 하지 않기 위해 결정의 일부를 기록할 필요가 있다는 것이다. 두 번째 주의사항은 각 결정에 대한 중요한 정도가 다르다는 것이다. 가족은 결정의 중요한 정도를 일관되게 평가하기 위해 문제가 얼마나 중요한지를 5점 척도로 평가할 필요가 있다. 치료자는 가족들이 척도의 1점이나 5점이 의미하는 바가 무엇인지 기준점을 설정하도록 도울 수 있다. 그 예로 포장해서 들고 갈 음식을 고르는 것은 척도에서 1점으로 표시될 수 있지만 귀가시간을 정하는 것은 척도에서 5점으로 표시될 수 있다.

또한 가족구성원들의 의견이 만장일치가 되기 위해서는 부연설명이 필요할지도 모른다. 보류할 수 있는 갈등도 있지만 그 밖의 대부분의 갈등들은 보류할 수 없다. 예를 들어 가족은 현재 사용하고 있는 소파를 계속 사용할 수는 있지만 가족구성원들의 의견이 만장일치 될 때까지 발생되는 언어적 · 신체적 공격의 패턴을 지속할 수는 없다. 흔히 발생하는 가족의 다툼은 자녀가 집안일을 완수하는 것과 관련이 있다. 분명히 가족의 다툼은 자녀가 쓰레기를 내다 놓는 것에 관한 것이지만 실제로 이는 자녀의 자율성 및 책임감과 관련이 있다. 부모와 자녀는 흔히 다음과 같이 말한다.

부모 : 네가 하기로 한 일을 너는 한 번도 하지 않았어. 너는 특권을 원한다고 이야기하지만 너는 어떠한 책임감 있는 행동도 보여 준 적이 없어.

자녀 : 저는 부모님을 만족시키는 어떠한 일도 할 수 없어요. 저는 충분한 특권을 가지고 있지 않아요. 부모님은 절대 제가 원하는 것을 하도록 내버려두지 않으시잖아요.

이 대화는 가족구성원이 모두 윈–윈하는 해결책을 이끌어 내지 못하는 대화의 예이다. 부모는 자녀의 행동에 대한 몇 가지 기준을 정하고 자녀가 주어진 과제를 완수하는 것에 대하여 높은 기대를 가진다. 반면, 자녀는 예상대로 더 많은 자율성을 얻는 데 덧붙여지는 조건이나 구속에 대하여 화를 낸다. 보통 부모와 자녀 모두 자신이 정확하게 옳은 일을 하고 있다는 딜레마에 빠지게 된다. 부모는 자녀의 책임감을 증진시키고자 하며 자녀는 자율성을 얻고자 한다. 이러한 문제를 해결하는 것을 통해 가족이 발달하는 것은 훌륭하다.

이 가족이 갈등을 해결하기 위한 더 좋은 해결책을 찾을 수 있게 하는 방법은 대화의 초점을 이동시키는 것이다. 자녀는 부모가 자신이 책임감 있게 행동하기를 바란다는 것을 알고 있고 부모는 자녀가 자율성을 얻기 위한 능력을 인정받기를 원한다는 것을 알고 있다.

자녀 : 오늘 쓰레기 내다버리는 걸 깜빡했어요. 죄송해요, 아버지. 하지만 저는 매우 중요한 걸 잊지 않고 기억했어요. 할머니 생신에 잊지 않고 할머니께 전화를 드렸어요. (자신의 문제를 인정하고 성공을 알리는 데 책임이 있음)

부모 : 지금 그 이야기를 꺼냈구나. 할머니께 전화를 드린 것은 잘했어. 내가 너에게 할머니 생신을 알려 주는 것을 잊었는데도 네가 할머니께 전화를 드렸구나. (기준을 유지하고 자율성을 인정함)

어떤 가족들은 문제의 강도에 따라 어떻게 행동할지를 결정한다. 즉 가족 내에서 문제를 가장 강하게 지각하는 사람이 결정을 한다. 이러한 현상은 가족들이 상당히 유사한 기질을 가진 경우에 나타난다. 그러나 만약 가족구성원 중 한 사람이 모든 일에 대하여 자주 강하게 지각한다면, 강도 규칙으로 인해 모든 일을 대해 약하게 지각하는 사람들이 화가 날수도 있다. 만약 가족에게 문제의 강도가 중요한 요인이라면, 가족이 강도 규칙을 사용하는 것을 자세히 관찰해야 한다.

강도를 통해 영향력을 행사하는 것은 매우 부정적인 방법일 수도 있다. 놀랍게도 위협적인 행동을 하고 신체적 폭력을 행사하는 구성원은 가족이 의사결정을 하고 갈등을 해결하는 데 더 많은 통제력을 가진다. 초기에 내담자에게 다양한 가족 규범에 대한 치료자의 민감성에 대해 반복적으로 강조하면서 치료자가 회기 중 신체적 폭력을 목격하거나 회기 사이에 폭력에 대해 알게 된다면, 해당 법에 따라 관계 당국에 이를 보고할 것이라는 것에 대하여 내담자의 동의를 얻어야 한다. 때때로 가족들은 폭력에 대한 경험으로 인해 치료자를 찾아오게 되는데, 이 책의 전반에 걸쳐 간단하게 소개되고 있는 동일한 전략들은 이러한 가족들에게 유용하다. 한 가지 차이점은 치료자가 가족에게 폭력이 영향력 있는 전략이나 스트레스에 대한 반응으로서 허용되지 않는다는 것을 명백하게 밝혀야 한다는 것이다. 이러한 메시지는 단정적이어야 하지만 긍정적으로 전달될 수도 있다.

치료자 : 당신은 여러 가지 이유로 인해 여기 오게 되었어요. 그중 한 가지 이유는 법정에서 당신에게 여기에 올 것을 명령했기 때문이죠. 하지만 저는 당신이 건강하고 행복한 가족을 원하고 있다는 것을 알 수 있어요. 당신의 가족뿐만 아니라 다른 가족들도 싸움을 해요. 그러나 당신 가족이 다른 가족과 다른 점은 당신이 가족 내에서 영향

력을 행사하기 위해 매우 부정적인 방법을 사용하고 있다는 거예요. 좋은 소식은 당신이 폭력을 사용하고 비밀을 유지하는 것이 선택이 아니라는 것을 배웠다는 점이에요. 나쁜 소식은 가족을 위협하고 폭력을 행사하는 것은 지금 당장 그만두어야 하는 습관이라는 거예요. 저는 관계당국에게 어떠한 것도 비밀로 할 수 없어요. 많은 가족들이 성공하고 행복해지기 위해 당신과 같이 배우고 있어요. 배우는 것이 힘들기는 하지만 당신도 할 수 있어요. 행복해지고 성공하기 위한 방법에는 당신이 이미 알고 있는 방법들도 있고 새롭게 배우게 될 방법들도 있어요.

1) 치료자를 위한 회기 사이의 작업 : 학교와의 협력

모든 치료 접근법들은 내담자를 위해 회기 사이에 개입을 계획하고 협력하는 것을 필요로 할 수도 있다. 이러한 협력은 의사, 사회서비스 기관, 보호관찰 서비스 등과 함께 이루어질 수 있다. 가족치료를 할 때 가족과 구성원들의 요구를 분석하는 것과 같이 다른 분야 전문가와의 협력이 필요한 상황이 발생할 수 있다. 가족치료자에게는 회기 사이에 학교 관계자들과 상의하는 것이 자주 요구된다. 많은 가족들은 교사나 학교 상담사가 직접적으로나 간접적으로 치료를 받아볼 것을 제안하여 치료실을 찾게 된다. 부모를 걱정하게 만드는 많은 문제들은 가정뿐만 아니라 학교에서도 나타나는 것이다.

자녀의 정신건강과 성공적인 행동을 위한 가장 효과적인 접근법은 가족과 정신보건 담당자 그리고 학교가 강력하게 협력할 것을 권장한다(Barnard, 2004; Hill, Castellino, Lansford, Nowlin, Dodge, Bates 외, 2004; U.S. Public Health Service, 2000). 지금까지 이 책에서 다룬 정보들은 가족의 정신건강을 위한 서비스들이 협력을 형성하는 것을 설명하는 것이다. 이러한 협력에 교육전문가를 포함하는 것은 더욱 효과적일 수 있다(Carlson & Christenson,

2005; Christenson, 2003).

　치료자는 몇 가지 방법들을 통하여 협력의 형성을 탐색한다. 한 가지 방법은 자녀의 학업적·사회적 상황을 개선하기 위해 학교 관계자와 긴밀하게 협력하는 것의 중요성을 알려 주고 학교 관계자와 협력하는 기술의 중요성에 대해 부모에게 교육을 실시하는 것이다. 이러한 작업은 일반적으로 학부모 모임 및 특수교육의 배치 또는 계획하는 것에 참석하고, 가정-학교 의사소통 프로그램(예 : 학교에서의 성공을 위해 가정을 기반으로 하는 강화를 실행하여 과제를 집에서 승인하는 것)에 협력하는 것과 자녀의 교육과정에 대한 정보를 제공받고 개입되는 것을 포함한다. 가장 좋은 결과는 부모가 자신이 어떻게 개입할 수 있는지, 학교가 자녀에게 무엇을 기대하는지에 대해 스스로 이해함으로써 자신에게 권한이 있다고 느끼는 관계에서 나타난다(National Institute of Mental Health, 2001).

　중·상류층과 주류 문화에 속한 많은 부모들은 위에서 제시한 모든 것들에 쉽게 접근할 수 있지만 빈곤층이나 이민자, 비주류 문화에 속한 부모들은 접근하기 어려울 수 있다. 이러한 어려움은 자녀가 다니고 있는 학교의 정책이나 개입에 대한 가족의 인식이나 혼란으로부터 발생할 수 있으며, 부모의 개입을 환영하지 않는 학교에서도 발생할 수 있다. 특히 문제를 일으키는 청소년 자녀의 부모는 학교로부터 부정적인 연락을 지속적으로 받아 지치게 된다고 흔히 말한다. 아마도 이 부모는 더 많은 에너지를 가정 일에 사용함으로써 자녀에게서 감정을 철회할지도 모른다. 이와 마찬가지로 학교 관계자 또한 부모의 개입에 대하여 낮은 기대를 하게 되고, 때로는 창의적이고 효과적인 전략을 사용하여 가족과 학교기반 프로그램을 연결시키는 데 있어 실패하게 된다.

　최근에 이주했거나 제한된 영어 능력을 가진 이민자들은 자녀가 다니는 학교의 업무방식을 명확하게 알지 못한다. 이민자 가족은 자녀를 학교 앞까지

데려다 주는 것만이 자신들의 역할이라 생각하고 그 나머지는 전문가가 해 줄 것이라고 기대할 수도 있다. 치료자는 이러한 부모들에게 학교의 정책들과 기대들을 설명하는 데 중요한 역할을 담당할 수 있다.

그러나 어떠한 어려움이 있든지 부모가 학교와의 관계에서 권한을 부여받을 때 자녀의 욕구는 가장 잘 충족된다(Hoagwood, 2005; Jenson & Hoagwood, 2008; Jeynes, 2005). 그렇다면 긍정가족치료자는 어떻게 도움을 줄 수 있을까?

먼저 치료자는 학교 내에서 협력하여 행동에 대한 자문을 시작하는 것에 있어 주최자가 될 수 있다(Sheridan & Kratochwill, 2008). 이와 같은 접근법은 아동의 부모와 교사가 학교와 가정에서 아동의 강점을 확인하고 이를 발전시킬 수 있는 대화를 할 수 있게 한다. 이 접근법은 긍정가족치료와 일치하는 것이며 효과적인 학교기반 실천으로서 일관된 경험적 지지를 얻고 있다(Garbacz, Woods, SwangerGagne, Taylor, Black, & Sheridan; in press. Sheridan & Burt, in press; Sheridan, Clarke, Burt, 2008; Sugai, Horner, Dunlap, Hieneman, Lewis, Nelson 외; 2000). 부모와 교사는 기본적으로 최소 네 번 정도는 함께 만나야 한다. 자녀의 강점이 강화되었을 때 부모와 교사는 성공적인 가정 및 학교생활에 영향을 줄 수 있는 아이의 강점을 함께 확인한다. 부모와 교사는 가정－학교 의사소통 전략에 대한 협력 계획을 세우고 계획을 실행한 후 그 효과성을 평가한다. 가족치료자는 협력 과정을 지속하고 평가 전략들을 확실히 실행함으로써 중요한 역할을 담당할 수 있다(예 : Schoenwald, Henggeler, Brondino, & Rowland, 2000).

치료자의 또 다른 역할은 내담자인 아동의 교사를 위해 상담자가 되어 주는 것이다. 분명히 치료자, 가족, 학교는 사생활을 보호하기 위해 권한을 조정해야 한다. 뿐만 아니라 학교에서의 경험이 부족한 치료자는 교사, 교장, 특수교육 교사, 다른 전문가들과의 성공적인 협력을 증진시키기 위해 학교 심리전 문가나 사회복지사의 협조를 요청할 수도 있다(Evans, Sapia, Axelrod, & Glomb, 2002; Zins, Weissberg, Wang, & Walberg, 2004).

만약 아동의 담임교사와 직접 만나거나 전화 통화를 하는 것이 가능하다면, 치료자는 가족치료 개입을 계획하는 데 유용한 추가적인 정보를 수집하고 교실에서 아동이 직면하게 되는 도전들을 다루는 것에 대해 교사와 정보를 공유할 수 있을 것이다. 다수의 종합적인 지침들은 치료자가 학교 상담 기술들을 익히는 데 도움이 된다(예 : Erchul & Sheridan, 2008; Weare, 2000). 그러나 학교 상담을 계획할 때에는 일반적인 소수의 지침이 고려되기 쉽다.

교사들은 아동이 드러내는 외현화된 문제에 상당히 민감하다. 한 명의 성인이 20~35명의 아동과 함께 있는 것은 아동이 관심을 끌기 위해 행동을 표출하도록 만든다(Pullis, 1992). 보통 교사의 첫 번째 목표는 부정적이고 파괴적인 행동을 신속하게 해결하는 것이다. 부정적이고 파괴적인 행동을 하는 아이들이 더 나은 학업적 · 사회적 결과를 발달시키도록 돕는 가장 지지적인 학교기반 전략은 가시화된 보상, 칭찬, 행동 관찰, 타임아웃, 효과적인 명령, 심리교육, 반응 대가이다(Kratochwill, Albers, & Shernoff, 2004; Weisz, 2004).

교사들이 교실에서 이러한 효과적인 전략들을 아동에게 적용하기 위해서는 약간의 도움을 필요로 할지도 모른다. 상담 기술은 이러한 전략들 중에서 교사가 가장 잘 수용할 수 있는 것은 무엇이며, 현재 교실의 상황과 교사가 가지고 있는 기술들에 가장 적합한 것이 무엇인지에 대하여 이해하는 것이다. 각각의 전략을 실행하는 것에 대한 자세한 설명들은 유용할 것이다.

먼저 가시화된 보상은 많은 학급에서 일반적으로 사용되는 전략이며 보통 개인이나 그룹의 행동에 기초하여 제공된다. 가끔씩은 한 아동이 무작위로 선택되어 한 학급을 대표하여 스티커나 팝콘, 좋아하는 활동을 할 수 있는 시간이 주어지는 것과 같은 보상을 받기도 한다. 가시화된 보상이 주어지는 전체 학급의 프로그램들은 상당히 효과적이다. 그러나 만약 내담자인 아동이 사회적 관계에 문제가 있다면, 적어도 처음에는 내담자인 아동의 행동에 따라 다른 아동에게 보상을 주지 않는 것이 가장 좋다. 이는 아동이 학급에서 보상을 얻기 위해 시도하는 것을 실패하게 만드는 부정적인 상호작용이 증가되게 만든다.

칭찬은 구체적이어야 하고 합의된 결과와 연결되어야 한다. "토드, 손을 들어줘서 고마워. 너의 인내심을 정말 높이 평가하고 싶구나."라고 말하는 것은 "정말 잘했어."라고 말하는 것보다 더 좋은 칭찬이다. 관계에 대한 연구에서는 이혼하지 않고 관계를 지속하는 사람들이 이혼한 사람들보다 긍정적인 말을 부정적인 말보다 5배 더 많이 사용하는 것으로 나타났다. 교실에서 이와 유사한 연구가 진행되지 않았을지라도 이러한 긍정적인 말의 비율은 교사들과 공유할 수 있는 좋은 목표이다.

또한 행동을 관찰한다는 것은 아이들이 무엇을 하고 있는지 알아차리는 것을 의미하며, 특히 아동의 강점을 찾는 것을 말한다. 또한 좋은 관찰에는 부정적인 행동이 시작되는 단계들을 찾아내는 것이 포함되며, 부정적인 행동이 증가하는 것을 막기 위해서는 부정적인 행동의 빈도가 낮을 때 그 행동을 그만두도록 해야 한다(Goldstein, 1999). 가장 좋은 교사는 소집단을 가르치고 있는 중에도 다른 집단의 아동에게도 주의를 기울이는 능력을 가진 교사이다. 그러나 성공적인 행동 변화 프로그램일지라도 교사들은 관찰의 어려움 때문에 이를 중단할 수 있다. 교사에게 주어지는 과도한 업무에 대한 문제를 해결하기 위해서 아이에게 자기 관찰을 가르칠 수 있다. 교사는 아이에게 좋은 행동들에 주목하는 것을 가르침으로써 아이들에 대한 경계의 일부를 늦출 수 있다.

시간을 중요시하는 교육기법인 '타임아웃' 기법은 아이가 평정을 되찾고,

극도로 흥분된 상태를 피하도록 하기 위해 짧은 시간 동안 교실의 긍정적인 상호작용에서 아이를 제외시키는 것이다. 타임아웃은 교실에서 흥미로운 활동이 벌어지고 있는 '타임인' 상황에서만 효과가 있다. 즉 학급에서 이루어지는 활동들은 아이들이 학급 활동들을 놓치는 것을 싫어하도록 충분히 동기부여가 되어야 한다. 교사는 자신의 책상 가까이에 타임아웃 의자를 놓거나, 때로는 아이를 벌을 서는 구역으로 보내거나, 아이의 휴식 시간을 줄임으로써 아이를 교실의 긍정적인 상호작용에서 제외시킬 수 있다. 그러나 아이가 교실의 긍정적인 상호작용에서 제외되는 시간은 짧아야 한다.

상담치료자는 아이에게 지시하는 것을 연습하는 역할극에 교사가 함께 참여할 것을 요청할 수 있다. 심지어 경험이 많은 교사들도 가끔 질문하는 것이 아닌 분명하고 유쾌하게 간단한 명령을 하는 것(한 가지나 두 가지 방법)을 잊어버린다. 만약 명령이 다음과 같은 방식이라면 그 명령은 더욱 무게감 있게 전달되어야 한다.

"론, 수학 공부하는 것을 끝내고 독서센터에 가야할 시간이구나. 독서센터가 시작하기까지 1분 정도 남았어. 고마워!"

"론, 이것은 두 번째 경고야. 너는 지금 당장 독서센터에 갈 준비를 해야 돼. 그렇지 않으면 너는 휴식시간을 가지지 못할 거야."

많은 교사들은 "독서센터에 갈 준비가 됐니, 론?"이라고 질문하는 것과 같이 약하게 명령하는 실수를 한다. 좋은 명령은 친근하고 차분한 어조로 전달되며 흔들리지 않는 눈 마주침이 함께 동반되어야 한다.

심리교육은 많이 응용되고 있지만 파괴적인 행동을 하는 아동이 대상이라면, 심리교육은 대개 학교에서 사회적 기술이나 인성 및 도덕성을 교육하는 것으로 구성된다(Goldstein, 1999 참고). 부모는 자녀가 도전에 대해 더 좋은 평가를 받도록 돕고 자녀가 가정에서 새로운 기술을 연습하도록 돕는 협력관계를 강화하기 위해 심리교육에 대한 정보를 얻을 수 있다. 불안장애, 발달장애(예 : 자폐증, 정신지체), 주의집중 장애에 대한 중요한 정보는 부모에게 매우 유용하다.

마지막으로 반응 대가는 본질적으로 옳지 않은 행동을 한 아동이 보상을 얻지 못하게 하는 행동전략을 의미한다. 예를 들어 목표 대상으로 선정된 아동에게 하루에 20분의 휴식시간이 주어지는 것으로 시작하지만, 만약 손을 들고 발표를 하지 못했거나 할 일을 모두 끝내지 못하면 휴식시간을 잃게 된다. 반응 대가는 교실 전체에서 다양한 접근법을 통해 실행될 수 있다. 가장 일반적인 예로는 제비뽑기 방법이 있다. 선생님은 하루 중 특정 시간을 '행동 게임 뽑기 시간'으로 지정하고 학생들에게 모두 다른 색의 종잇조각을 다섯 장씩 제공한다. 이 종이 조각은 바람직한 행동의 점수를 나타내는 것이며 아이들의 책상 위에 놓여진다. 수업시간 동안 교사는 아이가 반칙을 할 때마다 종잇조각을 가져오며, 수업이 끝난 후에 남은 조각들은 다시 항아리 안에 집어넣는다. 매일 또는 매주, 교사는 가장 많은 종잇조각을 모은 아동을 뽑아 그 아동이 가장 받고 싶어 하는 상을 준다(Witt & Elliott, 1982 참고). 일반적으로 사람들은 부정적인 것보다 긍정적인 것에 주목하는 것을 더 선호하지만, 반응 대가는 자신의 목표를 달성하지 못한 아이에게 동기를 제공하고 아이가 목표를 달성했을 때 긍정적인 결과를 가져오기 때문에 더 효과적이다.

다양한 책, 논문, 인터넷 자료들에서는 외현화·내면화 문제를 가진 아동을 위한 효과적인 학교기반의 실천들을 설명하고 있다(Adelman & Taylor, 2000; Kratchowill, 2007; Rosenfield & Berninger, 2009; Rones & Hoagwood, 2000). 학교의 상담자들이 근거기반 실천에 대해 알고 교사의 강점들을 이용하며, 그들의 제안과 교사의 요구를 연결시키고 평가뿐만 아니라 사후의 지지를 제공할 때 학교 상담은 가장 효과적이다.

이 장에서 다룬 개입들은 가족의 성장을 지지하기 위한 다양한 접근법들을 제공한다. 가족성장을 위해서는 근본적으로 가족구성원들의 지지적인 개입,

지지적인 자원들의 사용, 행동지도, 갈등 없이 반대되는 의견을 제시하는 방법, 서로에 대한 지식 등이 기초가 되어야 한다. 치료자는 가족이 그들의 능력과 자원을 증진시키는 것을 돕기 위해 이 장에서 설명한 방법들을 선택할 수 있다. 성찰적인 토론과 성장에 대한 개방성을 통해 가족의 다양한 문화적 가치가 증진되는 동안, 치료자는 이러한 방법들을 선택함으로써 가족의 통합을 유지시킬 수 있다.

제4장

긍정가족치료 사례

이 장에서는 앞 장에서 소개되었던 기법들이 실제로 적용된 두 가지 사례에 대해 자세히 살펴보고자 한다.

핵심개념

기적질문(miracle question)

메타목표(meta-goals)

문화변용(acculturation)

문화적 유능감(cultural competence)

순환질문(circular questions)

예외 찾기(exception finding)

내담자에게 동의하기(agreeing with the client)

자녀의 강점 찾기(catching the child being good)

전제적 언어(presuppositional language)

척도질문(scaling questions)

체계적 시각화(systemic visualization)

하위목표(subgoals)

형식주의(formalismo)

1. 첫 번째 사례 : 토드가 최고다

1) 첫 번째 회기

토드의 부모는 가정생활을 방해하는 아들의 반항적인 행동에 대한 걱정으로 처음 대학병원을 찾았다. 치료 전 초기 사정에 의하면, 토드는 최근 주의력 결핍장애(ADD)로 진단받았으며, 토드의 행동은 적대적 반항장애(ODD)의 증상과 일치하는 것으로 나타났다.

토드의 가족에게서 나타난 아동의 외현적 문제행동은 치료를 필요로 하는 가족들에게 가장 빈번하게 나타나는 문제이다. 이러한 외현적 문제행동은 전형적인 적대적 반항장애에 해당하며, 품행장애로 간주될 수 있을 정도로 극단적이고 과격하다. 이와 같은 경우 주의력 결핍장애가 함께 동반될 수 있다.

이러한 문제들은 아동의 비협조적이고 난폭한 행동으로 인해 어려움을 겪는 부모나 학교 관계자들에 의해 자주 제기된다. 부모는 배우자, 자녀, 학교에 대한 분노를 가지고 상담소를 찾는데, 이러한 부정적인 상호작용은 가족체계 전반에 걸쳐 끊임없이 나타난다. 또한 실패한 부모라는 좌절감은 수치심과 부모 자신에 대한 의심을 더욱 부추긴다. 부모는 어릴 때 자신에게 통했던 방법이나 다른 자녀에게 통했던 방법들을 떠올릴지도 모르지만, 결국 상식이나 기존에 실패하지 않았던 신뢰할 수 있는 방법들도 통하지 않는다는 것을 알게 된다. 이로 인한 부모의 좌절감은 곧 분노로 이어진다. 부모의 분노는 투쟁 또는 도피 선택(flight or fight options) — 자녀나 배우자와 끊임없이 다투거나 또는 문제를 회피하고 문제의 존재 자체를 부인하는 것 — 을 부추기지만, 그 어느 것도 좋은 양육법을 제공해 주지는 못한다. 자녀는 부모로부터 긍정적인 관심을 받지 못해 좌절감을 느끼고 그로 인한 불안이나 분노를 외현적 문제행동으로 표현하는데, 이는 차라리 미움을 받는 것이 무관심보다 낫다는 심리에서 나오는 것이다.

이 장에서는 토드와 그의 어머니, 새아버지가 받은 성공적인 긍정가족치료에 대해 다룰 것이다. 토드의 어머니는 아홉 살의 유럽계 미국인인 아들 토드가 학교에서 일으키는 분노로 인한 문제로 처음 치료실을 찾았다. 첫 회기에서 토드의 부모는 초기 면접지에 토드의 수많은 문제점들을 나열하였다. 토드는 주의력 결핍장애로 인해 약을 복용 중이었으며, 집에서는 물론 학교에서도 남에게 시비를 걸고 반항적이었으며, 분노를 자주 표출하였다. 통제하기 어려운 아이로 여겨진 토드는 다른 학교로 전학 갈 것을 여러 번 요구받았다. 외톨이가 된 토드는 학교에서 쉬는 시간에 주로 혼자 놀고 학교 식당에서도 혼자 밥을 먹었다.

토드의 가족은 5년 전 어머니가 새아버지와 재혼하게 되면서 도시로 이사오게 되었다. 토드의 가족과 가까이 거주하고 있는 친척들은 아무도 없었으며 사회적으로 고립되어 있었다. 토드의 가족을 방문하는 친척이나 친구들은 없었으며, 이로 인해 토드는 집에서도 함께 놀 친구가 전혀 없었다. 토드의 부모는 알고 지내는 직장 동료들이 있긴 했지만, 근무시간 외에는 그들과도 교류가 없었다.

토드는 쓰레기(예 : 사용한 스테이플러 철침, 전자부품들, 돌)를 자신의 보물이라고 생각하여 이것들을 버리지 않고 모으곤 하였다. 학교에서 끊임없이 토드의 행동이 개선될 것을 요구하고, 토드가 집에서 키우는 고양이를 괴롭히자 토드의 가족은 결국 가족치료를 받고자 찾아왔다. 토드와 가족은 7주에 걸쳐 5회기의 치료를 받았으며, 매 회기마다 목표를 세우고 그 목표를 부분적으로 이루거나 완벽하게 달성하였다. 토드의 가족은 처음에는 문제가 아주 많은 가족이었지만 결국 이상적인 가족으로 변화하였다.

치료의 첫 회기는 여러 활동에 참여하며 사회성을 기르는 것으로 시작되었다. 유럽계 미국인인 토드의 가족은 주류 문화에 적응된 것으로 보였기 때문에 치료자는 첫 만남에서 친근하게 서로 이름을 부르고 악수를 하는 것이 적절할 것이라고 생각하였다. 그 예상은 적중했고, 치료자는 토드가 한 번도 화를 내지 않도록 긍정적인 방법을 사용하여 천천히 상담을 시작하는 것에 대해 가족이 안도감을 느낀다는 것을 알 수 있었다.

치료자는 희망적인 태도를 전하기 위해 토드와 그의 부모에게 무슨 일을 하는 것이 좋은지, 그리고 자신의 직업에 관해 어떤 점이 좋은지에 대해 물어보았다. 그들은 자신의 관심사와 취미에 대해 설명하였다. 치료자는 그들이 설명한 것에 대해 진심으로 관심을 표현하였으며 더 자세한 것을 알기 위해 추후질문을 하였다. 토드의 가족은 모두 치료자의 관심을 즐기는 듯했지만, 다른 사람의 이야기에 관심을 보이는 사람은 토드의 어머니뿐이었다. 아버지와 토드는 스스로에 대해 이야기하는 것은 즐거워했지만, 다른 사람이 이야기할 때에는 경청하지 않는 듯하였다.

특히 토드는 치료자가 자신의 생활에 대해 관심과 흥미를 보이는 것을 좋아하였다. 치료자는 그것이 아주 좋은 신호라고 생각하였다. 토드와 가족들은 인식하지 못하고 있었지만, 치료자에게는 긍정적인 사회적 관심이 토드에게 중요하다는 것이 명확해 보였다. 토드는 전자부품들을 모으는 것이 즐겁다고 말했으며, 어머니는 토드가 분해하고 분류할 수 있는 부품들을 사기 위해 함께 중고품 가게에 가곤 하였다. 토드는 아버지나 선생님에 대해서는 그 어떤 긍정적인 태도도 나타내지 않았으며, 학교에서 다른 아이들이 자신을 놀려서 화가 난다는 이야기를 자주 하였다.

토드의 가족이 여러 활동에 참여하며 사회성을 기르는 동안, 치료자는 가족 구성원 개개인의 강점에 관심을 보이는 데 있어 신중하게 중립적인 입장을 취하였다. 치료자는 가족구성원 중 한 사람과 그의 관심과 강점에 대해 이야기할 때에도 서로가 이런 강점이 있다는 것을 알고 있었는지 물어보는 것과 같은 순환질문을 통해 다른 가족구성원들도 대화에 참여하게끔 유도하였다. 치료자는 토드의 가족과 라포를 형성하고 개개인의 강점과 가족의 강점들을 발견한 후, 치료자와 함께 이루고 싶은 것들에 대해 질문하였다. 치료자는 목표를 세우는 쪽으로 질문을 유도하였지만, 불가피하게도 대답은 상대방에게 있는 문제점들을 나열하는 것이 되었다.

치료자 : (가족구성원들에게 일반적으로 질문하며) 저와 함께 이루고 싶은 것이 무엇이죠? 이곳에 오셔서 이루고 싶은 목표는 어떤 것인가요?

어머니 : 토드는 아주 똑똑한 아이예요. 아이큐가 117이나 된다고요! 그렇지만 토드는 화를 주체하지 못해 학교생활의 절반은 특수교육반에서 보내요. 담임선생님 말로는 토드가 교실에서 소리를 지르거나 버릇없이 무례하게 행동하고 말대꾸를 한대요. 그리고 토드를 통제할 수 없이 집으로 보내야 될 것 같다는 교장선생님의 전화도 여러 번 받았어요.

치료자 : 걱정이 많이 되시겠네요. 아드님은 아주 멋지고 똑똑한데 자신의 능력을 잘 사용하지 않고 있군요. 또 다른 염려사항이 있나요? (염려하는 바를 치료자가 잘 이해했음을 알려 주면서도 문제의 세부사항이나 그로 인한 감정은 파고들지 않아야 한다는 것을 기억하라. 문제에 대해 자세하게 설명해 줄 것을 요청하기보다는 가족구

성원들이 다른 걱정거리에 대해 이야기하도록 유도하고 있다.)

어머니 : 토드는 집에서 우리와도 많이 다투죠.

아버지 : 토드는 무책임해요. 제가 무엇을 하라고 하면 말대꾸를 해요. 그리고 자신의 잘못을 절대 인정하지 않아요. 고양이도 다치게 했고요. (아버지가 토드의 문제에 대해 이야기하는 동안 나지막했던 토드의 불평은 점점 더 커졌고 행동도 더욱 과격해졌다.)

아버지 : 돌이나 클립, 아니면 전자부품 같은 물건들을 수집하는 것도 큰 문제예요. 절대 아무것도 버리지 않죠. 토드의 방은 물론이고 집 전체가 고물상이 되어가고 있어요.

어머니 : 그렇지만 앵무새에게는 아주 잘 대해 주고 또 매우 좋아해요. (어머니는 토드의 부정적인 감정이 난폭한 행동으로 이어지기 전에 진정시켜야 한다는 것을 알고 이를 위해 노력한다.)

치료자 : 앵무새와는 잘 지낸다고요? 그것은 참 중요한 이야기군요. (치료자는 이 이야기를 하면서 토드를 향해 미소를 지었다. 애완동물에게 잘 대해 준다는 것은 강점이기 때문에 치료자는 그것을 강조하였다.)

치료자 : (토드를 향하여) 토드야, 네가 앵무새에게 잘해 준다고 엄마가 생각하고 계신 것을 알고 있었니? (이것은 어머니에게서 얻은 정보를 토드를 통해 가족에게 다시 전달해 주는 순환질문이다. 순환질문은 정보를 확인하는 역할은 물론 개입역할도 한다. 이 질문을 통해 어머니가 토드에 대해 긍정적인 믿음을 갖고 있다는 것을 토드가 알고 있는지 확인할 수 있고, 토드에 대한 긍정적인 믿음을 가족에게 전달하는 개입역할도 할 수 있다.)

토   드 : 앵무새는 나를 제일 좋아해요! 그 다음엔 엄마를 좋아하고 아빠는 별로 좋아하지 않아요! (토드는 앵무새에 대해 이야기하는 것을 좋

아해서 더 많은 이야기를 해 준다. 그러나 아버지는 다시 원점으로 돌아가 원래의 문제에 대해 이야기를 나누고 싶어 한다.)

　토드의 강점들이 언급되었을 때 치료자는 미소를 짓고 더욱 주의 깊게 들었으며 얼마나 인상 깊었는지를 분명하게 표현하였다. 반면, 문제점에 대해 이야기를 나눌 때는 엄숙한 표정을 지었고 움직임도 줄였으며, 질문도 아주 적게 하였다. 치료자는 문제에 관해서는 아주 짧게 이야기하게 한 후 더 이야기할 내용이 있는지 질문하였다. 치료자는 문제를 이야기하는 데 많은 시간을 투자하고 싶지는 않았지만 위험증상(예 : 자살, 살인, 학대, 정신적 외상)들을 놓치고 싶지는 않았다. 치료자가 부모를 이해하고 있다는 것을 부모가 느끼는 것도 중요하지만, 문제에 집중하는 것은 그들이 원하는 해결책을 가져다 줄 수 없다.

　문제에 대한 이야기를 그만하고 싶어 하는 것은 치료자뿐만이 아니었다. 토드는 부모가 자신의 문제에 대해 이야기하는 것으로 인해 화가 났다. 토트는 문제에 대한 이야기를 할 때, 특히 아버지가 그것에 대해 이야기할 때 말을 끊으려 하였다. 처음에 토드는 이야기에 참여하지 않으려 했지만 자신의 차례가 오면 잘못을 찾아내거나 비난하는 것에 동참하였다.

토　드 : 아빠는 나에게 묻지도 않고 내가 모은 것들을 버려요! 아빠에게 버리지 말라고 했지만 아빠는 내 말을 절대 듣지 않아요. 그리고 항상 나한테 소리를 질러요. 우리 선생님도 내 말을 절대 듣지 않고 날 믿지 않아요. 다른 아이들은 항상 날 괴롭히고 놀려요. 나는 걔네들이 정말 싫어요.

치료자 : 토드야, 네 생각을 말해 주어서 고마워. 학교와 집에서 사람들이 네게 더 친절하게 대해 주었으면 하는구나. 함께 해서 즐거운 사람들

을 사귀는 것은 중요한 일이야. (모두를 바라보며) 여러분은 가족 모두가 즐겁고 재미있게 지내기 위해 달라져야 할 것들이 있다고 생각할 거예요.

토드와 그의 부모 모두 자신의 단점에 대해서는 어떠한 말도 하지 않았다. 이것은 선혀 이상한 일이 아니다. 지료자는 어느 누구에게도 자신의 단점에 대해 인정하라고 말하지 않았으며, 문제에 대해서는 어떠한 추후질문도 하지 않았다. 이는 발생할 수 있는 적대적인 상호작용을 막기 위해서이다. 다행히도 이번 회기에서 그러한 적대적인 상호작용이 발생하지는 않았다. 치료자는 가족구성원 각자의 의견을 존중하고 개인에 대한 관심을 표현하였으며, 가족 구성원들이 서로 다른 걱정거리를 가지고 있는 것은 당연한 것이라고 가족을 안심시켰다. 치료자는 가족구성원들이 서로의 주요 걱정거리에 대해 이야기 나눈 것을 편안하게 느낀다고 생각하였다. 회기가 시작하고 20~25분쯤 흘렀을 때 치료자는 구체적으로 목표에 대해 질문하였다. 치료자는 그들이 서로의 주요 걱정거리에 대해 알게 되었다는 것을 느꼈다. 그래서 그들이 가족 안에서 이루고자 하는 목표에 대해 정면으로 집중하도록 도왔다.

치료자 : 오늘 어떤 일이 일어났으면 좋겠어요?

어머니 : 글쎄요. 저는 토드가 치료받으러 오는 것을 두려워해서 많은 일이 일어날 것을 원하지는 않았어요.

치료자 : 그건 좋은 생각이에요. 너무 서두를 필요는 없으니까요. 그럼 5년 뒤에 오늘 이곳에 온 것에 대해 생각했을 때 "아, 그 때 우리가 치료 받기를 잘했어!"라고 말하기 위해 바라는 것이 있다면 어떤 것이 죠? (내담자의 의견에 동의하는 것을 기억하라. 동의하는 것은 협력을 강화하기 위한 훌륭한 모델링이다.)

어머니 : 저는 토드의 자존감이 더 높아졌으면 좋겠어요. 그리고 토드가 학교에서 더 바르게 행동하고 화를 줄이고 좌절을 덜 했으면 좋겠어요.

치료자 : 그러니까 토드가 스스로 더 행복해지고 학교생활도 더 잘하며, 선생님과 다른 아이들에게 좀 더 친절해지기를 바라시는군요. (토드의 변화를 원하는 어머니의 바람과 목표를 긍정적인 표현으로 바꾸도록 도와주는 것을 기억하라. 어떤 행동을 줄이는 것은 그 행동의 대안이 되는 행동을 알려 주지 않는다. 보다 더 구체화된 단계로 나아가면, 어머니가 바라는 점들을 더 명료하게 이야기하도록 요청할 수 있다. 이 단계에서는 부정적인 목표들을 긍정적인 목표들로 바꾸도록 도와주는 것만으로도 충분하다.)

어머니 : 그렇죠!

치료자 : 아버님은 어떠세요? 가족을 위해 오늘은 어떤 목표를 가지고 계신가요?

아버지 : 저는 토드가 자신이 한 행동에 대해 책임을 졌으면 좋겠어요. 잘못한 것이 있으면 인정하고 실수를 바로잡았으면 좋겠어요.

치료자 : 그러니까 아버님은 토드의 책임감 있는 모습을 좋아하시고 책임감을 향상시키는 것이 토드가 더 행복해지는 데 중요하다고 생각하신다는 거네요. (이 재진술은 토드가 때로는, 어쩌면 그것이 단 한 번뿐일지라도 책임감 있는 모습을 보이기도 한다고 가정하는 것임을 기억하라! 그리고 토드가 왜 책임감이 있어야 하는지에 대한 이유도 추가하였다. 목표에 대한 아버지의 이야기에서는 토드가 좀 더 행복하기를 바란다는 내용이 빠져 있었다. 아마 아버지는 이에 대해서 말하거나 생각해 본 적이 한 번도 없었을 것이다. 그렇지만 아버지는 책임감과 행복의 연관성에 대해 빨리 수긍하였다. 치료

자는 아버지가 가족 안에서 주로 벌을 주는 부정적인 역할을 도맡아 왔으며, 어머니는 그런 남편으로부터 예민하게 반응하는 아들을 보호하는 역할을 맡아 왔다고 생각하였다. 아버지가 토드의 행복을 원한다는 사실은 아버지의 새로운 모습이 드러나는 계기가 되었다. 가족구성원이 서로에게 어떻게 비추어졌느냐는 것은 가족구성원 각자가 자신의 이미지를 어떻게 변화시킬지 예측하게 해준다. 토드의 아버지도 새로운 '아버지' 정의에 맞는 적절한 행동을 하게 될 것이다.)

아버지 : 예, 맞아요! 저는 토드가 좀 더 행복했으면 좋겠어요.

치료자 : 그러세요? (토드를 바라보며) 아버지가 네가 행복해지기를 바라고 계시는 걸 알고 있었니? (개입역할을 하는 순환질문)

토 드 : 아니요.

치료자 : 아버지가 너의 행복을 바라고 있다니 너무 기쁜걸! 네가 오늘 여기에 온 것으로 인해 어떤 일이 일어났으면 좋겠니?

토 드 : 학교에서 다른 아이들이 날 그만 놀렸으면 좋겠어요. 그리고 선생님들도 나한테 더 이상 소리를 지르지 않았으면 좋겠고요.

치료자 : 그러니까 네 말은 학교에서 사람들이 네게 친절하게 대해 주었으면 좋겠고 더 행복해지고 싶다는 뜻이구나. 그럼 집에서는 무엇이 더 나아졌으면 좋겠니?

토 드 : 아무것도 없어요.

치료자 : (부모를 바라보며) 토드가 집에서의 생활에 만족하고 있다는 것을 아셨나요? (개입역할을 하는 순환질문)

부 모 : 아니요. 그것 참 놀라운데요!

치료자 : (토드에게) 아주 좋은 일이야, 토드. 부모님이 미소 지으시는 것을 보았니? 네가 좋은 이야기를 하니까 부모님이 아주 좋아하시는구

나. 네가 엄마와 아빠를 미소 짓게 할 수 있는지 몰랐지? (순환질문, 토드와 부모가 웃는다.)

어쩌면 토드는 가족 내에서 어떠한 변화가 일어나기를 원하는지 얘기하지 않음으로써 치료과정에 비협조적으로 행동하고 싶었는지도 모른다. 그러나 치료자는 대화의 부정적인 면에 초점을 두지 않았으며, 아무 변화도 원하지 않는다던 토드의 말을 가정생활이 행복하다고 재구성하였다. 나중에 토드는 자신에게 화를 내는 아버지가 더 상냥하게 대해 주었으면 좋겠다고 자발적으로 이야기하였다. 이를 통해 목표를 달성하는 데 토드가 동참하도록 유도하는 것이 점점 더 수월해졌다. 이번 회기는 모든 가족구성원들이 토드의 긍정적인 행동으로 인해 함께 웃으며 끝이 났다. 가족이 처음 상담소에 왔을 때의 긴장된 분위기는 안도감과 행복으로 변하였다. 긍정적인 감정은 창의적 사고를 촉진시키고 가족에게 긍정적인 변화를 가져다주는 좋은 시작이 되었다.

행복은 가장 포괄적인 첫 번째 목표이다. 자주 다투는 가족의 첫 번째 목표는 보통 매우 추상적이다. 모두가 좀 더 행복하다고 느끼고 친절하게 행동하며, 의사소통이 더 잘 이루어지는 것 등은 초기 단계의 메타목표이며 이 목표는 상담이 더 진행되기 전에 다루고 넘어가야 한다. 메타목표를 세운 것을 축하하는 것은 상담 첫 회기부터 마치 성공한 느낌이 들게 하며, 동일한 긍정적인 목표를 향해 함께 나아가는 것은 가족이 더욱 하나가 될 수 있도록 돕는다. 가족은 문제에 초점을 두는 것보다 목표를 세우고 그에 대한 책임을 함께 지는 것을 더 쉽게 받아들일 수 있다. 토드의 짜증과 반항적인 행동을 감소시키는 것에 초점을 두는 것은 토드가 수치심을 느낄 수 있는 부정적인 틀을 제공하는 것이다. 토드는 가족의 희생양이 되는 것을 원하지 않기 때문에 이러한 부정적인 틀 안에서는 목표를 달성한다 하더라도 토드의 분노가 유발될 수 있다. 반면, 행복과 같은 긍정적 목표에 중점을 두었을 때는 온 가족이 자부심을 가지고 책임감을 쉽게 공유할 수 있으며, 가족의 변화에 대해 가족구성원 모두가 긍지를 가질 수 있다.

치료자는 토드의 가족과 함께 메타목표를 정리한 후, 세 사람이 모두 함께 생활하며 이루어 갈 수 있는 보다 작고 구체적인 목표를 정할 것을 제안하였다. 모든 가족구성원들을 더 행복하게 만들 수 있는 목표에 대해 질문하자, 어머니는 밤마다 토드가 샤워를 끝내지 않아 말다툼 하는 것에 대해 이야기하였다. 어머니는 토드가 다툼 없이 샤워를 마치기를 바랐으며, 아버지도 이에 동의하였다. 그러나 토드는 망설였다. 토드는 샤워문제에 관해서라면 자신이 변해야 한다는 것을 알고 있었다. 그래서 치료자는 토드도 이 과정을 통해 많은 것을 얻게 될 것이라는 믿음을 갖게 할 필요가 있었다. 더 행복한 가족이 되기를 원하는 토드의 바람과 샤워문제를 연결시키는 것은 전략이 될 수 있다. 다투지 않고 평화롭게 샤워를 마친다는 하위목표는 메타목표인 가족 전체의 행복은 물론 각 가족구성원의 행복과 연결되어야 할 것이다.

치료자 : 샤워문제를 해결하는 것을 통해 가족이 어떻게 더 행복해질 수 있을까요?

어머니 : 샤워할 때마다 소리 지르고 협박하고 울지 않아도 되니 얼마나 행복하겠어요. 그렇게만 된다면 저녁시간이 훨씬 행복해질 것 같아요!

아버지 : 맞아요. 토드가 샤워를 마치도록 하기 위해 저녁시간 내내 소리 지르지 않아도 될 거예요!

치료자 : 훌륭해요! 부모님은 확실히 더 행복해지시겠네요. 부모님께서는 일어나지 않았으면 하는 일들에 대해서만 말씀해 주셨는데, 그렇다면 어떤 일이 일어나야 더 행복해질까요? 가족 모두가 행복해지기 위해서는 어떤 일이 일어나야 할까요? 부정적인 것들은 다 생략

하고 어떤 일들이 일어났으면 좋겠는지 말씀해 보시겠어요? (문제점을 긍정적인 목표로 바꾼다.)

어머니 : 그건 어렵네요. 토드가 행복해지면 저도 행복해질 것 같은데요.

치료자 : 좋아요. 토드가 행복하면 어머님도 행복하다는 말씀이시군요. 토드가 행복하기를 원하신다는 것을 잘 알겠네요. 토드, 네가 엄마를 행복하게 해 줄 수 있다는 사실을 알고 있었니? 엄마는 네가 행복할 때 행복하시단다! (순환질문)

토 드 : 아니요. 몰랐어요.

치료자 : 아버님은 어떠세요? 아버님을 행복하게 만드는 일은 무엇일까요? 부정적인 부분들은 제외하고, 어떤 일이 일어나면 행복할 것 같으시죠?

아버지 : 모르겠어요. 아마 토드가 행복하면 저도 행복하겠죠.

치료자 : 와, 훌륭해요! 아버님도 토드가 행복해야 행복하신 거군요. 토드, 넌 정말 부모님을 행복하게 해드릴 수 있겠구나! (전제적 언어) 좋아요. 어머님과 아버님 모두 토드가 행복해야 행복하시군요. 자, 그럼 토드는 왜 행복하죠?

(대답 없음)

치료자 : 좋아, 토드가 행복한지 먼저 확인해야겠구나. 토드, 처음 우리가 만났을 때 네가 원하는 것들을 얘기했었잖아. 아빠가 네게 소리 지르지 않고 화를 내지 않았으면 좋겠다고 했었는데, 아빠가 해 주었으면 하는 행동에 대해서도 물어보는 것을 깜빡했구나. 아빠가 너에게 어떻게 대해 주시면 좋겠니?

토 드 : 저는 아빠와 함께 비디오게임을 할 때가 좋아요.

치료자 : 좋아, 아빠와 게임하는 것을 좋아하는구나. 아버님은 토드가 아버님과 함께 게임하는 것을 좋아한다는 것을 알고 계셨나요? (순환

질문)

아버지 : 예.

치료자 : 토드, 그러면 아빠와 함께 게임할 때 아빠의 어떤 모습이 좋지? 아
버지의 어떤 모습이 너를 행복하게 만드니?

토   드 : 제가 아빠를 늘 이기니까 기분이 좋아요! (모두 웃는다.)

아버지 : 사실이에요. 토드는 게임을 정말 잘해요.

치료자 : 와우! 아빠를 이길 정도면 정말 잘하겠는걸! 아빠는 너에게 지면 화
를 내시니?

토   드 : 예! 정말 화를 내세요! (토드가 웃는다.)

아버지 : 아니에요. 그렇지 않아요! 당신은 아니란 거 알잖아! (어머니가 아
버지의 말에 동의한다.)

치료자 : 오, 토드! 그렇다면 아빠가 어떻게 행동하시지? 아빠가 네게 웃어
주시니? 너에 대해 좋은 말을 많이 해 주시니? 네가 게임을 얼마
나 잘하는지 말씀해 주시니? (아버지와 토드의 관계에서 장점을
찾는 중)

토   드 : 예, 아빠는 제가 최고래요.

치료자 : 아빠가 너에게 최고라고 말하며 웃을 때 넌 행복하구나.

토   드 : 예…….

치료자 : 그러면 네가 샤워할 때도 아빠가 그렇게 해 주시면 행복하겠네! 그
렇지 않니? 아빠가 네가 최고라며 웃는 거 말이야. 엄마도 그렇게
해 주시면 더 좋겠다. 어때?

토   드 : 예, 엄마는 내가 최고라고 얘기한 적이 없어요.

치료자 : 아주 좋아, 토드! 아버님이 토드에게 미소 지어 주실 때 토드가 행
복해한다는 걸 알고 계셨어요? 토드가 정말 좋아하네요! 그렇지,
토드? (서로에게 긍정적인 영향력을 미친다는 것을 반복해서 말해

주는 것은 이해를 증진시키는 데 중요하다. 오랜 기간 동안 부정적인 상호작용에 초점이 맞추어져 있었다면 긍정적인 영향력의 가능성은 잊혔을 것이다.)

이 대화에서는 가족이 첫 하위목표에 대해 협상하는 모습이 잘 나타난다. 여기서 주목할 점은 가족구성원 모두 샤워문제를 부정적으로 생각한다는 것과 더 조용하고 평온한 샤워시간이 모두를 더 행복하게 할 것이라 믿는다는 점이다. 부모가 처음에는 토드도 변화로 인해 행복을 느낄 필요가 있다는 것을 잊고 있었다는 사실에 주목하라. 이것은 전형적인 모습이다. 부모는 목표를 달성하는 것이 모두에게 도움이 되어야 한다는 사실을 자주 잊는다. 또한 가족구성원 모두가 긍정적 정서를 통해 이익을 얻으면, 한 번 이루어진 발전은 가족의 계속되는 과정에 포함될 것이다. Fredrickson(1998)의 확장 및 형성이론에 의하면, 긍정적 정서에 기반을 둔 경험들은 가족의 다른 활동에도 일반화될 수 있다. 또한 상승이론은 서로의 상호작용으로 인해 작은 변화가 더 큰 변화로 변해간다는 것을 설명한다.

가족의 행복을 이루는 데 협력하여 샤워를 마치는 것이 가치 있는 목표가 될 수 있다는 것에 대해 모두가 잠정적으로 동의하였다. 회기가 진행될 때마다 치료자는 문제행동의 세부적인 요소들을 살펴보고 그것들을 하위목표로 설정하였다. 부모는 토드가 제시간에 샤워를 마치고 물건을 잘 정리해 주기를 바랐다. 이러한 행동은 책임감을 나타내는 훌륭한 표시일 것이다. 토드는 샤워시간을 제한하지 않으면 몇 시간이 지나도 샤워를 끝낼 줄을 몰랐다. 가끔 부모는 토드가 평화롭게 샤워를 끝낼 수 있도록 하기 위해 따뜻한 물을 틀어 놓았는데, 이는 가능하면 30분 이내에 샤워를 끝냈으면 하는 바람에서였다. 또한 토드는 샤워하는 동안 돌이나 자신의 다른 수집물을 어질러 놓기 일쑤였는데, 부모는 토드가 샤워 후에 화장실을 깨끗이 정리하기를 원했다.

그러나 토드는 30분 안에 평화롭게 샤워를 마치고 뒷정리를 하는 것을 거부하였다. 치료자는 토드가 불안해하는 것을 감지하였지만 그의 망설임에 대해 말로 표현하지는 않았다. 토드는 샤워시간이 문제가 되는 것을 알았지만 토드의 입장에서는 부모의 완고한 태도가 문제였다. 토드는 아직 치료자와 부모가 협상을 통해 세운 목표, 즉 샤워시간을 줄이고 샤워 후에 정리를 하는 것에 동참하려 하지 않았다.

다음 단계는 행복한 샤워시간이라는 목표에 도달하기 위한 과정을 명확하게 설명하는 것이었다. 치료자는 부모에게 토드가 마지막으로 샤워 후에 화장실을 '책임감 있게'(부모의 말에 의하면) 정리한 것이 언제였는지 질문하였다. 이것은 예외상황 찾기이다(De Jong & Berg, 1998). 그 뜻은 언제 마지막으로 긍정적인 행동을 했었냐는 것이다. 예외상황은 목표를 달성하는 데 필요한 가족의 강점을 드러내 준다.

목표를 달성하기 위한 방법에는 여러 가지가 있다. 치료자는 토드의 부모가 목표를 이루고 긍정적 감정이 생기는 데 도움을 주는 강점을 찾기를 바랐다. 그러나 불행히도 토드의 부모는 이전에 토드가 샤워를 평화롭게 끝냈던 적을 기억해 내지 못하였다. 이러한 경우, 가족이 달성했었던 유사한 목표를 찾는 과정에서 유용한 기술들을 발견할 수 있다. 샤워를 마치고 나오는 것은 전환과정으로 개념화될 수 있다. 식사를 하기 위해 다른 일을 하다가 마치고 오는 것과 같이 하나의 활동에서 다음 활동으로 전환되는 과정에 대해 가족에게 질문하였을 때, 가끔은 전환하는 과정이 수월하게 진행되기도 한다는 것을 발견하였다. 치료자는 토드가 '책임감 있게' 행동했었던 경험을 듣는 것에 대해 매우 신이 났었고 호기심이 생겼다. 어머니는 아버지가 없을 때 토드가 더 책임감 있게 행동한다고 말하였다. 그러자 토드는 아버지가 집에 없을 때는 항상 책임감 있게 행동한다며 어머니의 말에 적극 동의하였다. 그러나 어머니는 아버지가 없을 때 항상 책임감 있게 행동한다는 토드의 말을 가끔 좀 더 책임감 있게 행동한다고 정정하였다. 치료자는 책임감 있게 행동한 횟수보다는 토드가 책임감 있게 행동했다는 사실 그 자체에 초점을 두었다. 토드에게 어머니의 어떤 면이 자신을 더 책임감 있게 행동하도록 도왔는지에 대해 물어보았다. 토드는 어머니가 물건들을 내다 버릴 거라고 말하지 않았다고 대답하였다. 치료자는 토드의 대답에 반응을 보이는 대신, 어머니에게 어떻게 했을 때 토드가 하던 일을 멈추고 저녁 먹을 준비를 했는지에 대해 질문하였다. 어머니는 토드에게 2분이 남았다고 미리 경고했을 때 전환시간이 줄었다는 것을 기억해 냈다. 치료자는 아주 좋은 생각이라 여겨 그 방법을 가족이 함께 복습하게 하였고, 토드의 가족은 이러한 전략을 좋아하였다.

토드의 책임감 있는 행동에 대해 이야기하던 중이었으므로 치료자는 다시 어머니에게 무엇이 토드를 책임감 있게 행동하도록 만드는지에 대해 질문하였다. 일반적으로 토드가 협조하는 유일한 이유는 부모의 긍정적인 반응 때문이었다. 치료자는 부모가 토드의 행동에 자신들의 반응이 얼마나 중요한 영향을 미치는지 이해하기를 원하였다. 긍정적인 반응은 상호작용을 체계적으로 시각화시켜 주는 역할을 한다. 시각화된 연습은 실제 행동이 일어나기 전에 성공과 긍정적인 감정을 경험할 수 있게 한다. 어머니는 토드의 책임감 있는 모습이 정말 좋았다고 하였으며, 토드가 책임감 있게 행동한 다른 행동들에 대해서도 이야기해 주었다. 치료자는 토드를 향해 미소를 지으며 어머니의 이야기를 바꾸어 다시 말해 주었다. 아버지도 최근에 목격한 토드의 책임감 있는 행동에 대해 이야기해 주었다. 이것은 아버지의 새로운 사회적 구성이 나타나는 좋은 신호였다. 치료자는 부모의 긍정적인 이야기에 계속 집중하였으며, 토드에게 부모님이 토드의 책임감 있는 모습을 자랑스러워하신다는 것을 알고 있는지 물어보았다. 토드는 전혀 알지 못했다고 대답하였다. 치료자의 격려를 통해 토드의 부모님은 긍정적인 감정을 전하는 동시에 자신들이 얼마나 토드를 자랑스럽게 여기는지 토드에게 직접 말해 주었다. 치료자는 토드에게 책임감과 관련하여 좋아하는 것이 무엇인지 질문하였다. 토드는 자신의 물건들을 버리기 싫다며 관련 없는 대답을 하였다. 아마 토드는 대화가 불쾌하게 끝날 것이라고 예상한 듯하다.

토드에게 자신이 책임감 있게 행동할 때 어머니는 어떤 반응을 보이는지 물어보았다. 토드는 어머니가 고마워한다고 하였다. 치료자는 토드의 책임감 있는 모습에 대해 고마워하는 어머니의 반응과 그러한 어머니의 반응에 기뻐하는 토드의 모습으로 이어지는 상호작용의 연속에 초점을 맞추었다. 치료자는 토드에게 아버지는 어떻게 고마움을 표현하는지 물어보았다. 토드는 아버지가 아무런 반응도 보이지 않는다고 대답하였다. 그러자 아버지는 토드에게 최근에 "고마워."라고 말했던 적이 있음을 상기시켜 주었다. 이러한 대화는 가족구성원들이 이미 서로에게 긍정적인 영향을 미치고 있다는 것을 보여 준다. 또한 가족구성원들이 부정적인 행동이 아닌 긍정적인 행동을 기억해 내려고 하는 모습에 주목하라. 이렇게 목표 행동에 집중하는 것은 가족의 희망을 증진시키고 긍정적 감정이 창의적인 해결책을 찾는 데 도움을 준다.

치료 초반에 치료자는 모두에게 긍정적인 관심을 동등하게 표현함으로써 중립적인 분위기를 조성하는 데 초점을 두었다. 그러나 중립성에 대한 또 다른 쟁점은 가족구성원들이 서로를 비난하는 것이었다. 초기의 가족구성원들의 비난은 토드의 문제행동에 초점이 맞추어져 있었으며, 그 이후에는 아버지가 긍정적인 반응을 보이는 횟수가 적은 것에 초점이 맞추어졌다. 치료자는 중립적인 태도를 유지하며, '긍정적인 부모로서 아버지의 능력'으로 초점을 옮겼다. 치료자는 아버지가 더 긍정적으로 보이기를 원한다는 것을 감지하고 아버지에게 기회를 주었다. 아버지를 대화로 끌어들이기 위해 전제적 언어를 사용하여 아버지에게 무엇이 토드를 책임감 있게 행동하도록 하는지에 대해 질문하였다. 치료자는 아버지가 긍정적인 방법으로 토드에 대해 자랑스럽게 이야기할 수 있도록 도와준 후, 토드에게 자신의 행동이 아버지를 기쁘게 해줄 수 있다는 사실을 아는지 물어보았다. 토드는 자신의 행동에 대해 아버지가 소리 지를 줄만 알았다고 대답하였다. 치료자는 토드에게 "네가 말을 잘 들어도 아빠가 너에게 소리를 지르실 거라고 생각하니?"라고 물어보았다.

이러한 상호작용은 결국 토드가 한 좋은 행동들이 기억나도록 해 주었고 부모로부터 긍정적인 반응을 이끌어 냈다. 치료자는 이번 회기에서 가족에게 성공을 축하하는 것이 중요하다는 것을 알려 주기 위해 가족구성원들이 서로 과장되게 반응하도록 이끌었다. 또한 가족구성원들에게 긍정적으로 상호작용하는 장면을 상상하도록 요청하였으며, 그러한 장면 속에서 상대방의 모습과 자신의 모습에 대해 설명하도록 하였다. 이러한 과정은 장면을 시각화하고 가족구성원들이 서로를 지지하는 것에 대해 피드백을 주기 위한 것이다. 이 과정은 대체로 많은 웃음을 자아내며 현실을 확인하는 데 중요하다. 오랫동안 서로에게 화가 나 있던 사람들은 효과적으로 서로를 지지하는 방법을 잊어버린다.

토드의 가족과 치료자는 토드가 30분 안에 사워를 마치고 물건을 정리하는 사워목표에 관한 이야기로 다시 되돌아 왔다. 치료자는 부모에게 이 목표를 달성하면 어떤 느낌이 들지에 대해 질문하였다. 전제적 언어를 사용한 이러한 질문은 가족이 목표를 달성하는 것을 예측하게 하고, 토드가 책임감 있는 행동을 지속할 수 있도록 돕는 부모의 행동에 초점을 둔다. 또한 추후질문은 부모가 사워시간에 일어날 구체적인 긍정적 변화에 대한 기쁨을 표현하게 한다. 치료자는 토드에게도 자신으로 인해 기뻐하는 부모님을 보면 어떤 기분이 드는지에 대해 질문하여 대화에 참여하게 하였다. 치료자는 토드가 동의할 것이라는 확신이 들었을 때 토드도 사워시간에 대한 변화를 목표로 삼고 싶은지에 대해 물어보았다. 부모님이 기뻐하는 모습을 보면 어떤 느낌이 드는지에 대해 물어보자, 토드는 "아주 좋아요."라고 대답하였다. 부모에게도 토드가 이렇게 기뻐할지에 대해 알고 있었는지 물어보고 얼마나 행복할지 표현하게 하였다. 치료자는 가족에게 긍정적인 감정으로 인해 서로에게 주어지는 이익에 대해 상상하고 표현하게 한 후, 다툼 없이 샤워를 성공적으로 끝내기 위한 단계에 대한 이야기로 돌아갔다.

치료자와 토드의 가족은 공동 시각화를 통해 샤워 장면을 함께 실연하였으며, 이러한 단계별 과정에 샤워를 마치기 2분 전에 토드에게 경고를 주는 것과 토드가 최고라고 말해 주는 두 가지 강점을 포함시키기로 하였다.

치료자 : 제가 기억하기로는 토드가 어머니를 위해 물건을 잘 정리한다고 말했던 것 같은데, 어머님도 기억하시나요?

어머니 : 예. 제가 정리하라고 부탁하면 더 잘하는 것 같아요.

치료자 : 어떻게 부탁하셨는지 궁금하네요.

어머니 : 저도 확실히는 잘 모르겠어요. 그냥 부탁하면 들어 주더라고요.

치료자 : 토드야, 너도 그렇게 생각하니? 엄마가 부탁하면 네 물건을 스스로 정리하니?

토 드 : 예. 엄마는 저에게 소리를 지르거나 제 물건들을 다 갖다 버릴 거라고 겁주지 않아요.

치료자 : 알겠다! 전에 얘기했던 것과 비슷하구나. 만약 부모님이나 내가 샤워 후에 물건을 정리하라고 정중히 부탁하면 정리를 잘하는구나. 그러면 엄마와 아빠도 미소 지으면서 네가 최고라고 하시겠지?

토 드 : 예! (즐겁게 그 장면을 상상하며)

치료자 : 오, 아주 좋구나. 토드! 어머님과 아버님은 어떻게 생각하세요? 이 모든 장면을 상상해 보세요. 자, 토드. 시계를 보고 샤워를 끝내려면 2분이 남았다는 걸 알게 됐다고 하자. 아빠가 화장실에 와서 "토드, 넘버원 아저씨! 샤워 시간이 2분밖에 남지 않았습니다."라고

하면 어떻게 할 거니?"

토　드 : 아무것도 안 할 건데요. 2분 남았잖아요.

치료자 : 좋아! 맞아! 토드, 그렇다면 이제 30분이 다 된 것을 보고 아빠가 다시 와서 "토드, 넘버원 아저씨! 즐거운 샤워시간이었기를 바랍니다. 자, 이제 토드가 소중하게 여기는 것들을 다음에 사용할 때까지 보관할 수 있게 이 바구니에 넣어 주세요. 토드가 최고입니다! 토드는 넘버원!!"이라고 하면 어떻게 할 거지?

토　드 : 샤워기를 끄고 물건을 바구니에 넣어야죠. 그리고 "난 최고다!"라고 말할 거예요.

치료자 : 완벽해, 토드! 너는 최고야! 그럼, 아버님은 어떻게 하실 거죠?

아버지 : 그럼 난 아주 밝은 미소를 짓고 "토드, 넌 최고야!"라고 얘기해 줄 거예요.

치료자 : 아버님도 아주 잘하셨어요! 훌륭해요!

어머니 : 토드가 샤워를 마치고 나오면 아이스크림을 먹을 수 있게 저는 아이스크림을 준비할 거예요.

치료자 : 와우! 그런 좋은 생각은 미처 못 했네요. 토드, 어떠니? 아빠는 네게 웃으면서 최고라고 말하고, 엄마는 아이스크림까지 주시다니. 너무 멋지지 않니?

토　드 : 예!

치료자 : 어머님, 아버님도 너무 멋졌는데 남편을 위해서는 무엇을 해 주시겠어요? 따뜻한 포옹은 어떤가요?

아버지 : 좋아요!

치료자 : 그리고 아버님은 멋진 어머니가 되어 준 아내를 위해 무엇을 해 주시겠어요? 어머님도 따뜻한 포옹을 좋아하실 것 같지 않으신가요?

어머니 : 너무 좋아요!

가족이 함께 축하하는 것으로 치료과정이 끝날 때까지 대화는 계속되었다. 치료자는 가족구성원에게 각자가 그리는 가족의 모습이 이러한 것인지 질문하였고, 이 행복한 과정을 시작하고 유지하는 데 개개인이 얼마나 중요한지 깊이 생각하였다. 이제 협조적이고 행복한 가족을 만드는 것에 대한 책임이 부모님에게는 명확해졌고 토드도 이에 대해 눈을 뜨기 시작하였다.

시각화된 연습이나 역할극은 가족이 과제를 미리 연습할 수 있게 해 주었다. 가족에게 일어날 수 있는 어떤 문제들은 집에서가 아니라 치료과정 중에 미리 다루어져야 했다. 과제 수행에 실패할 경우, 적어도 일주일이라는 시간이 낭비되며, 가족치료에 대한 가족들의 신뢰가 떨어지기 때문이다. 만일 가족이 과제를 성공적으로 할 수 있을 것이라는 확신이 없다면, 치료과정에서 실제로 역할 연기를 해 보도록 할 수 있다. 이 때 치료자는 직접 영화감독이 되어 가족 모두가 일어나 움직이며 장면들을 연출해 보도록 할 수 있다. 긍정적인 감정을 과장되게 연기하도록 요구하는 것은 가족에게 큰 인상을 줄 수 있다. 또한 치료자가 가족에게 문제를 해결하는 데 방해가 되는 요인들에 대해 물어보는 것은 가족이 일주일이라는 시간을 낭비하는 것을 막는다. 만약 가족구성원들이 서로를 의심한다면, 치료자는 의심받는 사람을 적극적으로 지지하고 의심받는 사람이 가족의 성공에 열심히 기여할 것이라고 직접 이야기할 수 있도록 응원하였다.

치료자와 토드의 가족은 메타목표인 가족의 '행복'과 하위목표인 '협력하여 샤워를 깨끗하게 마치기'를 설정하였으므로 다음 단계인 기적질문으로 넘어가기로 하였다. 기적질문은 메타목표를 이루기 위한 하위목표의 중요성에 대한 이해를 더욱 강화시키고 체계적 변화에 대한 개인의 중요성을 일깨워 준다. 누가 가장 먼저 변해야 할까? 어느 누구든지 변화할 수 있다.

치료자 : 여러분에게 아주 흥미로운 질문을 하겠어요. 기적질문이라고 하는

건데, 기적이 무엇인지 아시나요?

토　드 : 뭔가 바라던 것이 있는데, 그것이 진짜로 이루어지는 거예요.

치료자 : 그렇지, 아주 정확해! 기적은 뭔가 바라던 것이 짜잔~ 하고 이루어 지는 거야. 잠자고 있는 동안, 오늘 밤 기적이 일어나면 어떨까. (신비로운 목소리로) 기적이 일어나는 거야. 그런데 토드는 자고 있어서 기적이 일어났다는 것을 몰라! 이 기적은 우리가 지금까지 얘기했던 것들을 모조리 바꾸는 거야. 토드, 너는 책임감 있게 행동하는 걸 아주 즐거워하는 거지.

토　드 : 그건 진짜 기적인 걸요! (웃는다.)

치료자 : 맞아. 가족 모두를 변화시키는 아주 멋진 기적이지! 아침에 일어나자마자 가장 먼저 알아차릴 수 있는 기적은 무엇일까요? (모두에게 물어본다.)

토　드 : 아침에 일어났을 때 엄마와 아빠가 제게 소리를 지르지 않는 것이요! (그동안 아침 기상시간에 문제가 있었다는 사실을 알 수 있다.)

치료자 : 좋아. 만약 엄마와 아빠가 소리를 지르지 않는다면 엄마와 아빠가 무엇을 하고 있으면 좋겠니? 네가 일어났을 때 부모님은 무엇을 하고 계시지?

토　드 : 엄마와 아빠가 나를 향해 미소 짓고 있었으면 좋겠어요!

치료자 : 좋아! 엄마와 아빠가 너를 향해 미소 짓고 있으면 너는 어떻게 할 거니?

토　드 : 나도 미소를 지을 거예요!

치료자 : 그다음에는 무엇을 할 거니?

토　드 : 침대에서 일어나서 엄마와 아빠가 시키는 대로 곧바로 옷을 갈아입을 거예요!

아버지 : 정말 기적이다!

치료자 : 훌륭해! 이제 토드가 미소를 지으며 침대에서 일어나고 옷도 곧바로 갈아입으면 아버님은 어떻게 하실 건가요?

아버지 : 아주 밝게 미소 지으며 당연히 "토드, 네가 최고야!"라고 말해야죠.

치료자 : 와우! 보여 주세요, 아버님! (아버지는 미소를 지으며 토드가 최고라는 것을 말해 주었고 토드는 크게 웃었다.) 자, 이제 그다음은 무슨 일이 일어나죠? 토드가 일어나서 부모님이 미소 짓고 계신 걸 보고 토드도 부모님을 향해 미소를 지어요. (치료자는 이 말을 하며 가족이 직접 행동으로 따라 해 보도록 유도한다. 이를 통해 기적을 실제로 볼 수 있게 하는 것이다.) 좋아요! 그리고 토드가 침대에서 내려와 옷을 입으면, 아버지가…….

아버지 : 토드, 네가 최고야!

치료자 : 멋져요. 이제 무슨 일이 일어나죠?

어머니 : 모두 다 같이 시리얼을 먹죠.

이 과정은 집에서 나와 학교로 향하는 과정까지 계속된다. 그리고 다 같이 한 번 더 연습한다. 마지막으로 치료자는 가족의 목표와 기적을 연결시키고 각자의 역할을 확인시킨다. 이러한 과정은 가족을 위해 서로의 노력이 필요하다는 것을 상기시켜 준다.

치료자 : 만약에 기적이 일어난 그다음 날, 누군가 미소 짓는 것을 깜빡하면 어떨까요? 아니면 "토드, 네가 최고야!"라고 말하는 것을 잊는다면? 또는 침대에서 일어나는 것을 잊는다면? 어떻게 서로를 도울 수 있을까요?

어머니 : 제가 "토드, 아름다운 미소가 어디 갔을까?"라고 말할 수 있겠죠.

치료자 : 좋아요! 네, 아주 좋아요! 어머니가 원하시는 걸 말로 아주 잘 표현

하셨어요. 상대방에게 원하는 것을 말로 표현하는 건 아주 훌륭한 거예요. 토드, 아빠가 미소 지으며 네가 최고라고 말해 주는 것을 깜빡하신다면 너는 뭐라고 말할 수 있을까?

토   드 : 웃어, 아빠!

치료자 : 좋아. 아빠한테 네가 무엇을 좋아하는지 말할 수 있겠니? "아빠, 난 아빠가 웃으면서 내가 최고라고 해 줄 때 참 좋아요."라고 이야기 할 수 있겠니?

토   드 : 예. 그렇게 할 수 있어요.

치료자 : 좋아. 그러면 아빠가 잊었다고 생각하고 다시 아빠가 기억하실 수 있게 해 보렴. 아버님, 아버님도 함께 해 보세요.

이 대화를 통해 토드의 가족은 자신들이 싫어하는 것에 대해 불평하는 것이 아니라 서로에게 바라는 점을 부탁하는 방법을 배웠다. 부탁에 대해 긍정적 으로 반응하는 것은 긍정적인 감정을 증가시키는 반면, 단점을 지적하는 것 은 부정적인 감정을 일으킨다.

치료자 : 이 기적이 샤워를 하는 밤까지 지속될 것 같니?

토   드 : 예!

어머니 : 만약 그렇게 된다면 샤워가 끝나고 다 같이 아이스크림을 먹을 수 도 있겠네!

치료자 : 토드, 들었지? 제 시간에 샤워를 마치고 정리도 잘한다면…… 와 우! 내일 네가 그렇게 한다면 엄마와 아빠의 미소도 실컷 보게 되 고, "토드, 네가 최고야!"라는 말도 실컷 듣고, 아이스크림까지 먹 을 수 있겠구나! 너무 좋겠는걸!

토   드 : 예!

다음으로 치료자는 가족에게 두 가지 척도질문을 하였다. 첫 번째 척도질문은 '기적이 일어나도록 하기 위해 노력을 전혀 하지 않겠음'을 의미하는 0점부터 '기적이 일어나도록 하기 위해 아주 열심히 노력하겠음'을 뜻하는 10점까지 구성되어 있는 척도를 떠올리는 것이었다. 토드는 1점이나 2점이라고 대답하였다. 어머니는 9점이라고 하였으며, 아버지는 8점이라고 대답하였다. 치료자는 토드의 가족에게 목표를 달성하기 위해 모두가 어느 정도 노력하기로 하였다고 말하였다.

두 번째 척도질문은 0점이 '희망적이지 않다' 또는 '기적이 일어나지 않을 것 같다'를 의미하고, 10점이 '아주 희망적이다' 또는 '나는 기적이 일어날 것이라고 믿는다'를 의미하는 척도를 생각하는 것이었다. 토드는 8점이라고 대답했으며, 어머니와 아버지는 10점이라고 대답하였다. 치료자는 기적에 대한 가족의 믿음이 매우 만족스러웠다. 어머니도 기적이 일어나면 토드가 저녁에 놀 시간이 더 많아질 것이라며 만족스러워하였다.

치료자는 이번 회기를 되돌아보기 위하여 5분 동안 쉬는 시간을 가지고, 가족에게 어떤 과제를 줄 것인지 결정하였다. 치료자는 이번 회기를 통해 형성된 희망과 긍정적인 감정들이 더 강해질 수 있도록 가족이 성공적으로 과제를 수행하기를 바랐다. 치료자는 토드가 별로 노력을 하지 않겠다고 해서 걱정이 되었지만, 치료과정 내내 토드는 아주 협조적이었으며 기적이 일어날 것이라는 믿음에 8점이라는 높은 점수를 주었다. 따라서 치료자는 토드가 거부반응을 보이지 않는다면 가족에게 샤워과제를 내주기로 결정하였다.

쉬는 시간이 끝난 후, 치료자는 가족구성원 개개인에게 더 행복한 가족이되고 싶어 하는 바람과 치료를 받겠다는 의지에 대해 칭찬하였다. 그리고 샤워과정을 다시 한 번 복습하고, 샤워목표를 달성하는 것을 통해 개개인이 어떻게 메타목표를 달성할 수 있는지를 연결시켰다. 토드는 샤워과정을 부분적으로 잊어버리긴 했지만 샤워과제를 성공하기 위해 열심히 노력하는 것 같았다. 치료자는 어머니에게 토드가 샤워과제를 기억할 수 있게 샤워 전에 샤워 과정을 복습할 수 있겠느냐고 물어보았으며, 어머니와 토드 모두 그렇게 하기로 동의하였다. 이것으로 첫 회기가 끝났다.

일반적으로 첫 회기는 적어도 2시간 정도의 매우 긴 시간 동안 진행된다. 이번 회기는 가족구성원 모두가 메타목표와 하위목표를 세우는 데 기여하였으므로 아주 좋은 회기였다. 만약 가족이 실현 가능한 하위목표를 세우지 못하였다면 과제는 제2장에서 설명했듯이 첫 번째 회기의 공식과제가 되었을 것이다.

2) 두 번째 회기

두 번째 회기에서 토드의 가족은 그동안의 성과에 대해 이야기해 주었다. 일주일 동안 세 번의 샤워과제를 성공하였고, 두 번은 토드에게 2분이 남았다는 것을 알려 주었다고 하였다. 가족은 이를 성공이라고 이야기했으며, 이로 인해 잠자리에 드는 것과 아침에 일어나는 것이 훨씬 수월해졌다고 하였다. 이러한 가족의 성공에 대해 치료자는 다음과 같이 이야기하였다.

> 치료자 : 토드가 부모님을 사랑하는 마음이 대단하지 않나요? 토드는 부모님의 미소와 칭찬을 정말 좋아하는군요! 한 번에 이렇게 큰 변화가 일어나다니! 정말 멋진 가족이에요. 하지만 항상 좋은 날만 있는 건 아닌 것 같아요. 여러분이 긍정적인 변화를 경험한 것처럼 멋진 날도 있지만 그렇지 않은 날도 있어요. 미소나 칭찬이 항상 도움이 되면 좋겠지만 항상 그렇지 않을 수도 있어요. 가끔 토드의 변화된 모습이 나타나지 않을 때에는 그저 고개를 흔들며 돌아설 수도 있겠죠. 착한 토드로 다시 돌아오면 너무 좋겠다고 바라면서요. 하지만 생각해 보면 어른들도 마찬가지로 항상 친절하고 협조적이지만은

않잖아요.

　치료자가 이렇게 이야기한 이유는 서로의 기분을 이해하고 좋은 날이 있듯이 나쁜 날도 있음을 침착하게 받아들이는 것이 중요하다는 것을 가족에게 이해시키기 위해서이다. 대체로 인간은 자신만이 불행에 대해 불평할 권리가 있고 다른 사람들은 불평해서는 안 된다고 믿는다. 기능적인 가족체계는 가족구성원들이 긍정적인 힘을 갖도록 도움을 주지만 항상 그런 것은 아니다. 만약 가족이 유연하지 못하거나 서로에게 힘이 되어 주지 못하면 서로에게 긍정적인 영향을 미치는 가족이 될 수 없다.

　두 번째 회기의 하위목표는 토드가 학교숙제를 하는 것이었다. 그 목표는 토드가 부모님의 격려와 도움으로 어려운 숙제를 해결하는 데 자신감을 가지고 즐겁게 숙제를 마무리하는 것이었다. 보통 숙제를 하는 장면은 다툼과 불평 그리고 소리를 지르는 부모님의 모습으로 그려진다. 토드는 물론 부모님도 숙제하는 것을 좋아하지 않았다. 토드는 어려운 숙제로 인해 발생한 스트레스를 관리하기 위한 대처 기술을 가지고 있지 않은 듯하였다(사회적 기술에서도 부족함이 드러남).

　세 사람 모두 그들의 발전과 서로의 관계에 대해 만족스러워했으므로 치료자는 인지적인 개입을 시작해도 될 것이라고 생각하였다. 치료자는 첫 회기와 같이 개입의 행동적 또는 맥락적 구성요소를 확인하기 위해 예외 찾기 기법을 사용하여 두 번째 회기를 시작하였다. 가족의 협력성이 낮을 때에는 행동전략이 가장 좋은 해결책을 제시해 줄 수 있지만, 토드의 가족은 협력성이 높아보였기에 치료자는 모델링을 통해 토드에게 대처기술을 소개하고자 하였다.

　치료자 : 여러분이 원하는 대로 숙제시간이 잘 진행된 것은 마지막으로 언

제인가요?

어머니 : 음……. 잘 모르겠어요……. 지난주 저녁에 한 번 그랬던 것 같아
요. 그렇지 않니, 토드?

토　드 : 모르겠어요.

치료자 : 무엇 때문에 즐거운 숙제시간이라는 생각이 들었죠?

어머니 : 제가 부엌에서 과자를 굽는 동안 토드는 옆에 앉아서 숙제를 했
어요.

치료자 : 같은 공간에 함께 계셨던 거네요. 토드는 숙제를 하고 있었고 어머
니는 요리를 하고 계셨고요. 그럼 아버님은 무엇을 하고 계셨죠?
(가족체계를 설명하는 것에 가족구성원 모두가 참여하게 한다.)

아버지 : 저는 다른 방에서 신문을 읽고 있었어요.

치료자 : 좋아요. 그런데 아버님께서 토드가 숙제를 하는 것처럼 조용히 책
을 읽거나 신문을 보고 계실지라도 토드가 아버님과 같은 공간에
서 숙제하기를 원하지 않는다는 것을 알고 계셨나요? 그것을 중요
하게 생각하시나요?

아버지 : 그렇게는 생각해 보지 않았는데…….

치료자 : 그래요, 어떤 것들이 중요한지 모두 아는 것은 어렵죠……. 하지만
한 번 도움이 되었으면 앞으로 또 도움이 될 수도 있으니 기억해 두
는 게 좋아요. (이러한 점들이 성공에 중요할 수도 있기 때문에 치
료자는 아버지가 잘 기억할 수 있도록 다시 말해 주고 싶었다.) 아
버님이 다른 방에서 신문을 읽고 계신다는 것을 토드도 알고 있었
나요?

아버지 : 예, 토드는 부엌에서 저를 볼 수 있었어요.

치료자 : 와우, 그걸 알고 계셨다니 좋네요. 그것이 중요할 수도 있어요. 토
드, 네가 숙제를 하고 있는 동안 아빠는 다른 방에서 독서를 하고

있었다는 것을 알고 있었니?

토 드 : 기억이 안 나요…….

치료자 : 좋아요…….어머님은 그날 저녁 무엇 덕분에 숙제시간이 잘 진행 되었다고 생각하시나요?

어머니 : 글쎄요, 저녁식사 후에 우리는 모두 함께 부엌을 정리했고 모두 기분이 좋았어요.

치료자 : 즐거운 기분으로 다함께 부엌을 정리했군요! 아주 좋네요! 토드, 넌 참 책임감이 있는 아이구나. 부엌을 청소하는 부모님을 도와주다니! 책임감 있는 토드는 부엌에서 무슨 일을 했니?

토 드 : 식탁에 있던 그릇, 칼, 포크, 컵들을 싱크대로 옮겼어요.

치료자 : 와우, 토드! 정말 책임감 있는 행동인걸! 그렇지 않나요, 아버님? 부엌에서 이렇게 도와주는 것을 보면 토드는 정말 책임감 있지 않나요? (전제적 언어, 자녀의 강점 찾기 – 회상)

아버지 : 예, 토드는 책임감 있었죠.

치료자 : 토드에게 직접 말씀해 주실 수 있나요? 아버님께 직접 들으면 토드도 아주 좋아할 걸요!

아버지 : (약간 딱딱하게) 토드, 부엌을 함께 청소한 것은 정말 책임감 있는 모습이었단다.

치료자 : 어머니도 토드에게 말씀해 주시겠어요?

어머니 : 그럼요! 토드, 부엌에서 네가 도움을 준 것은 정말 놀라웠어!

치료자 : 훌륭해요. 이것을 '자녀의 강점 찾기'라고 불러요. 어떤 것이든 토드가 책임감 있는 행동에 가까운 모습을 보이는 것을 찾아내는 거죠. 그런 모습을 보면 책임감 있는 모습이라고 확실하게 이야기해 주세요. 그렇게 하면 토드도 책임감 있는 행동을 하는 것에 대해 기분이 좋아지고, 스스로도 책임감 있는 사람이라고 생각하기 시작

할 거예요. 토드의 자아개념 중에서도, 특별히 부모님이 알아차리고 도와주는 부분이 더욱 성장할 거예요. 한 번에 한 부분에 집중하시는 것이 좋은데 지금으로서는 토드의 책임감이 부모님께 가장 중요한 것 같네요. 토드의 책임감이 충분히 높아진 다음에는 토드의 발달을 돕기 위해 어떤 덕성이나 강점들이 발전했으면 하는지 토론할 수도 있을 거예요. 이해가 되시나요?

어머니, 아버지 : 예…….

치료자 : 처음에는 토드의 책임감 있는 행동을 찾아내기 위해 부모님께서 서로에게 상기시켜 줄 필요가 있어요. 하지만 저는 부모님이 곧 토드의 책임감 있는 행동을 찾는 데에 전문가가 되실 거라고 확신해요! 부모님과 함께 부엌을 정리하고 샤워나 숙제도 잘 끝마치는 것 등…… 여러 모습들을 찾게 되겠죠. 만약 그런 모습들을 곧바로 찾을 수 없다면, 저녁식사 시간에 토드에게 책임감 있는 행동에 대해 이야기하며 상기시켜 줄 수도 있어요. 책임감이라는 것에 대해 토드가 자신감을 가지고 좋은 감정을 가질 수 있도록 만들어 주세요.

아버지 : 아주 좋은 생각이네요!

치료자 : 어머나! 내가 대화 주제를 바꿨구나! 그렇지 토드? 숙제시간을 더 나은, 아니 행복한 시간으로 만드는 것에 대해 말하고 있었는데! (웃는다.) 아버님은 다른 방에서 신문을 읽고, 저녁식사 후 가족이 함께 즐겁고 책임감 있는 청소시간을 가졌다고 이야기했었죠. 그럼 어떻게 숙제를 시작하게 되었나요?

어머니 : 확실하지가 않네요. 보통 가서 책을 가져오라고 하는데……. 그런데 보통은 토드가 사라져서 부엌으로 끌고 와야 해요…….

치료자 : 그렇다면 책을 부엌에 놓는 것이 가장 좋은 방법인가요? 그 방법을 제안하시는 건가요?

어머니 : 아니요. 부엌은 너무 좁고 이미 많이 어수선해요.

치료자 : 아, 좋은 지적이네요. (가능하다면 내담자와 절대 의견 차이를 보이지 마라.) 어쩌면 아버님이 읽을 신문을 가지러 가면서 책을 가져다주실 수도 있지 않을까요?

아버지 : 예, 그럴 수 있죠.

치료자 : 토드, 어때? 괜찮니? (모두가 참여하도록 중립적인 태도) 아빠한테 책을 가져다 달라고 할 수도 있겠다!

토 드 : 예! 아빠가 그렇게 하도록 해요!!

아버지 : 오, 안 돼~!! (즐거운 표정으로)

치료자 : 아주 좋아요! 아버님도 토드처럼 책임감 있는 모습을 보여 주시네요! 자, 이제 모두가 책임지고 깨끗하게 정리한 부엌에 대해 만족하게 됐을 텐데……. 중요한 점은 부엌 청소를 하는 동안에도 모두가 행복한 기분을 유지해야 하는 것이에요! 그래야만 숙제를 하는 시간도 즐거워지거든요! (이 부분은 토드보다는 아버지의 기억을 상기시키기 위한 것이다!) 아버지도 신문을 읽기 전에 책을 옮기는 것을 열심히 도와주실 테고요. 그 다음에는 여러분만 괜찮으시다면 새로운 것을 시도해 보고 싶어요…….

치료자는 토드에게 숙제를 하는 데 있어 어떤 점이 가장 좋은지 물어보았다. 토드는 숙제의 긍정적인 면을 찾기 위해 약간의 노력이 필요했다. 일반적으로 아이가 숙제에 대한 즐거움을 찾는 것은 어려울 수 있다. 그러나 다음날 아이는 학교에서 선생님이 숙제를 검사할 때 자신이 숙제를 해 왔다는 사실에 기분이 좋아질 것이다. 토드는 다음날 자신이 한 숙제를 선생님께 보여 줄 수 있으며, 그로 인해 선생님도 기뻐하고 자신도 자랑스러워할 수 있다는 것에서 즐거움을 찾았다. 반면, 숙제를 제출하지 못 했을 경우에는 창피해하였다.

치료자는 토드가 숙제를 시작하려 할 때 스스로를 격려하는 데 도움을 줄 수 있는 자기대화법을 사용하도록 하였다. 치료자는 어머니에게 저녁마다 토드와 이 과정을 함께하며 도움을 줄 것을 부탁하였다. 이 과정은 지금 당장의 즐거움은 덜 하지만 나중에 큰 보상이 주어지는 과제를 통해 토드에게 대처기술을 가르치는 것이다.

치료자는 토드와 어머니를 돕기 위해 치료 회기에서 어머니가 토드를 지도하도록 요청하였다. 어머니는 토드에게 때로는 숙제의 어떤 부분들이 매우 어려울 수 있지만, 만약 꾸준히 노력하면 해결될 것이라고 말한다. 그러고 나서 "토드가 최고야!"라고 말한 후 토드가 다음 날 학교에서 선생님이 완성된 숙제를 보며 토드를 향해 활짝 웃는 모습을 떠올릴 수 있게 한다. 이로 인해 토드는 자부심을 느끼게 되고 어머니는 그 숙제를 위해 토드가 얼마나 열심히 노력했는지를 상기시켜 주며, 최선을 다한 것을 기분 좋게 느끼도록 이끌어 준다. 치료자는 토드가 열심히 한 것에 대해 기분 좋은 감정을 느끼기를 진심으로 원하였다. 토드와 어머니가 함께 대처기술과 긍정적인 자기대화법을 연습하는 동안, 치료자는 아버지도 실연화에 동참할 것을 권유하였고 아버지도 책을 옮기고 토드를 격려하는 연기를 하였다.

치료자는 두 번째 회기가 토드의 학교 선생님과 토드에 대해 의논하기에 가장 적당한 시기라고 생각하였다. 가족의 동의를 얻은 후, 치료자는 토드의 선생님에게 연락하여 그동안의 치료 진행과정과 성과에 대해 이야기하였다. 그리고 토드의 인생에서 선생님의 역할이 얼마나 중요한지와 토드가 선생님을 정말 기쁘게 해드리고 싶다고 얘기했었다는 것을 알려 주었다. 이번 주에는 토드가 숙제를 더 잘할 수 있도록 노력하고 있기 때문에 토드가 숙제를 제출했을 때, 선생님이 토드에게 아주 환한 미소를 지으며 칭찬해 주는 것이 큰 도움이 될 것이라고 말하였다. 치료자는 토드가 숙제를 제대로 마칠 수 있을지는 확신할 수 없지만 선생님의 도움은 확실히 중요할 것이라고 말하였다. 토드의 선생님은 기꺼이 돕고자 하였다. 이렇게 선생님께 도움을 요청했을 때 저자들이 실패한 적은 아직까지 단 한 번도 없었다.

3) 세 번째 회기

세 번째 회기는 두 번째 회기가 있은 후 2주 후에 진행되었다. 세 번째 회기를 시작할 때 토드의 가족은 과제의 목표를 달성하였으며 가족이 좀 더 협조적이고 즐거워했다고 이야기하였다. 그리고 토드도 부모님이 목표를 상기시켜 주며, 격려해 주고 칭찬하는 등 자신에게 더 잘 대해 준다고 말하였다. 치료과정 중에 세운 목표 외에도 토드는 부모에게 공부를 더 잘할 수 있도록 플래시 카드를 달라고 요구하였으며, 부모는 전반적으로 토드의 의욕이 더 강해졌다는 것을 느꼈다고 말하였다. 또한 토드가 물건을 수집하는 일이 줄었으며, 전에 수집한 물건들도 버리기 시작하였다고 했다. 치료자와 토드의 가족은 첫 회기부터 토드가 물건을 수집하는 것에 대해 이야기를 나누었지만, 한 번도 이 일을 문제로 삼거나 구체적인 목표로 세운 적이 없었다. 토드는 집안일도 도왔으며 학교에서의 읽기 수준도 더 나아졌다. 세 번째 회기의 목표는 부모님이 자랑스러워할 수 있도록 토드가 받아쓰기 연습 문제지를 완성하는 것이었다. 그리고 치료자는 또 다른 목표로 토드 가족의 친구들을 집에 초대하는 것을 소개하였다. 쉬운 목표는 아니었지만 어머니는 토드와 연령이 비슷한 아이가 있는 가족을 생각해 냈고 그들을 초대하기로 하였으며, 치료자와 가족은 그들의 방문을 성공적으로 맞이하는 것을 시각화하였다.

4) 네 번째 회기

2주 후 진행된 네 번째 회기에서 토드의 부모는 토드가 더 행복해졌으며 읽기 능력도 더욱 향상되었다고 말하였다. 또한 학교에서 긍정적인 평가를 받았으며, 청소도 더 잘하고 혼자서도 읽기 문제지와 숙제를 마친다고 하였다.

토드의 가족들은 친구들을 초대해 함께 시간을 보내지는 않았지만, 다음 회기 전에 꼭 친구들과 즐거운 시간을 보내기로 약속하였다. 이번 회기에서는 전화로 친구들을 초대하는 것을 실연화하였다. 각각의 가족구성원들은 치료자에게 전화를 걸어 집으로 초대하는 상황을 연기하였다. 네 번째 회기의 목표는 가족의 긍정적인 상호관계를 유지하거나 향상시키는 것과 토드의 사회성을 기르기 위해 참여할 수 있는 프로그램이나 단체에 대해 생각해 보는 것이었다. 토드의 부모는 자신들의 사회성보다 토드의 사회성에 더 큰 관심을 보였다.

5) 다섯 번째 회기

2주 후 다섯 번째 회기에서 토드는 읽기와 과학수업에서 받은 상을 가지고 왔다. 토드의 부모는 토드와의 다툼이 줄었고, 의견 차이가 있을 경우 토드가 협상을 잘한다고 하였다. 또한 토드는 다음 주부터 지역의 남자아이들과 함께 운동과 보드게임 등을 하며 협동심을 키울 수 있는 지역소년모임에 참여할 것이라고 하였다. 토드의 부모는 집에서도 협동심을 기를 수 있는 게임을 찾아 함께 하겠다고 약속하였다. 회기가 진행되는 동안 부모의 목표는 토드에게 목표를 상기시켜 주며, 격려해 주고 칭찬해 주는 행동들을 더욱 발전시키는 것이었으며 그들은 이를 잘 수행하였다. 부모는 점차 사회적 참여의 중요성을 이해하기 시작했으며 토드도 부모님이 계속 발전하고 있다고 하였다.

치료는 상호 결정 하에 5회기에서 종결되었다. 가족구성원들은 가족치료를 통해 자신들의 목표를 이루었으며 만족감을 느낀다고 하였다. 토드는 유일한 걱정거리를 제시하였는데, 아버지가 긍정적인 행동을 계속 유지하지 못할까 봐 걱정하고 있었다.

3개월 후에 이루어진 사후점검에서 토드의 가족은 모든 일이 잘 진행되고 있다고 하였다. 부모님은 토드와의 관계가 지속적으로 나아지고 있다고 하였다. 토드는 지역소년모임에 가입했으며 학교생활도 계속해서 나아지고 있었다.

이 사례에 대하여 자세히 읽은 독자들은 가족이 처음에 제기한 문제, 즉 토드가 고양이를 학대하는 문제를 왜 다루지 않았는지 궁금해할 것이다. 의도적이고 지속적으로 동물을 괴롭히는 아이들은 심각한 행동적·정서적 문제를 가지고 있는 고위험집단에 속한다. 동물학대에 대한 이야기가 나오는 것은 치료자에게는 위험신호이다. 그러나 이번 사례의 동물학대 사건은 예외적이었으며, 토드는 어른들의 관심에 목말라 있었고 동물학대 사건은 토드의 앵무새와 고양이의 관계와 관련이 있을 것이라 생각되었다. 그렇지만 만약 상습적으로 동물을 학대한 증거가 있었다면, 애완동물을 책임감 있게 돌보는 것이 가족의 목표로 설정되었을 것이다.

2. 두 번째 사례 : 포옹과 눈물

바스케스 부인은 딸 요란다가 5학년이 되는 것으로 인해 자주 울어 가족치료를 찾게 되었다. 바스케스 부인은 지난 여름에 남편과 이혼하였다. 요란다는 미국에서 태어났고, 바스케스 부인은 멕시코에서 태어나 15년 전쯤 미국으로 왔다. 바스케스 부인의 전남편은 미국에서 태어났지만 3개월 전 다른 직장이나 또 다른 관계를 이유(바스케스 부인은 어떤 이유에서인지 확신할 수 없었다)로 미국을 떠났다. 바스케스 부인과 요란다는 스페인어와 영어를 구사하였다. 바스케스 부인의 결혼한 남동생은 그의 가족과 함께 그녀의 이웃에 살고 있었지만, 어머니와 아버지를 포함한 나머지 가족은 멕시코 중부에 살고 있었다. 남동생을 제외한 나머지 가족들은 방문이 어려워 거의 만나지 못하였다.

1) 첫 만남

치료자는 처음 바스케스 부인을 만났을 때 자신은 스코틀랜드계이고 바스케스 부인은 멕시코계라는 것을 의식하고 있었다. 치료자의 가족은 오랫동안 미국에서 거주하며 주류 문화에 속하여 살았지만 바스케스 부인은 그렇지 않았다. 치료자는 그녀가 멕시코 문화의 영향을 많이 받았을 것이라고 생각하였다. 치료자는 자신과 바스케스 부인이 똑같이 미국과 멕시코 국경지대이며 문화변용이 비교적 쉬운 지역에 살고 있지만, 서로 많은 차이가 있을 것으로 예상하였다.

치료자가 첫 만남에서 다루고 싶었던 주제는 형식주의였다. 즉 치료자는 바스케스 부인의 사회적 관습에 맞추고자 하였다. 이것이 치료자와 바스케스 부인의 첫 만남이기 때문에 치료자는 그녀가 멕시코에서 지위 있는 여성으로 대우받듯이 그녀를 존중하는 태도로 대하기로 하였다. 아마 치료자가 생각하는 것보다 바스케스 부인은 문화적으로 훨씬 더 변용되어 있을지도 모르지만 치료자는 안전하게 접근하기로 하였다. 치료자는 적어도 치료 초반에는 옷차림과 인사방법에 있어서도 일반적으로 치료자가 새로운 내담자를 대하는 것에 비해 조금 더 형식을 갖추기로 하였다. 치료자는 바스케스 부인이 치료자와 비슷하게 생긴 사람들, 즉 주류 문화에 속한 사람들의 인종차별적인 태도에 상처를 받았을지도 모른다고 생각하였으므로 자신이 바스케스 부인과 그녀의 딸을 존중하고 있다는 것을 알려 주고 싶었다. 치료자는 열한 살짜리 딸을 둔 어머니로서 자식을 위해 홀로 열심히 일하며 살아가는 바스케스 부인을 향한 자신의 존경심을 간접적으로 전하고 싶었다. 만약 바스케스 부인이 치료자를 인종차별자라고 생각한다면, 가족치료를 통해 얻는 효과가 줄어들 것이고 또 다른 형태의 인종차별로 인해 고통 받을 것이라고 생각하였다.

치료자: 바스케스 부인, 와주셔서 정말 감사드립니다. 제 이름은 콜리 코놀

리입니다. 오늘 와주신 것에 대해 다시 한 번 감사드립니다. 호칭을 어떻게 할까요? 로페즈 부인이 나을까요? 아니면 드 바스케스나 바스케스 부인이 나을까요?

바스케스 부인 : 만나서 반가워요. 바스케스 부인이라고 불러 주세요.

치료자 : 그리고 요란다군요! (스페인어로) 만나서 반갑다, 요란다.

바스케스 부인 : (스페인어로) 스페인어 할 줄 아세요, 박사님?

치료자 : (스페인어로) 아주 조금요. (모두 웃는다.) (다시 영어로) 몇 년 동안 스페인어를 배우긴 했지만 사실 정말 못해요. 말하기도 부끄럽네요. 두 가지 언어를 다 하실 수 있는 두 분이 정말 부러워요. 언젠가 저도 그렇게 될 수 있었으면 좋겠어요! 그리고 저보다 훨씬 더 많은 경험을 하셨잖아요. 저는 한 나라에서밖에 살아보지 못했는데, 두 분께서는 적어도 두 나라의 문화에 대해서는 아주 잘 알고 계시잖 아요. 바스케스 부인도 요란다도 편하게 자리에 앉으세요. 두 분께 서 이곳에 오셔서 너무 기쁘네요. (치료자는 이 대화를 통해 치료자 가 바스케스 부인의 언어능력을 부러워하고 있다는 것을 표현하고 싶었고, 멕시코에서 생활한 경험이 주는 장점들을 언급하고 싶었 다. 또한 이렇게 함으로써 치료자가 그녀의 문화에 대해 이해할 수 없을 때 더 쉽게 질문을 할 수 있도록 하고, 치료자가 그녀를 오해 하고 있을 때 치료자의 생각을 그녀가 쉽게 고쳐 줄 가능성을 열어 놓고 싶었다.)

바스케스 부인 : 고마워요.

치료자 : 마실 것 좀 드릴까요?

바스케스 부인 : 아니요, 괜찮아요.

요란다 : 저도 고맙지만 괜찮아요.

치료자 : 이전에 가족치료를 받아 보신 경험이 있으신가요?

바스케스 부인 : 아니요…….

치료자 : 그럼 우선 가족치료에 대해 설명해 드리겠습니다. 가족치료는 가족의 강점을 통해 가족 안의 개인이 목표를 이룰 수 있도록 돕는 과정이에요. 가족치료는 문제를 가지고 있는 가족구성원들을 가족이 도울 수 있도록 이끌어 주는 것이죠. 가족치료를 통해 두 분이 원하시는 것이 무엇인지 정할 수 있도록 제가 도와드릴 거예요. 즉 여러분이 목표를 설정하는 것을 돕고 그 목표들을 이룰 수 있도록 도와드리겠다는 말이죠. 괜찮으신가요? (초기에 치료의 구성에 대해 설명하는 것은 내담자가 초반에 느낄 수 있는 불안감을 없애 준다.)

바스케스 부인 : 예.

치료자 : 요란다, 너도 괜찮겠니? (치료자는 중립적인 태도를 취했지만, 그가 가지고 있는 문화적 가정으로 인해 어머니에게 먼저 물어보았다.)

요란다 : 예…….

치료자 : 가족치료의 첫 번째 단계에서는 여러분 한 분, 한 분에 대해서 조금 더 알고 싶어요. 제가 두 분에 대해 잘 파악하는 것은 여러분이 가지고 있는 강점이나 여러분이 잘하는 일과 하고 싶어 하는 일을 이해하는 데 도움을 줄 것입니다. 그렇게 하면 여러분의 목표를 어떻게 달성할지 정할 때 여러분의 강점을 사용해서 목표를 이룰 수 있게 제가 도울 수 있어요. 그럼 처음에는 두 분에 대해서만 질문하고 그다음으로 가족치료를 통해 이루고자 하는 것들에 대해 질문을 한 후, 마지막으로 여러분이 목표를 달성하는 방법을 정할 수 있도록 도와드리겠습니다. 어떠세요? (치료자는 가족치료 경험이 전무한 가족을 위해 첫 번째 회기는 가족치료에 대한 많은 정보를 제공하는 것으로 구성하였다. 치료자는 각 내담자에게 사적인 질문을

하는 이유에 대해 조심스럽게 설명했고 과정이 진행되는 동안에
도, 특히 내담자가 불편해하거나 망설일 경우 이를 자주 상기시켜
줄 것이다. 치료자는 치료의 초기에 내담자에게 친절하게 이야기
하는 것이 내담자 가족이 긴장을 풀고 가족치료 환경을 더 편안하
게 느끼는 데 도움이 되기를 바랐다.)

바스케스 부인 : 괜찮은 것 같아요.

치료자 : 저에 대해서나 가족치료에 대해서 질문이 있으세요?

바스케스 부인 : 예, 이 모든 것을 다 끝마치는 데 얼마나 걸리죠?

치료자 : 아주 좋은 질문이에요. 대부분의 치료는 5회기에서 10회기까지로
진행되고 있어요. 치료에 걸리는 시간은 목표의 크기와 목표를 달
성하는 데 걸리는 시간에 따라 달라지죠. 가끔은 큰 목표를 세우는
것으로 시작하고, 몇 번의 상담이 이루어진 후 많이 좋아졌다고 느
껴서 저의 도움이 필요 없다고 생각하기도 하죠. 그러다가도 문제
가 생기면 다시 돌아올 수 있어요. 어떠세요?

바스케스 부인 : 예, 다섯 번 정도가 좋은 것 같네요. 얼마나 자주 만나야 하
나요? 그리고 제가 필요하신가요? (이것은 부모가 아닌 의사나 박
사가 문제를 고칠 것이라고 믿는 문화적 차이를 보여 주는 것일 수
있다.)

치료자 : 그럼요! 요란다의 성장에 부인은 정말 중요하세요. 그렇기 때문에
저는 중요한 목표들을 선택하는 데 부인이 꼭 참여하셨으면 좋겠
어요. 그리고 지금은 우리가 일주일에 한 번씩 만나지만, 나중에는
2주에 한 번씩 만나게 될 거예요. 그러니까 부인은 요란다를 매일
도울 수 있지만, 저는 요란다를 일주일에 한 번이나 2주에 한 번씩
밖에 못 만나게 된다는 말이죠.

바스케스 부인 : 아, 알겠어요.

치료자 : 요란다, 너도 괜찮니? 엄마가 매번 함께 와도 괜찮겠니? (치료자는 요란다가 엄마와 함께 오기를 원한다는 것을 알고 있었다. 요란다가 원하는 것에 대해 질문을 하는 것이 요란다가 치료과정을 스스로 조절함으로써 편안함을 느끼는 데 도움이 되기를 바랐다.)

요란다 : 예! 엄마가 함께 있었으면 좋겠어요.

치료자 : 좋아요. 혹시 저에게 하실 다른 질문이 있나요? 언제든지 질문이 생기면 물어보세요. 아셨죠? 자, 요란다, 너는 무엇을 하며 노는 것을 좋아하니?

치료자는 요란다에게 방과 후나 주말에 하는 활동과 그녀가 학교에서 하는 활동 중에 좋아하는 것이 있는지 물어보았다. 요란다는 수줍음이 많았지만 매우 예의 바른 착한 학생이었다. 요란다는 학교에서 여자 친구 2명과 친했으며 오후나 주말에는 이웃에 사는 사촌들과 함께 어울리는 것을 좋아하였다. 요란다는 선생님을 좋아했으며 선생님도 자신을 좋아한다고 생각하였다. 또한 전자게임을 하고 텔레비전을 보거나 그림을 그리는 것을 좋아하였다. 학교 숙제도 제법 잘 수행하는 듯했으며 집중력도 좋았다. 그러나 아버지에 관해서는 한 마디도 하지 않았다.

바스케스 부인은 마트에서 아침 10시부터 저녁 8시까지 일하였다. 그곳에서 일한 지 10년이 되었으며 자신의 직장환경을 좋아하였다. 부인은 지역의 전문대학에서 영어와 비즈니스 수업을 들었고 지역 작은 회사의 회계 관리사가 되고 싶어 했으며, 직장 친구들이나 근처에 사는 친척들과 함께 시간을 보내곤 하였다. 그녀는 요란다의 아버지가 4개월 전에 떠났다고 이야기해 주었다. 그녀는 그가 미국을 떠났고 다시 돌아오지 않을 것이라고 생각하였다. 요란다와 바스케스 부인 모두 아버지에 대한 이야기가 나오자 눈물을 보였다.

치료자 : 요란다의 아버지가 떠났다는 것이 두 사람 모두에게 큰 상처가 된 것 같군요. 자주 마음이 아프신가요?

바스케스 부인 : 내가 우는 모습을 요란다에게 보이기가 싫어요. 그런데 전 거의 매일 밤마다 울면서 잠이 들어요.

치료자 : 매일 밤마다 마음이 아프시군요. 참 힘드시겠어요. 요란다에게 우는 모습을 왜 보이기 싫으세요?

바스케스 부인 : 요란다도 자기 나름대로 많은 어려움이 있잖아요. 제가 우는 모습을 보고 요란다가 더 속상해하는 것이 싫어요. (바스케스 부인도 울고 요란다도 더 많이 울기 시작한다.)

치료자 : 요란다를 얼마나 사랑하시는지 느껴지네요. 딸을 이토록 사랑하고 딸을 위해 좋은 삶을 살기를 바라는 것은 좋은 거예요.

바스케스 부인 : 그렇죠…….

치료자 : 요란다, 엄마가 너를 얼마나 사랑하는지 알고 있었니?

요란다 : 예.

치료자 : 엄마가 네 앞에서는 눈물을 보이지 않으려 한다는 것도 알고 있었니?

요란다 : 아니요.

치료자 : 요란다, 너도 엄마 앞에서 울음을 참니?

요란다 : 예, 전 엄마를 울리고 싶지 않거든요.

치료자 : 엄마를 많이 사랑하는구나. 그렇지, 요란다? 그래서 엄마가 행복한 삶을 살았으면 좋겠고 말이야. 그렇지?

요란다 : 예……. (요란다는 더 크게 울고 어머니는 요란다를 안아 준다.)

치료자 : 굉장히 멋진 가족이네요. 서로에게 사랑과 관심이 많은 훌륭한 가족이에요. (바스케스 부인은 자신의 가족이 훌륭하다는 평가를 받자 변화하는 것처럼 보였다. 바스케스 부인은 남편이 떠났다는 이

유로 자신의 가족이 실패하였다고 그동안 생각했을 것이다.)

치료자 : 바스케스 부인은 정말 멋진 어머니예요. 요란다의 아픔을 잘 위로
해 주고 계시잖아요. 그리고 요란다도 정말 착한 딸이야. 엄마의
상처가 치유되기를 바라며 엄마를 잘 위로해 드리고 있잖니. (두
사람은 우는 것을 멈추고 살짝 부끄러워하며 웃었다.) 함께 우니까
마음이 좀 풀어졌나요?

바스케스 부인 : (멋쩍은 듯 웃으며) 예.

치료자 : 그러니까 부인은 아주 슬펐었는데 서로 안아 주고 함께 눈물을 흘
리니까 기분이 좀 나아진 거죠?

바스케스 부인 : 예.

치료자 : 너는 어떠니, 요란다? 엄마와 껴안고 함께 우니까 좀 나아졌니?

요란다 : 예, 그래요…….

치료자 : 그게 두 사람이 가지고 있는 훌륭한 기술이에요. 그렇지 않나요? 함
께 웃으며 서로 안아 줄 수 있고 그로 인해 기분이 나아지잖아요.

바스케스 부인, 요란다 : (서로 바라보며) 예…….

치료자 : 눈물을 애써 감출 필요는 없는 것 같지 않나요? 안아달라고 할 수
도 있고요.

치료자는 그저 바스케스 부인과 요란다가 함께 울고 서로를 안아 주는 것을
관찰하고 그로 인해 기분이 나아지는 과정을 지켜보았다. 그들은 치료자가
관찰한 점을 확인해 주었고 눈물을 보인 것을 쑥스러워하면서도 그 경험에 대
해 만족해하는 듯하였다. 서로 위로해 줄 수 있는 능력은 확실히 그들이 갖고
있는 강점이었다.

치료자 : 제가 보기에는 요란다의 아버지를 떠올리는 것이 두 분을 슬프게 하

는 것 같아요. 아버지를 생각할 때 어떤 기분이 들면 좋으시겠어요?

바스케스 부인 : 그게 무슨 뜻이죠?

치료자 : 그러니까……. 저는 저희 아버지가 돌아가셨을 때 처음에는 정말 많이 울었고 저의 삶에서 큰 부분이 사라진 것 같았어요. 지금도 아버지를 떠올릴 때 가끔 슬퍼서 울기도 하지만, 대체로 아버지를 떠올리면 함께 나누었던 좋은 추억들이 생각나요. 아버지를 다시 볼 수는 없지만, 저는 아버지가 남긴 멋진 추억들을 기억하려고 노력해요. 이런 경험을 해 보신 적 있나요?

바스케스 부인 : 예. 멕시코에 있을 때 할머니랑 아주 가까운 사이였죠. 할머니가 돌아가셨을 때 정말 많이 슬펐어요. 저와 제 어머니는 울고 또 울었죠. 하지만 라울(남편)은 죽은 게 아니잖아요. 떠난 거죠.

치료자 : 그게 더욱 힘든 거죠. 라울이 다시 돌아올지 돌아오지 않을지도 모르겠고요. 할머니는 돌아가시고 싶지 않으셨지만 라울은 스스로 떠나는 것을 선택한 것이고요. 그게 다르다는 거죠?

바스케스 부인 : 예…….

치료자 : 라울에 대해 어떻게 생각하고 싶으세요? 요란다가 아버지에 대해 어떻게 기억하기를 바라세요?

바스케스 부인 : 요란다가 아버지에 대해 나쁜 생각을 가지고 있는 것이 좋지 않다는 것을 잘 알아요. 그렇지만 그는 나에게 상처를 주었고 난 그에게 화가 나요.

치료자 : 그가 당신에게 상처를 주었군요. 당신을 많이 아프게 했어요. 상처가 다 아물면 어떤 느낌일까요?

바스케스 부인 : 아, 무슨 말씀을 하시는지 알겠군요……. 저도 창피해요. 저는 아파하는 것도 창피한 것도 싫어요. 그렇지만 저는 오늘 이곳에 저를 위해 온 게 아니에요. 저는 요란다가 좀 더 편안해지기를 바

라는 거예요.

치료자 : 맞아요. 요란다는 행복해야 해요. (내담자와 동의한다.) 그래서 요
란다가 어머님의 상처나 눈물을 보는 것을 원하지 않는 거고요.

바스케스 부인 : 맞아요.

치료자 : 그런데, 한 가지 이상한 점이 있네요……. 잘 이해가 되지 않는군
요. 어머님께서 본인의 아픔에 대해 얘기를 하고 나서 울고 요란다
를 안아주니까 요란다도 기분이 좋아졌어요. 어머님은 요란다의
기분이 좋아지도록 도와주신 거예요. 그렇죠?

바스케스 부인 : 예……. 그렇지, 요란다?

요란다 : 예……. (요란다도 웃고 어머니도 미소를 짓는다.)

치료자 : 두 사람 모두가 서로에게 도움을 주는 방법을 알 수 있도록 도와드
려야겠군요. 요란다, 어머니가 행복하면 너도 행복하니?

요란다 : 예!

치료자 : 그리고 엄마도 네가 행복하기를 진심으로 원하셔, 요란다.

요란다 : 예.

치료자 : 그렇다면 어머니의 걱정에 집중을 해 보자. 어머니는 네가 학교에
가는 것을 더 행복해하기를 바라셔. 그렇죠, 바스케스 부인?

바스케스 부인 : 예.

치료자 : 요란다, 너는 어떠니? 너도 학교에 가는 것을 더 행복하게 느꼈으
면 좋겠니?

요란다 : 예, 하지만 학교에 있으면 엄마가 보고 싶어요. (울음을 참으려고
입술을 깨물며 떤다.)

바스케스 부인 : 그리고 요란다는 아침식사도 하지 않아요. 배가 고프지 않
대요. 춥다고 학교 갈 때 재킷도 입고 가고요. 이렇게 더운 날씨에
재킷이라니요! 제 생각에는 긴장되고 불안해서 그러는 것 같아요.

치료자 : 요란다, 어머니 말씀이 맞는 것 같니? 긴장되고 불안하니? 사소한
일로 짜증이 나고?

요란다 : 예.

치료자 : 그런 기분에서 벗어나기 위해 어떻게 하니? 그런 좋지 않은 기분들
이 사라질 때도 있니?

요란다 : 예. 친구들이랑 놀거나 학교에서 미술활동을 하는 시간에는 나쁜
기분이 사라져요.

치료자 : 그러니까 친구들이랑 즐거운 시간을 보내거나 재미있는 미술시간
에는 네가 원하는 기분을 느끼는 거지?

요란다 : 예.

치료자 : 잘된 일이구나. 재미있는 일을 하는 동안에는 긴장되는 느낌이 사
라진다는 것을 알고 있구나. 사람들은 때때로 부모님 중에 한 분이
떠나면 남은 한 분도 떠날까 봐 걱정을 하기도 한다. 엄마가 너
를 떠날 지도 모른다고 생각하니?

요란다 : (약간 당황한 목소리로) 아니요!

치료자 : 좋아. 바스케스 부인, 사실인가요? 요란다를 떠나실 건가요?

바스케스 부인 : 아니요. 절대로 요란다를 떠나지 않을 거예요.

치료자 : 저도 그렇게 생각했어요. 요란다에게 그렇게 말씀해 주세요. 그렇
게 말씀해 주시는 것이 요란다에게 도움이 되는지 보도록 하죠.

바스케스 부인 : 요란다, 엄마는 너를 절대 떠나지 않을 거라는 것을 알고 있
지? (요란다가 울기 시작한다.)

치료자 : 요란다, 어머니가 너를 절대 떠나지 않을 거라고 말해 주니까 기분
이 어떠니? 기분이 좋니 아니면 나쁘니?

요란다 : 좋아요……. 기분이 좋아요.

치료자 : 엄마가 항상 너의 곁에서, 너를 위해 있어 줄 거라고 말하는 것이

네게 위안이 되었니? (대화내용을 긍정적으로 살짝 바꾸는 것에 주목하라.)

요란다 : 예.

치료자 : 그러면, 네가 어머니에게 의지할 수 있다는 확신을 가지고 안정감을 느끼는 것을 목표로 세워보자. 엄마는 늘 너와 함께 계실 거야. 다들 목표가 마음에 드시나요?

요란다 : 예.

바스케스 부인 : 예.

치료자 : 좋아요! 아주 중요한 목표가 생겼어요! 요란다, 우리는 네가 학교나 집, 어디에서든지 엄마에 대한 확신을 가지고 안정감을 느꼈으면 좋겠어.

이 시점에서 치료자는 요란다와 어머니의 관계에서 가장 중요한 부분을 알고 싶었다. 요란다는 어머니가 머리를 빗겨 주고, 함께 쇼핑을 하는 것에 대해 아주 좋은 기억을 가지고 있었다. 어머니와의 기억 중 요란다가 가지고 있는 가장 강렬한 이미지와 기억들은 요란다가 자기진정 기술들을 배우는 데 도움이 될 것이다. 요란다가 미술을 좋아했기 때문에 치료자는 요란다에게 그 이미지를 그림으로 그려 볼 것을 요청하였다. 그림을 그린 후 요란다에게 자신이 그린 그림을 보며 스스로에게 해 주고 싶은 말에 대해 생각해 보라고 하였다. 요란다는 엄마와 자신이 어떻게 즐거운 시간을 보내는지에 대해 떠올릴 것이라고 말하였다. 치료자는 요란다에게 그림을 그리면서 연습해 보라고 하였고 요란다는 웃으며 잘 따라 하였다.

앞서 언급한 과정이 매우 잘 진행되어 치료자는 요란다가 학교에서 가장 좋아하는 것이 무엇인지 생각해 보고 학교에서 하는 활동 중 가장 좋아하는 두 가지를 그려 보도록 하였다. 집에 그림들을 걸어 놓고 등교하기 전에 보기 위해서였다. 그림들을 보면서 요란다는 학교에서 즐거운 시간을 보내는 것과 어머니와 함께 즐겁게 지내는 것을 떠올릴 것이다. 결국 요란다는 학교에서도 즐거운 시간을 보내고 집에서도 어머니와 즐겁게 지낼 수 있게 되는 것이다.

요란다는 친구들과 함께 노는 것과 같은 활동을 통해 어머니를 잃을 수도 있다는 두려움에서 벗어나 다른 곳으로 자신의 주의를 돌리는 방법을 알았다. 그러나 주의를 돌려 두려운 생각을 피하는 방법은 계속 효과를 발휘하지는 않는다. 그것은 '회피'라는 부정적인 대처양식이다. 그러나 치료자는 요란다가 두려운 생각으로부터 벗어나 자유롭게 생각할 수 있는 편안함을 느끼기를 원하였다. 두려움에 직접적으로 대면하고 싸울 수 있는 기술을 가지는 것은 두려움을 무기력하게 만든다. 만약 그림을 그리는 것과 자기 진술이 도움이 된다면, 요란다는 유용한 생각과 감정을 불러올 수 있는 도구를 가지게 되는 것이다. 부정적인 생각이 들거나 부정적인 감정이 느껴질 때 요란다는 스스로를 달래고 위로하는 법을 알게 되었다.

바스케스 부인은 남편이 떠난 것에 대해 말하고 싶어 하지 않았으므로 그녀를 도울 수 있는 유일한 방법은 요란다를 돕는 것이었다. 어머니가 밤마다 우는 소리를 듣는 것은 요란다를 힘들게 하였지만, 함께 눈물을 흘리고 안아 주며 긍정적인 이야기를 하는 것은 두 사람 모두에게 위안이 되는 방법이었다.

치료자는 5분 동안 쉬는 시간을 가지고 치료 회기 동안 일어난 일들에 대해 생각하였다. 치료자는 어머니와 딸 모두 치료를 받게 된 원인을 기꺼이 고치려 한다고 생각하였다. 그러나 바스케스 부인은 남편이 떠난 문제에 집중하지 않기를 원했으며 치료자는 그 마음을 존중하였다.

치료자 : 두 분을 만나서 저는 정말 기뻐요. 저에게 치료를 받으러 와주셔서 매우 감사드립니다. 영광이에요. 두 분을 알아가게 되어 아주 즐거웠어요. 두 분 모두 아버지와 남편이 떠난 상실감에 대처하는 데

어려움이 있었을 거예요. 그가 떠난 것은 정말 유감이에요. 저에게 오신 이유가 요란다의 학교생활이 더 행복하기를 바라기 때문이라는 것을 알고 있어요. 요란다, 엄마는 네가 최고로 즐거운 삶을 살기를 원하신단다. 엄마는 네가 정말 행복하기를 바라셔……. 그리고 너 역시 엄마의 행복을 원한다는 것도 알아! 오늘 우리는 아주 유용한 것을 배웠어요. 단 몇 분이라도 함께 울고 서로를 안아 주면 기분이 나아진다는 것을 알게 되었어요. 두 분 모두 서로의 기분이 더 나아지기를 바라고 함께 울고 안아 줌으로써 서로 기분이 좋아지니, 이번 주에는 매일 밤 두 분 모두 그렇게 했으면 좋겠어요. 울고 안아 주는 것에 하나만 더 추가할게요. 포옹이 끝나면 하루 동안 상대방이 한 일 중 마음에 들었던 점을 생각하여 이야기해 주세요. 아셨죠?

둘 다 : 예.

치료자 : 머릿속으로 그 장면을 그려 봅시다. 자, 어떤 방에서 포옹을 할 거라고 상상하세요?

바스케스 부인 : 요란다의 방이요.

치료자 : 좋아요. 두 분 모두 요란다의 방에 있어요. 누가 "함께 안고 울자." 라고 말할 거예요?

요란다 : 엄마가 말해요.

바스케스 부인 : 그래. 엄마가 할게.

치료자 : 자, 그럼 바스케스 부인, 뭐라고 말씀하실 거죠?

바스케스 부인 : "포옹할 시간이야, 요란다."라고 말할 거예요. (치료자는 바스케스 부인이 우는 것을 포함하지 않고 말했다는 것에 주목하였다.)

치료자 : 좋아요. "포옹하고 눈물을 흘릴 시간이다, 요란다!"라고 말씀하시

겠군요. 만약 어머니가 포용하는 것과 우는 것을 잊으셨을 때, 요
란다가 어머니 침실로 와서 포용하고 울자고 하는 것은 괜찮나요?

바스케스 부인 : 예.

치료자 : 요란다, 그렇게 하겠니? 너는 엄마가 행복하기를 원하잖아.

요란다 : 예, 그렇게 할게요.

치료자 : 좋아요! 그러면 각자 상대방이 하루 동안 한 일 중에서 마음에 들었
던 일을 생각하고 말해 주어야 해요. 칭찬과 비슷한 거죠. 바스케
스 부인, 오늘 요란다가 한 일 중에서 어떤 것이 마음에 드셨나요?
무엇이 좋았는지 요란다에게 말씀해 주세요.

바스케스 부인 : 음……요란다, 오늘 아주 예뻤어! 머리스타일이 아주 마음
에 드는구나.

치료자 : 훌륭해요! 요란다, 엄마가 알아 주니까 좋으니? 너는 엄마가 오늘
한 일 중에서 어떤 것이 마음에 들었니?

요란다 : 난 엄마가 안아 준 것이 좋았어요. 느낌이 좋았어요.

치료자 : 훌륭해! 두 분 모두 아주 잘하시네요! 이제 매일 아침 학교가기 전
에 볼 수 있도록 학교와 관련된 그림을 집에 걸어두는 것에 대해 얘
기해 보도록 해요.

바스케스 부인 : 제 생각엔 그림을 차에 걸어놓아야 할 것 같아요. 차에서 요
란다가 슬퍼지거든요.

치료자 : 좋은 생각이에요. 훨씬 좋네요!

요란다 : 엄마와 저의 그림은 공책에다가 붙일 거예요. 플라스틱 커버로 되
어 있거든요.

치료자 : 좋아! 또 하나의 좋은 생각이네! 그게 네 과제야. 다시 한 번 정리해
주겠니? 집에 가서 뭘 할 거지?

요란다는 집에 가서 해야 할 일들을 모두 기억하였다. 그래서 치료자와 가족은 다음 주 약속을 잡았다.

2) 요란다의 두 번째 회기

두 번째 회기에 바스케스 부인과 요란다는 과제를 성공하였다는 소식을 가지고 왔다. 그들은 매일 밤 울지는 않았지만 일주일 동안 두 번 울었고 매일 밤 포옹했다고 하였다. 바스케스 부인과 요란다는 서로의 좋은 점에 대해 이야기하는 것을 즐거워했고 그것들을 기억하며 함께 웃었다. 바스케스 부인은 요란다가 단 하루를 제외하고는 매일 아침식사를 하였다고 말했으며, 학교에 가면서도 전혀 울지 않았다고 하였다. 요란다는 스스로에게 어떤 말을 해야 할지 잊었지만 그림을 보는 것이 도움이 되었다고 말하였다. 그리고 어머니도 요란다를 위해 하트 그림을 그리고 그 위에 '사랑해'라고 적어 주었다고 했으며 요란다는 아주 좋아하였다고 하였다.

치료자가 무엇을 더 이루고 싶은지 질문하자 두 사람은 또 다른 목표를 세우는 것을 거부하였다. 그래서 치료자는 그들과 함께 하는 것이 아주 즐거웠다고 말하고, 이후에 치료를 더 원할 경우 연락하라고 하였다. 바스케스 부인과 요란다는 가족치료를 통해 원하는 것을 얻었다. 저자들은 목표를 향한 그들의 성장이 그들을 계속 개선시키고 향상시키는 방향으로, 확장 및 형성시키는 방향으로 이끌어 갈 것을 믿는다(Fredrickson, 1998).

제4장에서 소개된 두 가지 사례는 앞 장에서 소개한 주요 기법들을 통합한 예이다. 아쉽게도 앞 장에 소개된 개념들이 두 가지 사례에 모두 나타나지는 않았으며, 치료내용은 효율성을 높이기 위해 요약되고 편집되었다. 저자들의 훌륭한 제자들이 사례 내용을 정리하느라 많은 수고를 하였으며 그들에게 감사의 말을 전한다.

제5장

결론 및 긍정가족치료의 발전 방향

목표

긍정치료적 접근법은 그동안 오해와 비판을 받아 왔다. 이 장에서는 그와 관련된 내용 및 논평들과 함께 앞으로의 연구주제와 치료 종결에 관한 쟁점들을 소개하고자 한다.

핵심개념

목표 설정(goal setting) 종결(termination)
문화적 유능감(cultural competence)
심리적 외상경험에 대한 글쓰기(trauma writing)
치료 성과의 일반화(generalization of treatment gains)

몇몇 연구와 임상들(예 : Smith, Ingoldsby, Miller, & Hamon, 2008; White & Klein, 2007)에서는 다양한 가족체계 이론들, 특히 해결중심치료를 포함하여 긍정가족치료를 소개하고 있다. 최근 등장하고 있는 긍정심리학에서 나온 연구들은 인지행동치료를 통해 충분히 입증된 전략들(예 : Beck, 1975; Hollon & Beck, 2004; Linehan, 1993)과 아동발달 및 성격에 관한 실증적 연구의 결과들(예 : Fredrickson, Tugade, Waugh, & Larkin, 2003; Tronick, 1989)이 결합된 것이다(예 : Seligman 외, 2005).

인간 행동에 관한 연구에서 과학과 실천은 매우 빠르게 발전하고 있다. 특히 신경과학 분야가 획기적으로 발전함에 따라 뇌의 구조와 기능이 인간의 행동과 어떻게 영향을 주고받는지를 알 수 있게 되었다(예 : Sapolsky, 2004). 또한 긍정심리학과 공중보건학에서는 정서와 건강지수가 밀접한 관련이 있다는 것을 밝혔다(예 : Davidson & KabatZin, 2003).

따라서 개인과 가족에 대한 가장 안전하고 효과적인 치료법으로서의 긍정치료적 접근법은 활발한 연구들을 통해 양적 · 질적으로 증가할 것이다. 이 책을 통해 이러한 내용들을 종합한 저자들의 첫 시도는 분명히 지속적으로 보완되어야 할 것이다. 따라서 마지막 장에서는 향후 나아갈 방향에 관하여 살펴보고자 한다.

1. 시급히 연구되어야 할 주제

긍정심리학이 추구하는 목표는 인간의 번영이며(Gable & Haidt, 2005) 이는 긍정가족치료의 목표이기도 하다. 가족구성원 개개인은 최상으로 기능하기 위해 도움을 받아야 한다. 상승과정과 확장 및 형성과정은 유사하게 긍정적 정서와 기술이 함께 성장하는 것에 대해 설명하고 있다. 열린 체계 내에서 감정, 행동, 인지의 연쇄적 상호작용은 발전 가능성을 지속시키지만, 이러한 지속성은 끊임없이 관심을 가지고 노력하는 것에 달려 있다. 실패를 경험하여 서로에게 실망한 가족은 가족구성원 중 누군가가 나아지고 개선될 수 있다는 희망을 가지고 치료를 찾게 된다. 긍정가족치료자는 치료 첫 회기에서 가족구성원들을 치료과정에 참여시키고, 가족구성원들이 그동안 충분하게 표현하지 않았던 긍정적 감정을 다시 표현할 수 있게 한다. 치료과정에 가족구성원 모두를 참여시키는 전략들은 가족이 변화하는 데 기초가 되는 치료적 동맹 안에서 더욱 발달하고 성공할 수 있다. 그러나 가족구성원들이 지속적으로 성장하기 위해서는 평생 노력해야 한다는 것을 깨달았을 때 치료는 종결되어야 한다. 보다 나은 관계를 만들기 위해 투자한 노력은 서로를 발전시키는 긍정적인 경험들을 가져온다. 가족들에게 노력이 필요한 변화를 지속하도록 동기를 부여하는 것, 즉 시간이 지나고 새로운 환경에서도 치료를 통해 얻은 성과를 일반화하는 것은 조사와 임상연구가 필요한 중요한 과제이다. 가족에게 동기를 부여하는 것은 가족발달, 자녀의 성장과 진수, 부모의 노화에 따라 변하는 기술과 연결되어야 한다. 그러나 현재 제공되고 있는 정신보건서비스는 이러한 가족의 생애구조와 연결되지 않는다. 일반적으로 사람들은 치료받는 것을 구강검진 받는 것과 같이 생각하지 않지만, 이 두 가지를 동일하게 생각할 필요가 있다.

긍정가족치료에서의 핵심은 가족의 성장과 건강을 위한 목표를 설정하는 데 초점을 두는 것이다(Gable, 2008). 치료자는 가족구성원 개개인의 목표를 존중하려고 노력하지만, 긍정적인 가족의 가치와 모든 가족구성원의 목표가 항상 일치하지는 않는다. 일부 가족구성원이 즐기거나 잘할 수 있는 것(강점에 대한 일반적인 정의)은 반사회적인 것일 수 있다. 따라서 일부 가정은 강점, 안전성, 발달이 일어나는 곳이 아니라 오히려 학대와 방임이 일어나는 곳이 될 수도 있다. 치료자가 윤리적·도덕적으로 모든 생명(예 : 자살을 시도하는 사람)을 구하기 위해 노력할지라도 모든 가족을 보호하는 데 있어 윤리적·도덕적으로 항상 동일하게 행동하는 것은 아니다. 가족 안에서 아동이나 배우자 또는 노인을 학대하는 증거가 발견되면 치료자는 가족을 분리시킨다. 그러나 이와 같은 가족관계는 모든 구성원들에게 중요한 영향을 미치지만 외부에서는 이러한 영향을 쉽게 발견하거나 예측하지 못한다. 그렇기 때문에 원가족으로부터 안식처를 제공받지 못한 가족구성원들이 안전하고 향상된

생활방식을 구성하기 위해서는 이에 도움이 되는 다수의 자원, 이론, 연구가 매우 필요하다.

　가족구성원의 목표를 조사하는 과정에서 때때로 가족들이 만든 비합리적 기대인 개인적 희생의 수준이 드러난다. 치료자가 가족의 희생을 평가하기 위해서는 희생에 대한 가족구성원 개개인의 인식과 가족의 문화를 자세하게 조사할 필요가 있다. 개인이 자유롭게 선택한 희생일지라도 가족의 이익과 그 희생의 균형점을 파악하기 위해 치료자는 가족 내에서 극단적으로 희생하고 있는 구성원과 함께 개인의 희생에 대하여 조사해야 한다. 대부분의 가족 관계는 가족구성원들에게 이익을 제공하지만, 가족치료자는 가족 안에서 개인들이 만든 불공평한 이익과 희생에 주목할 필요가 있다. 이에 대한 일반적인 예로 중독 문제가 있는 배우자에게 학대를 받아 심리적 외상을 겪고 있지만, 가족을 위해 이를 견디고 있는 부인이나 남편을 들 수 있다.

　가족 내에서 비교적 덜 극단적인 희생이 있을 수도 있지만 가족 내에서 발생하는 모든 희생은 치료과정에서 다루어질 필요가 있다. 성역할을 지나치게 강조하는 것은 남성과 여성 모두를 정체되고 폐쇄된 삶 속에 가둘 수도 있다. 성 고정관념, 문화, 종교, 전통 등이 이러한 억압된 삶을 더욱 지지하고 있을 수도 있다. 높은 수준의 문화적 유능감을 얻기 위해 노력하는 가족치료자는 이러한 상황을 윤리적이며 효과적으로 이끌기 위해 가족의 정보, 정서, 가치들을 지속적으로 향상시킬 필요가 있다. 문화적으로 잘 알려진 목표들을 달성하기 위해 현재 할 수 있는 최선책은 가족의 가치에 기초하여 협의된 목표를 발전시키는 것이다. 최적으로 기능하고 번영할 수 있는 인간의 가능성과 비교해 보면 이러한 목표는 때때로 불만족스럽게 느껴질 수 있다. 현재 상담에 관한 다수의 다문화 연구들이 있지만, 앞으로 더 발전된 연구를 설계하고 증명하는 것이 필요하다(Gushue, Greenan, & Brazaitis, 2005).

　일반적으로 긍정심리학에서는 가족에게 감사한 것들에 대해 생각해 보고 적어 보도록 하는 과제를 부여한다(예 : Emmons & McCullough, 2003). 또한 다수의 연구들에서는 심리적 외상경험에 대한 글쓰기의 효과를 설명하고 있는데(예 : Pennebaker, 1997), 이러한 전략이 가지고 있는 상대적인 유용성에 대해서는 직접적으로 조사할 필요가 있다. 심리적 외상경험에 대한 글쓰기에 관한 보고서는 정서적 표현, 인지 재구조화, 행동변화의 결합이 신체적 증상을 호전시키는 데 영향을 미칠 수 있다고 밝혔다(예 : 감기증상 완화, 수면 개선, 면역기능 강화, 진료 횟수 감소). 이러한 결과가 확장 및 형성 관점으로 잘 설명되거나 개인의 고통을 완화시켜 줄 또 다른 방법을 제시한다면 향후 진행될 연구의 정당성은 보장될 것이다(Cohn, Mehl, & Pennebaker, 2004; Fredrickson 외, 2003).

2. 긍정가족치료에 관한 오해

긍정심리학과 가족치료의 통합은 가족의 역사와 역동성이 요구하는 필수적인 복잡성이 결여된 것으로 치부되었을 것이다. 긍정심리학에 대한 일반적인 오해는 긍정심리학이 단순히 마음먹기에 달렸다고 생각하는 것이다. 비학술적이면서 가장 유명한 비판은 아마 Stuart Smalley(Stuart Smalley는 미국의 상원의원이자 풍자가인 Al Franken이 TV 쇼 'Saturday Night Live'에서 연기한 가상인물이다 – 역자주)가 이야기한 치료과정일 것이다. Franken(1992)은 "나는 충분히 훌륭하다. 나는 충분히 똑똑하다. 빌어먹을! 사람들은 나를 좋아한다."라고 말하였다. Franken이 Stuart Smalley는 단순한 자기 단언이나 다른 격언을 사용하였기 때문에 치료에 실패했다고 이야기했을 때 사람들은 Franken을 따라 웃었다. 만약 저자들이 Smalley의 가족치료자였다면, Smalley의 자기 단언을 지지하고 또 다른 중요한 목표로 이동했을 것이다. 그러나 Smalley가 표현한 치료에 대한 풍자는 긍정가족치료의 접근법에 대한 가장 냉혹한 비판들을 정리하는 데 도움이 된다.

긍정가족치료에서 가장 과소평가되는 기술은 치료의 목표를 설정하는 기술이다. 다수의 신임 치료자는 내담자가 경험한 문제를 최소화하거나 부정함으로써 재빨리 내담자의 기분을 전환시키려 한다. 신임 치료자는 "오, 당신은 그렇게 나쁘지 않아요." 또는 "나도 그런 문제를 겪었어요. 단지 당신의 문제가 더 심각할 뿐이죠!"라고 말한다. 여기서 신임 치료자의 초기 도움을 분석해 보면 "손쉬운 방법이 있어요. 문제를 부정하는 것이 목표가 될 수 있죠."라고 말한 것과 같다. 이를 곰곰이 생각해 보면, 두 가지 쟁점이 명확해진다. 대부분의 내담자는 이미 문제를 부정하는 것을 시도했으며 문제를 부정하는 것에 실패하였다. 게다가 성공을 축하하는 것뿐만 아니라 어려움을 극복함으로써 성장이 지속적으로 촉진된다는 중요한 경험적 쟁점도 있다. 긍정가족치료는 문제를 부정하는 것을 장려하지 않는다. 가족이 겪는 어려움은 변화가 필요하다는 것을 이해하기 위한 메시지이다. 변화를 위한 목표가 고통을 경감하는 것에 묻혀서는 안 된다. 긍정적인 감정이 증가하고 정서적 고통이 감소하는 것은 발전하고 있다는 신호이다. 고통을 피하기 위해 노력하는 것이 아니라 의미 있는 목표 달성을 위해 노력하면 기능적인 삶을 살아가게 될 것이다.

인간 성장의 기초 원동력인 사고는 행복의 적이자 아군이다. 이와 관련된 일반적인 지식은 매우 혼란스럽다. '망설이는 자는 길을 잃는다' 또는 '돌다리도 두드려보고 건너라'라는 유명한 격언을 생각해 보자.

제4장의 토드와 같은 내담자들은 인지적 대처 기술을 습득하는 데 있어 도움을 필요로 한다. 내담자가 자신의 행동에 따른 결과를 예상하는 것, 어려운 일을 할 수 있는 자신의 능력을 단언하는 것, 과제를 완수하고자 하는 시도를 강화하는 것, 다른 사람의 긍정적 행동을 알아차리는 것을 포함하는 인지적 목표를 세우기 위해서는 이에 대한 동기가 부여되어야 한다. 토드는 '돌다리

도 두드려보고 건너는 법'을 배웠지만, 실제로 그렇게 행동하는 과정은 가족의 상황과 개인력에 따라 상당히 미묘한 차이가 있으며 복잡하다.

반면, 사고나 행동패턴이 잘 발달된 내담자들도 있다. 그들은 충동적이지 않고 세심하며 다른 사람의 상황에 공감을 잘한다. 그러나 그들은 스스로의 강점을 분석하고 자신의 강점을 공감하는 데는 어려움을 겪는다. 제4장에서 요란다는 아버지가 떠나간 것으로 인해 상처를 받았고 어머니의 슬픔을 예민하게 인지하고 있었다. 요란다는 아버지가 떠나가고 어머니가 슬퍼하는 상황을 '이해'하였고, 이로 인해 요란다는 매우 불안해하였다.

많은 치료적 목표의 핵심은 내담자가 더 유용한 방식으로 생각하도록 돕는 것이다. 그러나 불안장애를 가진 내담자와 함께 목표를 설정할 때 치료자는 심사숙고할 필요가 있다. 첫째, 불안을 겪는 사람을 위한 목표는 반드시 그들의 문제와 가까운 것이어야 한다. 이들은 자신의 욕구에 대처하기 위한 새로운 전략을 필요로 한다. 노출이나 긴장 완화, 인지의 재구성과 같은 몇몇 치료 전략들은 내담자의 불안을 감소시킬 수 있다. 그러나 이러한 전략을 실연화하는 것과 내담자의 목표를 연결시키는 일은 민감한 문제이다. 요란다와 같은 내담자는 심리적 외상을 초래하는 사건을 생각하기 싫어하거나 잊고 싶다고 말할 수 있기 때문이다. 즉 가능하면 심리적 외상을 초래하는 사건을 기억하거나 생각하는 것을 피해야 한다. 둘째, 치료자는 불안을 겪는 내담자의 가장 핵심적인 문제가 무엇인지 파악해야 한다. 내담자가 사건을 기억하려 하는 것인지, 아니면 기억하는 것을 두려워하는 것인지에 따라 목표가 다르게 설정된다. 이러한 목표는 '내담자의 기억은 재해석될 필요가 있는가?', '내담자가 자신의 심리적 외상에 대처하기 위해 새로운 기술을 배우기를 원하는가?'와 같은 것이 될 수 있다. 예를 들어 치료자는 요란다와 같이 아버지가 가족을 떠나간 아이가 다음과 같이 생각하도록 돕기 위해 노력한다. "아빠가 우리를 떠난 게 더 잘된 일이야. 아빠가 떠나지 않았다면 아빠는 비참했을 거고,

아마 아빠는 우리까지도 비참하게 만들었을 거야. 나는 아빠가 우리를 떠난 것에 대해 동의하지는 않지만, 아빠는 이에 대해 충분히 생각해 보지 않았을 거고, 자신이 어떠한 일을 했는지 이해하지 못했을 거야."라고 말하는 것에서도 드러나듯이, 아버지가 자신을 떠나갔던 기억은 아버지가 바람직하지 못하고 예고되지 않은 결정을 한 것에 대한 기억으로 전이된다. 이에 따라 아버지가 떠나간 기억은 아이나 어머니의 결점에 관한 것이 아니라 아버지의 실패에 관한 것이 된다.

내담자는 이와 같은 목표를 반대하거나 보완하기 위해 과거의 기억에 대한 현재의 해석에 기능적으로 대처하기 위한 방법을 필요로 할지도 모른다. 즉 내담자의 기억(예 : 나는 버림받았어) 자체가 조정되는 것은 아니지만, 기억에 대한 관심이 대처 전략으로 옮겨가기 때문에 기억과 관련된 두려움은 경감될 수 있다. 예를 들어 "우리는 서로를 안고 울 거예요. 울고 나면 기분이 나아지겠죠. 기억의 고통은 항상 그대로겠지만 고통의 정도는 강하지 않을 거예요. 우리에게는 서로가 있기 때문에 그것을 기억하는 데 두려울 것은 없어요."와 같이 말하는 것이 목표가 될 수 있다. 이와 같은 접근법을 통해 내담자들은 심리적 외상을 기억하기는 하지만 사회적 지지를 기초로 하여 기억이 가져오는 고통을 줄이기 위해 노력하게 된다.

내담자들이 기억의 일부분을 수정하고 타인의 중요성을 이해하도록 돕는 이러한 두 가지 과정은 매우 유용할 것이다. 메타목표는 내담자가 과거의 기억은 심리적 외상 사건으로 인해 우울해지는 것이 아니라 좋은 시간과 나쁜 시간으로 구별된다는 최소한의 희망을 가지고 현재의 삶을 완전히 경험할 수 있게 만든다. 번영하기 위해서는 개입으로 인해 발생되는 위험을 피하는 것이 아니라 현재와 미래 관계의 즐거움에 대해서 인식하고 마음을 열어야 한다.

현재를 무색하게 만드는 극단적인 과거의 예는 심리적 외상 후 스트레스 장애를 겪는 내담자가 불안을 경감시키기 위한 전략(예 : 목표에 충실하기)을 찾도록 돕는 것과 관련된 복잡한 치료적 과제들을 설명한다. 이러한 경우, 가족의 목표에는 심리적 외상을 겪는 가족구성원을 편안하게 만들기 위한 개인적·관계적 계획을 발달시키는 것이 포함되어야 한다. 개인적 목표는 현재 내담자가 가지고 있는 감정이 과거에 대한 기억에 의해 촉진되고 있음을 스스로 이해할 수 있도록 정교하게 설정되어야 한다. 즉 과거의 심리적 외상과 현재의 스트레스의 원인을 다루는 데 초점을 두는 것이다. 내담자는 긍정적으로 해석하기 위해 노력함으로써 두려움을 줄이고 희망을 키우며, 현재의 상호작용을 분석하기 위한 전략을 배워야 한다. 이것은 치료 관계에 속한 모든 사람에게 매우 어려운 일이다.

긍정적인 접근법은 너무나 단순해서 유용하지 않다는 비판 이외에 역사적인 맥락에서 정신보건개입(mental health intervention)의 비판을 받는다. 과거 심리치료에 관한 연구들은 심각한 기능장애(예 : 정신분열증, 우울증, 불안, 공격성, 정신병, 반사회적 인격장애)에 관한 연구로 편중되어 있다. 이 책의 저자들은 과거의 연구들을 통해 심각한 정신적 질병과 폐해의 사례들을 접할 수 있었다. 이러한 행동을 설명하는 이론들과 행동을 개선시키는 전략들은 나타나는 증상과 사회적 맥락에 의해 자연스럽게 형성되었다. 많은 증상들은 두려운 것으로 나타났으며, 이러한 증상들은 인간을 혼란스럽고 희망이 없으며 위험한 존재로 만들었다. 이로 인해 긍정적인 전략이 이러한 극단적인 증상을 다루는 데 충분히 효과적이라는 사실을 치료자가 믿기 어려울 수도 있다.

게다가 100년 동안 인간의 생활이 향상되고, 자연과학이 급속도로 의료적·의약적 치료를 발전시키면서 21세기의 의료서비스가 형성되었다. 인간 게놈지도는 밝혀졌으며 그 적용은 바로 우리 눈앞에 있다. 특히 심리적·행동적 변화를 불러오기 위한 초기의 방법으로 정신의약치료를 이용하는 경향은 매우 강했다. 지속적인 인지적 노력과 감정의 통제를 통해 사람들이 생각, 행동, 감정뿐만 아니라 그들의 신체적 화학작용과 관계, 공동체를 변화시킬 수 있다는 사실을 믿는 것은 어려운 것처럼 보인다. 어떤 사람들은 매우 아파 보이며, 이들에게는 심리적인 노력보다 약물이 더 효과가 큰 것처럼 보인다. 반면, 긍정적인 접근법들은 엄청난 도전 앞에서 약하고 비과학적이며 종교적인 것으로 보일 수 있다. 심각한 정신질환을 가지고 있는 수많은 사람들은 약물을 통해 수명이 연장되었다. 그러나 인지를 재구조화하고 긍정적 정서를 증가시키기 위한 지속적인 노력의 대체물로서 약물을 복용하는 것의 타당성은 아직 입증되지 않았다.

그러나 건전한 회의론은 항상 발전을 가져온다. 향후 다양한 접근법들의 결합—이 책에 간략하게 소개된 이야기치료를 포함하는 결합—은 많은 부분이 개선될 것이다. 항상 존재하는 타인과의 상호작용에 대하여 특별한 의미를 발전시키는 것과 같이 행복한 가족생활을 위해서는 지속적으로 심리적인 노력을 해야 한다.

두 차례의 세계대전, 수많은 종교 전쟁, 현재에도 진행되고 있는 계획적인 대량학살, 잠재적인 테러의 위협, 지속적으로 보도되고 있는 전 세계 지도자들의 탐욕·부패·무능력은 어느 정도까지는 이해될 수 있지만, 이는 긍정적인 것과는 거리가 먼 인간 행동의 단면을 보여 주는 것이다. 이러한 현실들은 긍정심리학자들로 하여금 현실로부터 멀어지고 싶게 만든다. 그러나 실패한 인간의 역사에도 불구하고 저자들은 많은 사람들이 동정심을 가진 사회 그리고 평화로운 가족과 세계를 만들기 위해 필요한 변화를 실연하는 것을 원한다.

3. 가족 성장

가족의 성장을 위해 목표를 설정하는 것은 어려울 수 있다. 부모들은 자녀에게 도움을 주기 위해 자녀를 가족치료에 데리고 오지만, 부모가 자신의 성장을 목표로 생각하거나 쉽게 받아들이는 경우는 거의 없다. 그러나 자녀의 정신건강에는 부모의 기능이 반영된다. 부모의 기능이 반영된 자녀의 정신건강 문제가 결핍 또는 문제적 관점으로부터 형성되었을 때 부모들은 자기 성장이 필요하다는 요청을 회피하게 된다. 예를 들어 제4장의 사례에서 치료자는 바스케스 부인의 불안과 우울감이 그녀의 딸이 가지고 있는 불안의 원인이 된다는 것을 말하지 않았다. 치료자가 이러한 메시지를 부모에게 전달하는 데는 어려움이 있다. 따라서 이러한 메시지는 요란다의 개선을 위해 바스케스 부인이 불안과 우울을 극복해야 한다는 목표를 통해 전달될 수 있으며, 이는 바스케스 부인의 수치심을 감소시키는 데 도움이 될 수도 있다. 그러나 두 사람을 더 행복하게 만드는 행동을 구조화하는 것은 바스케스 부인이 요란다가 생각하고 느끼고 행동하기를 바라는 것에 대한 대처 모델이 되도록 돕는다. 즉 행복을 위해 가족이 함께 성장하는 것이 치료의 목표가 되는 것이다.

치료자는 부모에게 자녀를 위한 대처 모델이 되도록 요청하여 부모가 가정에서 치료자 역할을 하도록 만들 수 있다. 많은 부모들은 이러한 역할을 쉽게 받아들인다. 또한 부모에게 대처 모델이 되도록 요청하는 것은 부모가 자녀에게 반영된 자신의 문제를 다루기 위해 새로운 기술을 습득할 수 있는 기회를 제공한다. 자녀를 돕는 과정에서 부모는 성장한다. 가족 전체에게 이익이 되는 가족의 목표를 설정하는 것은 어려운 기술이지만, 이는 가족구성원들이 가족 내에서 발생하는 긴밀한 상호작용을 이용하게 하고 서로에 대해 기꺼이 생각해 보게 한다.

선행연구의 결과에 따르면, 표현을 잘하는 행복한 부모는 자녀에게 매우 중요한 영향을 미치는 것으로 드러났다. 행복한 부모는 자녀의 친사회적 발달과 정신건강을 증진시키며(Denham & Grout, 1992; Eisenberg, Fabes, & Spinrad, 2006), 심지어 청소년 자녀에게도 부모의 감정은 부모자녀 관계와 자녀의 적응에 영향을 미친다(Bronstein, Briones, Brooks, & Cowan, 1996; Cook, Kenny, & Goldstein, 1991; Flannery, Montemayor, Eberly, & Torquati, 1993).

부모들이 자녀의 성장에 대한 자신들의 기여를 이해하도록 돕는 것은 부담이나 선물 또는 압박감이나 매력으로 인식될 수 있다. 가족은 부정적인 행동을 감소시키는 목표보다 행복한 사람이 되는 목표를 더 쉽게 받아들인다. 그러나 흔히 나타나는 가족의 행동 중 하나는 바로 분노를 자주 표현하는 것이다. Eisenberg와 동료들(1992)은 가정에서 나타나는 자녀의 분노가 학교에서의 불안 및 다른 아이들에 대한 낮은 동정심과 관련이 있다는 것을 발견하였다. 가정에서 부모가 부정적인 감정을 드러냈을 때 자녀가 이러한 감정의 원인을 이해하도록 돕는 것은 부모의 분노가 자녀에게 미치는 영향을 완화시킬 수 있다(Denham & Grout, 1992). 또한 Valiente와 동료들(2004)은 가정에서의 몇몇 부정적인 감정은 자녀들이 또래집단에서 감정을 보다 더 정확하게 인지하고, 친구들에게 연민어린 감정을 가지는 데 도움이 된다는 것을 확인하였다. 부모의 대처 모델과 행복의 증진을 포함하는 가족의 목표는 가족구성원 중 어느 누구도 합의된 활동을 완벽하게 수행하지 않았더라도 가족체계에 긍정적인 영향을 미칠 수 있다.

4. 치료의 종결

치료의 종결을 결정하는 것은 가족구성원과 치료자 모두 치료를 종결할 준비가 되었는지에 대한 중요한 평가를 포함하는 과정이다. 가족구성원들은 보통 자신의 가족이 이미 충분한 성장을 하였고, 가족의 성장을 지속시키는 방법을 알고 있다는 확신을 가진다. 치료자 없이 가족의 치료과정이 계속된다면 가족구성원들 중, 특히 부모는 삶의 질에 대한 개개인의 의견을 경청하는 것을 배워야 한다. 치료를 종결하는 과정은 가족구성원들이 긍정적·부정적 감정에 대한 자기노출과 자기관찰의 중요성을 이해하는 데 도움을 줄 수 있다. 치료자는 가족에게 부정적인 행동을 하도록 요청하기보다는 가족이 훈련과 동정심을 통해 부정적 감정을 인식하도록 만들어야 한다. 동정심을 바탕으로 부정적인 감정에 대하여 논의하는 것은 가족에게 가치 있는 일이며, 이러한 논의에는 변화가 필요한 부정적인 감정의 신호를 이해하는 것이 포함된다. 부정적인 감정을 부정하거나 나쁜 것으로 생각해서는 안 되지만, 부정적인 생각이 부정적인 행동으로 연결되는 것은 치료가 종결되기 전에 반드시 막아야 한다(예 : 나는 분노를 느낄 수 있지만 때리지 않고 이에 대해 이야기할 수 있다).

또한 치료가 종결되기 전에 가족들은 긍정적인 감정의 가치에 대해 배워야 한다. 긍정적인 감정의 가치를 배우는 것은 쉬운 것 같지만 많은 가족구성원들은 긍정적인 감정에 집중하는 법을 배우는 데 어려움을 느낀다. 가족구성원들이 서로의 강점과 좋은 소식에 반응할 수 있을 때(예 : 대서특필), 이는 개인이 성장하고 번성할 수 있도록 만드는 개개인의 능력을 보여 주는 지표가 된다. 가족들은 오랜 기간 긍정적인 감정이 부족하거나 부재한 것을 심리적인 위험의 신호로 이해해야 한다. 오랫동안 지속되어 온 부정적인 감정은 지적·사회적·생물학적·심리적 손상을 가져온다. 가족이 치료자 없이도 긍정적인 감정을 형성하는 방법에 대해 알게 되었을 때 가족은 치료를 종결할 준비가 된 것이다. 긍정적인 감정이 단순히 변화가 나타났다는 것을 보여 주는 역할보다는 변화를 만들어 내는 역할로 강조될 때 긍정적인 감정은 매우 높게 평가되는 것이다(Fitzpatrick & Stalikas, 2008).

추후에 가족이 가족치료로 되돌아올 수 있는 문은 넓게 열려 있어야 한다. 앞에서 다룬 토드 가족의 사례에서 토드는 치료가 종결되는 동안 걱정되는 목소리로 "나는 아빠가 예전으로 돌아가지 않았으면 좋겠어요."라고 말하였다.

이러한 토드의 바람은 이 책의 저자들이 만난 다수의 내담자들이 가지는 바람과 유사하다. 가족에게 긍정적인 변화를 가져온 가족의 전략들은 여전히 노력을 필요로 할 것이다. 모든 것들이 잘 되어 가고 있기 때문에 가족에게 예전으로 되돌아 갈 수 있다는 것을 경고하는 예방접종이 필요할 수도 있지만 이는 오해일 수 있다. 긍정적인 변화를 얻기 위한 노력을 유지하기 위해서는 끊임없이 행동할 필요가 있기 때문이다.

이 책의 저자들은 가족구성원들이 추가적인 심리적 외상으로 인해 다시 가족치료를 필요로 하는 일이 없기를 바란다. 그러나 저자들은 가족구성원들이 더욱 성장하기 위해 다시 치료로 되돌아오는 것에 대해서는 자유롭게 느끼기를 바란다. 타이거 우즈는 세상에서 제일 뛰어난 골프선수이지만 아직까지도 자신의 스윙자세를 조정한다. 좀 더 발전하기 위해 노력하는 타이거 우즈처럼 우리는 가장 도덕적이고 행복하며 활동적인 사람이 될 수 있고 여전히 발전할 수 있다.

저자들이 가족에게 보다 나은 삶을 만드는 방법을 배우기 위해 치료로 되돌아올 수 있다고 제안하는 것은 드문 일이다. 저자들은 가족에게 "저는 여러분을 다시 만나는 것에 대해 양가감정을 가지고 있어요. 저는 여러분과 함께하는 것이 즐겁기 때문에 여러분을 다시 만나도 진심으로 기쁠 거예요. 그러나 만약 여러분이 치료에 돌아온다면 그것은 여러분이 장애물에 부딪혔다는 것이겠죠. 때때로 장애물에 부딪힐 수도 있겠지만 저는 여러분이 장애물을 만나지 않기를 원해요."라고 말하곤 한다.

치료자가 이와 같이 이야기하는 것은 치료자의 양가감정을 줄일 수 있다. 가족들은 장애물에 부딪히지 않았더라도 치료에 되돌아올 것을 권유받을 수도 있다. 가족치료가 문제해결을 위한 것이라고 생각되는 것처럼 가족치료가 성장을 위한 것이라고 생각될 때 긍정심리학의 혁명은 완성될 것이다.

5. 긍정가족치료의 미래

저자들은 긍정가족치료에 대한 다양한 대규모 조사연구와 사례연구가 수행되기를 기대한다. 창의적이고 다른 사람을 동정하는 사람으로 성장할 수 있도록 촉진하는 개입이 발달되면 긍정가족치료는 더욱 발전할 것이다. 긍정가족치료는 사람들에게 치료를 다른 시각으로 바라볼 수 있는 기회를 제공하였다. 과거에 가족이 치료를 받는 것은 부부관계나 자녀의 발달을 돕는 것이 실패했음을 인정한다는 의미였다. 가족이 문제에 대한 도움을 요청하는 것의 오명은 가족의 정체성이 불확실하다는 것을 가족이 인정하는 것이다. 가족치료가 가족의 수치심이나 실패와 연결되었을 때 가족은 치료를 피하거나 미룰 수 있다. 저자들은 가족치료의 새로운 관점을 통해 가족들이 더 빨리 가족치료의 도움을 받고, 과거에 가족치료의 도움을 충분히 받지 못했던 민족들에 대한 개입이 증가되기를 바란다.

긍정가족치료는 가족들이 긍정가족치료의 모든 이점을 활용하기 위한 가족의 능력을 발달시키는 것을 의미한다. 또한 긍정가족치료는 가족구성원 개개인을 포함한 가족의 가치를 증진시키며, 가족이 훌륭하게 기능하게 되는 것을 약속함을 의미한다. 따라서 가족이 긍정가족치료를 찾는 것은 자녀는 잘 양육되고 부부관계는 강화되고 있다는 신호이다.

Abraham, R. (2005). Emotional intelligence in the workplace: A review and synthesis. In R. Schulze & R. D. Roberts (Eds.), *Emotional intelligence: An international handbook* (pp. 255–270). Ashland, OH: Hogrefe & Huber.

Adams, G. A., King, L. A., & King, D. W. (1996). Relationships of job and family involvement, family social support, and work-family conflict with job and life satisfaction. *Journal of Applied Psychology, 81*(4), 411–420.

Adams, J. F., Piercy, F. P., & Jurich, J. A. (1991). Effects of solution focused therapy's "formula first session task" on compliance and outcome in family therapy. *Journal of Marital & Family Therapy, 17*(3), 277–290.

Adelman, H. S., & Taylor, L. (2000). Promoting mental health in schools in the midst of school reform. *Journal of School Health, 70,* 171–178.

Anderson, H. D. (1997). *Conversation, language, and possibilities.* New York: Basic Books.

Anderson, H. D., & Goolishian, H. (1988). Human systems as linguistic systems: Preliminary and evolving ideas about the implications for clinical theory. *Family Process, 27,* 371–393.

Argyle, M., & Martin, M. (1991). The psychological causes of happiness. In F. Strack, M. Argyle, & N. Schwarz (Eds.), *Subjective well-being: An inter-disciplinary perspective* (pp. 77–100). Elmsford, NY: Pergamon Press.

Bandura, A. (1973). *Aggression: A social learning analysis.* Oxford, England: Prentice-Hall.

Barber, B. K. (1997). Adolescent socialization in context: The role of connection, regulation, and autonomy in the family. *Journal of Adolescent Research, 12,* 5–11.

Barber, B. K., Stolz, H. E., & Olsen, J. A. (2005). Parental support, psychological control, and behavioral control: Assessing relevance across time, culture, and method. *Monographs of the Society for Research in Child Development, 70*(4), 1–137.

Barber, B. K., Stolz, H. E., Olsen, J. E., & Maughan, S. L. (2004). Parental support, psychological control and behavioral control: Assessing relevance across time, method and culture. Manuscript submitted for publication.

Barnard, W. M. (2004). Parent involvement in elementary school and educational attainment. *Children and Youth Services Review, 26,* 39–62.

Bartlett, J. C., Burleson, G., & Santrock, J. W. (1982). Emotional mood and memory in young children. *Journal of Experimental Child Psychology, 34,* 59–76.

Bartlett, M. Y., & DeSteno, D. (2006). Gratitude and prosocial behavior: Helping when it costs you. *Psychological Science, 17*, 319–325.

Bateson, G. (1972). *Steps to an ecology of mind.* New York: Ballantine.

Bateson, G. (1974). *Double bind.* In S. Brand (Ed.), *II cybernetic frontiers* (pp. 9–33). New York: Random House.

Beach, S. R. H., & Tesser, A. (1995). Self-esteem and the extended self-evaluation maintenance model: The self in social context. In M. H. Kernis (Ed.), *Efficacy, agency, and self-esteem.* (pp. 145–170). New York: Plenum Press.

Bean, R. A., Barber, B. K., & Crane, D. R. (2006). Parental support, behavioral control, and psychological control among African American youth: The relationships to academic grades, delinquency, and depression. *Journal of Family Issues, 27*(10), 1335–1355.

Bean, R. A., Bush, K. R., McKenry, P. C., & Wilson, S. M. (2003). The impact of parental support, behavioral control, and psychological control on the academic achievement and self esteem of African American and European American adolescents. *Journal of Adolescent Research, 18*, 523–541.

Beck, A. T. (1976). *Cognitive therapy and the emotional disorders.* Oxford, England: International Universities Press.

Becvar, D. S., & Becvar, R. J. (2003). *Family therapy: A systemic integration,* (5th ed.) Boston: Allyn & Bacon.

Berg, I. K. (1994). *Family-based services: A solution-focused approach.* New York: Norton.

Berg, I. K. (1997). *Irreconcilable Differences. NTSC Video.* New York: Norton.

Berg, I. K., & de Shazer, S. (1993). Making numbers talk: Language in therapy. In S. Friedman (Ed.), *The new language of change: Constructive collaboration in psychotherapy* (pp. 5–24). New York: Guilford.

Berg, I. K., & Miller, S. D. (1992). *Working with the problem drinker: A solution-focused approach.* New York: Norton.

Billings, A. (1979). Conflict resolution in distressed and nondistressed married couples. *Journal of Consulting and Clinical Psychology, 47*(2), 368–376.

Bomar, J. A., & Sabatelli, R. M. (1996). Family system dynamics, gender, and psychosocial maturity in late adolescence. *Journal of Adolescent Research, 11,* 421–439.

Boscolo, L., Cecchin, G., Hoffman, L., & Penn, P. (1987). *Milan systemic family therapy: Conversations in theory and practice.* New York: Basic Books.

Bossard, J. H. S., & Boll, E. S. (1950). *Ritual in family living: A contemporary study.* Philadelphia: University of Pennsylvania Press.

Boyatzis, R. E., Goleman, D., & Rhee, K. S. (2000). Clustering competence in emotional intelligence: Insights from the emotional competence inventory. In R. Bar-On, & J. D. A. Parker (Eds.), *The handbook of emotional intelligence: Theory, development, assessment, and application at home, school, and in the workplace* (pp. 343–362). San Francisco: Jossey-Bass.

Bradford, K., Barber, B. K., Olsen, J. A., Maughan, S. L., Erickson, L. D., Ward, D., et al. (2003). A multi-national study of interparental conflict, parenting, and adolescent functioning: South Africa, Bangladesh, China, India, Bosnia, Germany, Palestine, Colombia, and the United States. *Marriage and Family Review, 35,* 107–137.

Brickman, P., Coates, D., & Janoff-Bulman, R. (1978). Lottery winners and accident victims: Is happiness relative? *Journal of Personality and Social Psychology, 36*(8),

917–927.

Bronfenbrenner, U. (1999). Environments in developmental perspective: Theoretical and operational models. In S. L. Friedman & T. D. Wachs (Eds.), *Measuring environment across the life span: Emerging methods and concepts* (pp. 3–28). Washington, DC: American Psychological Association.

Bronstein, P., Briones, M., Brooks, T., & Cowan, B. (1996). Gender and family factors as predictors of late adolescent emotional expressiveness and adjustment: A longitudinal study. *Sex Roles, 34*(11–12), 739–765.

Bruner, J. (2004). The narrative creation of self. In L. E. Angus & J. McLeod (Eds.), *The handbook of narrative and psychotherapy: Practice, theory, and research* (pp. 3–14). Thousand Oaks, CA: Sage Publications.

Bryan, T., & Bryan, J. (1991). Positive mood and math performance. *Journal of Learning Disabilities, 24*, 490–494.

Bugental, D. B., Lin, E. K., & Susskind, J. E. (1995). Influences of affect on cognitive processes at different ages: Why the change? In N. Eisenberg (Ed.), *Social development. Review of personality and social psychology* (Vol. 15, pp. 159–184). Thousand Oaks, CA: Sage Publications.

Calame, R., and Parker, K. (2003). Reclaiming youth and families with "Family ART." *Reclaiming Children and Youth, 12*(3), 154–157.

Carey, J. R., Clicque, S. H., Leighton, B. A., & Milton, F. (1976). Test of positive reinforcement of customers. *Journal of Marketing, 40*, 98–100.

Carlson, C., & Christenson, S. L. (Eds.). (2005). Evidence based parent and family interventions in school psychology [Special issue]. *School Psychology Quarterly, 20*(4).

Carlson, D., & Perrewe, P. (1999). The role of social support in the stressor-strain relationship: An examination of work-family conflict. *Journal of Management, 25*, 513–540.

Carnevale, P., & Isen, A. M. (1986). The influence of positive affect and visual access on the discovery of integrative solutions in bilateral negotiation. *Organizational Behavior and Human Decision Processes, 37*, 1–13.

Carver, C. S. (2004). Negative affects deriving from the behavioral approach system. *Emotion, 4*, 3–22.

Cecchin, G. (1987). Hypothesizing, circularity, and neutrality revisited: An invitation to curiosity. *Family Process, 26*(4), 405–413.

Chao, R. K. (1994). Beyond parental control and authoritarian parenting style: Understanding Chinese parenting through cultural notion of training. *Child Development, 65*, 1111–1119.

Chao, R. K. (2001). Extending research on the consequences of parenting style for Chinese Americans and European Americans. *Child Development, 72*(6), 1832–1843.

Christenson, S. L. (2003). The family-school partnership: An opportunity to promote the learning competence of all students. *School Psychology Quarterly, 18*(4), 454–482.

Cohen, S. (1988). Psychosocial models of the role of social support in the etiology of physical disease. *Health Psychology, 7*, 269–297.

Cohen, S., Doyle, W. J., Skoner, D. P., Rabin, B. S., & Gwaltney, J. M. (1997). Social ties and susceptibility to the common cold. *Journal of the American Medical Association, 277*, 1940–1944.

Cohn, M. A., Mehl, M. R., & Pennebaker, J. W. (2004). Linguistic markers of change psychological change surrounding September 11, 2001. *Psychological Science, 15* (10), 687–693.

Conoley, C. W., Conoley, J. C, Ivey, D. C & Scheel, M. J. (1991). Enhancing consultation by matching the consultee's perspectives. *Journal of Counseling and Development, 69,* 546–549.

Conoley, C. W., & Garber, R. A. (1985). Effects of reframing and self-control directives on loneliness, depression, and controllability. *Journal of Counseling Psychology, 32*(1), 139–142.

Conoley, C. W., Graham, J. M., Neu, T., Craig, M. C., O'Pry, A., Cardin, S. A. (2003). Solution-focused family therapy with three aggressive and oppositional-acting children: An N = 1 empirical study. *Family Process, 42*(3), 361–374.

Conoley, C. W., Padula, M. A., Payton, D. S., & Daniels, J. A. (1994). Predictors of client implementation of counselor recommendations: Match with problem, difficulty level, and building client strengths. *Journal of Counseling Psychology, 41* (3-7.33), 124–130.

Coohey, C. (2001). The relationship between familism and child maltreatment in Latino and Anglo families. *Child Maltreatment, 6,* 130–142.

Cook, W. L., Kenny, D. A., & Goldstein, M. J. (1991). Parental affective style risk and the family system: A social relations model analysis. *Journal of Abnormal Psychology, 100*(4), 492–501.

Crean, H. F. (2008). Conflict in the latino parent-youth dyad: The role of emotional support from the opposite parent. *Journal of Family Psychology, 22*(3), 484–493.

Cropanzano, R., & Wright, T. A. (1999). A 5-year study of change in the relationship between well-being and job performance. *Consulting Psychology Journal: Practice and Research, 51,* 252–265.

Crowe, E., & Higgins, E. T. (1997). Regulatory focus and strategic inclinations: Promotion and prevention in decision-making. *Organizational Behavior and Human Decision Processes, 69,* 117–132.

Dahl, R., Bathel, D., & Carreon, C. (2000). The use of solution-focused therapy with an elderly population. *Journal of Systemic Therapies, 19*(4), 45–55.

Daus, C. S., & Ashkanasy, N. M. (2005). The case for the ability-based model of emotional intelligence in organizational behavior. *Journal of Organizational Behavior, 26*(4), 453–466.

Davidson, E. S., & Smith, W. P. (1982). Imitation, social comparison, and self-reward. *Child Development, 53*(4), 928–932.

Davidson, R. J., Kabat-Zinn, J., Schumacher, J., Rosenkranz, M., Muller, D., Santorelli, S. F., et al. (2003). Alternations in brain and immune function produced by mindfulness meditation. *Psychosomatic Medicine, 65,* 564–570.

Davis, B. P., & Knowles, E. S. (1999). A disrupt-then-reframe technique of social influence. *Journal of Personality and Social Psychology, 76*(2), 192–199.

De Jong, P., & Berg, I. K. (1998). *Interviewing for solutions.* Belmont, CA: Thomson Brooks/Cole Publishing Co.

de Shazer, S. (1982). *Patterns of brief family therapy.* New York: Guilford.

de Shazer, S. (1984). The death of resistance. *Family Process, 23,* 11–21.

de Shazer, S. (1985). *Keys to solution in brief therapy.* New York: Norton.

de Shazer, S. (1988). *Clues: Investigating solutions in brief therapy.* New York: Norton.

de Shazer, S., Dolan, Y., Korman, H., McCollum, E., Trepper, T., & Berg, I. K. (2007). *More than miracles: The state of the art of solution-focused brief therapy*. New York: Haworth Press.

Denham, S. A., & Grout, L. (1992). Mothers' emotional expressiveness and coping: Relations with preschoolers' social-emotional competence. *Genetic, Social, and General Psychology Monographs, 118*(1), 73–101.

Diener, E., & Oishi, S. (2005). The nonobvious social psychology of happiness. *Psychological Inquiry, 16*(4), 162–167.

Diener, E., Oishi, S., & Lucas, R. E. (2003). Culture, personality, and well-being. *Annual Review of Psychology, 54*, 403–425.

Diener, E., Sandvik, E. & Pavot, W. (1991) Happiness is the frequency, not the intensity, of positive versus negative affect. In F. Strack, M. Argyle, & N. Schwarz (Eds.), *Subjective well-being: an interdisciplinary perspective* (pp. 119–139). Oxford: Pergamon Press.

Duncan, S. W., Todd, C. M., Perlmutter, M., & Masters, J. C. (1985). Affect and memory in young children. *Motivation & Emotion, 9*, 391–405.

Durlak, J. A. (1995). *School-based prevention programs for children and adolescents*. Thousand Oaks, CA: Sage Publications.

Dweck, C. S. (1999). *Self-theories: Their role in motivation, personality, and development. Essays in social psychology*. New York: Psychology Press.

Eccles, J. S. (1997). User-friendly science and mathematics: Can it interest girls and minorities in breaking through the middle school wall? In D. Johnson (Ed.), *Minorities and girls in school: Effects on achievement and performance* (pp. 65–104). Thousand Oaks, CA: Sage Publications.

Eccles, J. S., Early, D., Frasier, K., Belansky, E., & McCarthy, K. (1997). The relation of connection, regulation, and support for autonomy to adolescents' functioning. *Journal of Adolescent Research, 12*, 263–286.

Eid, M., & Diener, E. (2001). Norms for experiencing emotions in different cultures: Inter- and intranational differences. *Journal of Personality and Social Psychology, 81*(5), 869–885.

Eisenberg, M. E., Olson, R. E., Neumark-Sztainer, D., Story, M., & Bearinger, L. H. (2004, August). *Correlations between family meals and psychosocial well-being among adolescents*. Archives of Pediatrics and Adolescent Medicine, 158, Downloaded from www.archpediatrics.com on October 2, 2008.

Eisenberg, N., Champion, C., & Ma, Y. (2004). Emotion-related regulation: An emerging construct. *Merrill-Palmer Quarterly: Special Issue: The Maturing of the Human Developmental Sciences: Appraising Past, Present, and Prospective Agendas, 50*(3), 236–259.

Eisenberg, N., Fabes, R. A., Carlo, G., & Karbon, M. (1992). Emotional responsivity to others: Behavioral correlates and socialization antecedents. In N. Eisenberg & R. A. Fabes (Eds.), *Emotion, self-regulation, and social competence, Feb 1991, Tempe, AZ* (pp. 57–73). San Francisco: Jossey-Bass.

Eisenberg, N., Fabes, R. A., Guthrie, I. K., & Reiser, M. (2000). Dispositional emotionality and regulation: Their role in predicting quality of social functioning. *Journal of Personality and Social Psychology, 78*(1), 136–157.

Eisenberg, N., Fabes, R. A., & Spinrad, T. L. (2006). Prosocial development. In N. Eisenberg, W. Damon & R. M. Lerner (Eds.), *Handbook of child psychology: Vol. 3, social, emotional, and personality development* (6th ed.). (pp. 646–718).

Hoboken, NJ: John Wiley & Sons, Inc.

Eisenberg, N., Smith, C. L., Sadovsky, A., & Spinrad, T. L. (2004). Effortful control: Relations with emotion regulation, adjustment, and socialization in childhood. In R. F. Baumeister & K. D. Vohs (Eds.), *Handbook of self-regulation: Research, theory, and applications* (pp. 259–282). New York: Guilford.

Elliot, A. J., & Church, M.A. (2002). Client-articulated avoidance goals in the therapy context. *Journal of Counseling Psychology, 49*(2), 243–254.

Elliot, A. J., McGregor, H. A., & Gable, S. (1999). Achievement goals, study strategies, and exam performance: A meditational analysis. *Journal of Educational Psychology, 91*, 549–563.

Emmons, R. A., & McCullough, M. E. (2003). Counting blessings versus burdens: An experimental investigation of gratitude and subjective well-being in daily life. *Journal of Personality and Social Psychology, 84*, 377–389.

Emmons, R. A. & Shelton, C. M. (2002). Gratitude and the science of postive psychology. In C. R. Snyder & S. J. Lopez (Eds.), *Handbook of positive psychology* (pp. 459–471). Oxford: Oxford University Press.

Erchul, W. P., & Sheridan, S. M. (Eds.). (2008). *Handbook of research in school consultation: Empirical foundations for the field.* New York: Erlbaum.

Evans, S. W., Sapia, J. L., Axelrod, J., & Glomb, N. K. (2002). Practical issues in school mental health: Referral procedures, Negotiating special education, and confidentiality. In H. Ghuman, M. D. Weist, & R. Sarles (Eds.), *Providing mental health services to youth where they are: School- and community-based approaches* (pp. 75–94). New York: Brunner-Routledge.

Fensalson, K., & Beehr, T. (1994). Social support and occupational stress: Effects of talking to others. *Journal of Organizational Behavior, 14*, 157–175.

Fiese, B. H. (1993). Family rituals in alcoholic and nonalcoholic households: Relation to adolescent health symptomatology and problem drinking. *Family Relations, 42*, 187–192.

Fiese, B. H., Hooker, K. A., Kotary, L., & Schwagler, J. (1993). Family rituals in the early stages of parenthood. *Journal of Marriage and the Family, 55*, 633–642.

Fiese, B. H., Tomcho, T. J., Douglas, M., Josephs, K., Poltrock, S., & Baker, T. (2002). A review of 50 years of research on naturally occurring family routines and rituals: Cause for celebration? *Journal of Family Psychology, 16*(4), 381–390.

Fisch, R., Weakland, J. H., & Segal, L. (1982). *The tactics of change: Doing therapy briefly.* San Fransico, CA: Jossey-Bass.

Fitzpatrick, M. R., & Stalikas, A. (2008). Integrating positive emotions into theory, research, and practice: A new challenge for psychotherapy. *Journal of Psychotherapy Integration, 18*(2), 248–258.

Flannery, D. J., Montemayor, R., Eberly, M., & Torquati, J. (1993). Unraveling the ties that bind: Affective expression and perceived conflict in parent-adolescent interactions. *Journal of Social and Personal Relationships, 10*(4), 495–509.

Forgas, J. P., Burnham, D. K., & Trimboli, C. (1988). Mood, memory, and social judgments in children. *Journal of Personality and Social Psychology, 54*, 697–703.

Frank, J. D., & Frank, J. (2004). *Therapeutic components shared by all psychotherapies.* New York: Springer.

Franken, A. (1992). *I'm good enough, I'm smart enough, and doggone it, people like me!: Daily affirmations by Stuart Smalley Really.* New York: Dell.

Fraser, J. S., & Solovey, A. D. (2006) *Second-order change in psychotherapy: The golden thread that unifies effective treatments.* Washington, DC: American Psychological Association

Fredrickson, B. L. (1998). What good are positive emotions? *Review of General Psychology, 2,* 300–319.

Fredrickson, B. L. (2001). The role of positive emotions in positive psychology—the broaden-and-build theory of positive emotions. *American Psychologist, 56,* 218–226.

Fredrickson, B. L., & Branigan, C. (2005). Positive emotions broaden the scope of attention and thought-action repertoires. *Cognition & Emotion, 19*(3), 313–332.

Fredrickson, B. L., Tugade, M. M., Waugh, C. E., & Larkin, G. R. (2003). What good are positive emotions in crises? A prospective study of resilience and emotions following the terrorist attacks on the United States on September 11, 2001. *Journal of Personality and Social Psychology, 84,* 365–376.

Friedman, R. S., & Forster, J. (2001). The effects of promotion and prevention cues on creativity. *Journal of Personality and Social Psychology, 81,* 1001–1013.

Frijda, N. H., & Mesquita, B. (1994). The social roles and functions of emotions. In S. Kitayama & H. R. Markus (Eds.), *Emotion and culture: Empirical studies of mutual influence* (pp. 51–87). Washington, DC: American Psychological Association.

Froh, J. J., Sefick, W. J., & Emmons, R. A. (2008). Counting blessings in early adolescents: An experimental study of gratitude and subjective well-being. *Journal of School Psychology, 46*(2), 213–233.

Fromm, E. (1962). *The art of loving.* New York: Harper & Row.

Gable, S. L. (2008). Approach and avoidance motivation in close relationships. In J. P. Forgas, & J. Fitness (Eds.), Sydney symposium of social psychology, Sydney, NSW, Australia (pp. 219–234). New York: Psychology Press.

Gable, S. L., & Haidt, J. (2005). What (and why) is positive psychology? *Review of General Psychology, 9,* 103–110.

Gable, S. L., Reis, H. T., Impett, E. A., & Asher, E. R. (2004). What do you do when things go right? The intrapersonal and interpersonal benefits of sharing good events. *Journal of Personality and Social Psychology, 87,* 228–245.

Gallagher, M. W. (2008). Broadening the role of positive emotions within hope theory: A meta-analytic review. Paper at the annual convention of the American Psychological Association in Boston, MA.

Garbacz, S. A., Woods, K. E., Swanger-Gagne, M. S., Taylor, A. M., Black, K. A., & Sheridan, S. M. (in press). Conjoint behavioral consultation: The effectiveness of a partnership centered approach. *School Psychology Quarterly.*

Garber, J., Robinson, N. S., & Valentiner, D. (1997). The relations between parenting and adolescent depression: Self-worth as a mediator. *Journal of Adolescent Research, 12,* 12–33.

Gavazzi, S. M., Goettler, D. E., Solomon, S. P., & McKenry, P. C. (1994). The impact of family and peer differentiation levels on adolescent psychosocial development and problemmatic behaviors. *Contemporary Family Therapy, 16,* 431–448.

Gavazzi, S. M., & Sabatelli, R. M. (1990). Family system dynamics, the individuation process, and psychosocial development. *Journal of Adolescent Research, 5,* 499–518.

Gergen, K. J. (1985). The social constructionist movement in modern psychology.

American Psychologist, 40(3), 266–275.

Gergen, K. J. (1997). The place of the psyche in a constructed world. *Theory & Psychology, 7*(6), 723–746.

Gergen, K. J. (2000). The coming of creative confluence in therapeutic practice. *Psychotherapy: Theory, Research, Practice, Training, 37*(4), 364–369.

Goetz, P. W., Robinson, M. D., & Meier, B. P. (2008). Attentional training of the appetitive motivation system: Effects on sensation seeking preferences and reward-based behavior. *Motivation and Emotion, 32*(2), 120–126.

Goldstein, A. P. (1999). *The prepare curriculum: Teaching prosocial competencies.* Champaign, IL: Research Press.

Goldstein, A. P., & Glick, B. (1989). *Aggression replacement training: A comprehensive intervention for aggressive youth.* Champaign, IL: Research Press.

Goldstein, A. P., Nensén, R., Daleflod, B., and Kalt, M. (2004). *New perspectives on aggression replacement training: Practice, research and application.* New York: Wiley.

Goleman, D. (1995). *Emotional intelligence.* New York: Bantam Books.

Gonzales, N. A., Deardorff, J., Formoso, D., Barr, A., & Barrera, M., Jr. (2006). Family mediators of the relation between acculturation and adolescent mental health. *Family Relations, 55*(3), 318–330.

Gottman, J. M. (1976). Behavior exchange theory and marital decision making. *Journal of Personality and Social Psychology, 34*(1), 14–23.

Gottman, J. M. (1979). *Marital interaction: Experimental investigations.* New York: Academic.

Gottman, J. M. (1994) *What predicts divorce?* Hillsdale, NJ: Lawrence Erlbaum Associates.

Gottman, J. M., & Levenson, R. W. (1999). What predicts change in marital interaction over time? A study of alternative medicine. *Family Process, 38*, 143–158.

Gottman, J. M., Markman, H., & Notarius, C. (1977). The topography of marital conflict: A sequential analysis of verbal and nonverbal behavior. *Journal of Marriage & the Family, 39*(3), 461–477.

Graczyk, P. A., Domitrovich, C. E., & Zins, J. E. (2003). Facilitating the implementation of evidence-based prevention and mental health promotion efforts in schools. In M. D. Weist, S. W. Evans, & N. A. Lever (Eds.), *Handbook of school mental health: Advancing practice and research* (pp. 301–318). New York: Kluwer Academic/Plenum Publishers.

Gray, M. R., & Steinberg, L. (1999). Unpacking authoritative parenting: Reassessing a multidimensional construct. *Journal of Marriage and Family, 61*, 574–587.

Greenberg, L. S., & Goldman, R. N. (2008). *Emotion-focused couples therapy: The dynamics of emotion, love, and power.* Washington, DC: American Psychological Association.

Greenberg, M. T., Weissberg, R. P., O'Brien, M. U., Zins, J. E., Fredericks, L., Resnik, H., et al. (2003). Enhancing school-based prevention and youth development through coordinated social, emotional, and academic learning. *American Psychologist: Special Issue: Prevention that Works for Children and Youth, 58* (6–7), 466–474.

Gushue, G. V., Greenan, D. E., & Brazaitis, S. J. (2005). Using the multicultural guidelines in couples and family counseling. In M. G. Constantine & D. W. Sue (Eds.), *Strategies for building multicultural competence in mental health and educational settings* (pp. 56–72). Hoboken, NJ: Wiley.

Hahlweg, K., Revenstorf, D., & Schindler, L. (1984). Effects of behavioral marital therapy on couples' communication and problem-solving skills. *Journal of Consulting and Clinical Psychology, 52*(4), 553–566.

Hare-Mustin, R. T. (1994). Dicourses in the mirrored room: A postmodern analysis of therapy. *Family Process, 33*, 19–35.

Haviland, J. M., & Lelwica, M. (1987). The induced affect response: Ten-week-old infants' responses to three emotion expressions. *Developmental Psychology, 23*, 97–104.

Herman, M. R., Dornbusch, S. M., Herron, M. C., & Herting, J. R. (1997). The influence of family regulation, connection, and psychological autonomy on six measures of adolescent functioning. *Journal of Adolescent Research, 12*, 34–67.

Higgins, T. E., Shah, J., & Friedman, R. (1997). Emotional responses to goal attainment: Strength of regulatory focus as moderator. *Journal of Personality and Social Psychology, 72*, 515–525.

Hill, N. E., Castellino, D. R., Lansford, J. E., Nowlin, P., Dodge, K. A., Bates, J. E., et al. (2004). Parent academic involvement as related to school behavior, achievement, and aspirations: Demographic variations across adolescence. *Child Development, 75*, 1491–1509.

Hoagwood, K. E. (2005). Family-based services in children's mental health: A research review and synthesis. *Journal of Child Psychology and Psychiatry, 46*(7), 690–713.

Hoffman, L. (1995). *Exchanging voices: A collaborative approach to family therapy.* London: Karnac.

Hollon, S. D., & Beck, A. T. (2004). Cognitive and congnitive-behavioral therapies. In M. J. Lambert (Ed.), *Garfield and Bergin's handbook of psychotherapy and behavior change: An empirical analysis* (5th ed., pp. 447–492). New York: Wiley.

House, J. S., Landis, K. R., & Umberson, D. (1988). Social relationships and health. *Science, 241*, 540–545.

Imber-Black, E., Roberts, J., & Whiting, R. (Eds.). (1988). *Ritual in families and family therapy.* New York: Norton.

Impett, E. A., Strachman, A., Finkel, E. J., & Gable, S. L. (2008). Maintaining sexual desire in intimate relationships: The importance of approach goals. *Journal of Personality and Social Psychology, 94*(5), 808–823.

Isen, A. M. (1999). Positive affect. In T. Dalgleish & M. J. Power (Eds.), *Handbook of cognition and emotion* (pp. 521–539). Chichester, England: Wiley.

Isen, A. M., Horn, N., & Rosenhan, D. L. (1973). Effects of success and failure on children's generosity. *Journal of Personality and Social Psychology, 27*, 239–247.

Jacobson, N. S., Follette, W. C., & McDonald, D. W. (1982). Reactivity to positive and negative behavior in distressed and nondistressed married couples. *Journal of Consulting and Clinical Psychology, 50*(5), 706–714.

Jensen, P. & Hoagwood, K. (Eds.). (2008). *Improving children's mental health through parent empowerment: A guide to assisting families.* New York, NY: Oxford University Press.

Jeynes, W. H. (2005). A meta-analysis of the relation of parental involvement to urban elementary school student academic achievement. *Urban Education, 40*, 237–269.

Johnston, T. B., Levis, M., & L'Abate, L. (1986). Treatment of depression in a couple with systematic homework assignments. *Journal of Psychotherapy & the Family. Special Issue: Depression in the Family, 2*(3–4), 117–128.

Kashdan, T. B., & Roberts, J. E. (2004). Trait and state curiosity in the genesis of intimacy: Differentiation from related constructs. *Journal of Social and Clinical Psychology, 23*, 792–816.

Kazdin, A. E. (1973). Covert Modeling and the Reduction of Avoidance Behavior. *Journal of Abnormal Psychology, 81*(1), 87–95.

Kazdin, A. E. (1981). Acceptability of child treatment techniques: The influence of treatment efficacy. *Behavior Therapy, 12*, 493–506.

Keeney, B. P. (1983). *Aesthetics of change.* New York: Guilford.

Keltner, D., & Kring, A. (1998). Emotion, social function, and psychopathology. *Review of General Psychology, 2*, 320–342.

Kenrick, D. T., Baumann, D. J., & Cialdini, R. B. (1979). A step in the socialization of altruism as hedonism: Effects of negative mood on children's generosity under public and private conditions. *Journal of Personality and Social Psychology, 37,* 747–755.

Kim, E., & Cain, K. C. (2008). Korean American adolescent depression and parenting. *Journal of Child and Adolescent Psychiatric Nursing, 21*(2), 105–115. doi:10.1111/j.1744–6171.2008.00137.x

Kim, S., Brody, G. H., & Murry, V. M. (2003). Longitudinal links between contextual risks, parenting, and youth outcomes in rural African American families. *Journal of Black Psychology, 29*, 359–377.

Koole, S. L., Smeets, K., vanKnippenberg, A., & Dijksterhuis, A. (1999). The cessation of rumination through self-affirmation. *Journal of Personality and Social Psychology, 77*, 111–125.

Kratochwill, T. R. (2007). Preparing psychologists for evidence-based practice: Lessons learned and challenges ahead. *American Psychologist, 62*, 826–843.

Kratochwill, T. R., Albers, C. A., & Shernoff, E. S. (2004). School-based interventions. *Child and adolescent psychiatric clinics of North America, 13*, 885–903.

Lakey, B., McCabe, K. M., Fisicaro, S. A., & Drew, J. B. (1996). Environmental and personal determinants of support perceptions: Three generalizability studies. *Journal of Personality and Social Psychology, 70*, 1270–1280.

Lane, J., & Anderson, N. H. (1976). Integration of intention and outcome in moral judgment. *Memory & Cognition, 4*, 1–5.

Langston, C. A. (1994). Capitalizing on and coping with daily-life events: Expressive responses to positive events. *Journal of Personality and Social Psychology, 67*, 1112–1125.

Lench, H. C., & Levine, L. J. (2008). Goals and responses to failure: Knowing when to hold them and when to fold them. *Motivation and Emotion, 32*, 127–140.

Lerner, H. (1985). *The dance of anger: A woman's guide to changing the patterns of intimate relations.* New York: Harper & Row.

Lerner, H. (1989). *The dance of intimacy: A woman's guide to courageous acts of change in key relationships.* New York: Harper & Row.

Linehan, M. M. (1993). *Cognitive behavioral treatment of Borderline Personality Disorder.* New York: Guilford.

Lyubomirsky, S. (2008). *The how of happiness: A scientific approach to getting the life you want.* New York: Penguin.

Lyubomirsky, S., King, L., & Diener, E. (2005). The benefits of frequent positive affect: Does happiness lead to success? *Psychological Bulletin, 131*, 803–855.

Lyubomirsky, S., Sheldon, K. M., & Schkade, D. (2005). Pursuing happiness: The architecture of sustainable change. *Review of General Psychology, 9*, 111–131.

Mammen, O., Kolko, D., & Pilkonis, P. (2003). Parental cognitions and satisfaction: Relationship to aggressive parental behavior in child physical abuse. *Child Maltreatment, 8*, 288–301.

Margolin, G., & Wampold, B. E. (1981). Sequential analysis of conflict and accord in distressed and nondistressed marital partners. *Journal of Consulting and Clinical Psychology, 49*(4), 554–567.

Markson, S., & Fiese, B. H. (2000). Family rituals as a protective factor for children with asthma. *Journal of Pediatric Psychology, 25*(7), 471–479. Retrieved from www.csa.com.

Maruyama, M (1963). The second cybernetics: Deviation-amplifying mutual causal processes. *American Scientist, 5*, 164–179.

Mason, C. A., Cauce, A. M., Gonzales, N., & Hiraga, Y. (1996). Neither too sweet nor too sour: Problem peers, maternal control, and problem behavior in African American adolescents. *Child Development, 67*, 2115–2130.

Maturana, H. (1974). Cognitive strategies. In H. von Foerster (Ed.), *Cybernetics of cybernetics* (pp. 457–469). Urbana: University of Illinois.

Mayer, J. D., Salovey, P., & Caruso, D. (2000). Models of emotional intelligence. In R. J. Sternberg (Ed.), *Handbook of intelligence* (pp. 396–420). New York: Cambridge University Press.

Mayer, J. P., & Davidson, W. S., II. (2000). Dissemination of innovation as social change. In J. Rappaport & E. Seidman (Eds.), *Handbook of community psychology* (pp. 421–443). Dordrecht, Netherlands: Kluwer Academic Publishers.

McCullough, M. E., Emmons, R. A., & Tsang, J. A. (2002). The grateful disposition: A conceptual and empirical topography'. *Journal of Personality and Social Psychology, 82*, 112–127.

McCullough, M. E., Kilpatrick, S. D., Emmons, R. A., & Larson, D. B. (2001). Is gratitude a moral affect? *Psychological Bulletin, 127*, 249–266.

McCullough, M. E., & Snyder, C. R. (2000). Classical sources of human strength. *Journal of Social and Clinical Psychology, 19*(1), 1–10.

McCullough, M. E., Tsang, J.-A., & Emmons, R. A. (2004). Gratitude in intermediate affective terrain: Links of grateful moods to individual differences and daily emotional experience. *Journal of Personality and Social Psychology, 86*, 295–309.

McGinnis, E., & Goldstein, A. P. (1990). *Skill-streaming in early childhood: Teaching prosocial skills to the preschool and kindergarten child.* Champaign, IL: Research Press.

McNamee, S., & Gergen, K. J. (Eds.). (1992). *Therapy as social construction.* London: Sage.

Medora, N., Wilson, S., & Larson, J. J. (2001). Attitudes toward parenting strategies, potential for child abuse, and parental satisfaction of ethnically diverse low-income U.S. mothers. *Journal of Social Psychology, 141*, 335–348.

Meichenbaum, D. H. (1971). Examination of model characteristics in reducing avoidance behavior. *Journal of Personality and Social Psychology, 17*, 298–307.

Minuchin, S. (1974). *Families and family therapy.* Cambridge: Harvard University Press.

Moss, M. S., & Moss, S. Z. (1988). Reunion between elderly parents and their distant children. *American Behavioral Scientist: Special Issue: Rituals and Reunions,*

31(6), 654–668.

Mounts, N. S. (2004). Contributions of parenting and campus climate to freshmen adjustment in a multiethnic sample. *Journal of Adolescent Research, 19*, 468–491.

Myers, D. G. (1992). *The pursuit of happiness: Who is happy and why.* New York: William Morrow.

National Institute of Mental Health (2001). *Blueprint for change: Research on child and adolescent mental health.* A report of the National Advisory Mental Health Council's Workgroup on Child and Adolescent Mental Health Intervention and Deployment. (NIH Publication No. 01–4985, p. 93). Rockville, MD: Author.

Nezlek, J. B., & Gable, S. L. (2001). Depression as a moderator of relationships between positive daily events and day-to-day psychological adjustment. *Personality and Social Psychology Bulletin, 27*(12), 1692–1704.

Oishi, S. (2002). The experiencing and remembering of well-being: A cross-cultural analysis. *Personality and Social Psychology Bulletin, 28*, 1398–1406.

Okamoto, S., & Robinson, W. P. (1997). Determinants of gratitude expressions in England. *Journal of Language and Social Psychology, 16*, 411–433.

O'Neill, R. E., Horner, R. H., Albin, R. A., Storey, J., & Sprague, J. (1997). *Functional analysis: A practical guide* (2nd ed.). Pacific Grove, CA: Brooks Cole.

Osterberg, L., & Blaschke, T. (2005). Adherence to medication. *New England Journal of Medicine, 353*(5), 487–497.

Padula, M. A., Conoley, C. W., & Garbin, C. P. (1998). The dimensions underlying loneliness counseling interventions: A multidimensional scaling solution. *Journal of Counseling & Development, 76*(4), 442–451.

Parasuraman, S., Greenhaus, J. H., & Granrose, C. S. (1992). Role stressors, social support, and well-being among two-career couples. *Journal of Organizational Behavior, 13*(4), 339–356.

Parasuraman, S., Purhoit, Y., Godshalk, V., & Beutell, N. (1996). Work and family variables, entrepreneurial career success, and psychological well being. *Journal of Vocational Behavior, 48*, 275–300.

Park, N., Peterson, C., & Seligman, M. E. P. (2006). Character strengths in fifty-four nations and the fifty US states. *The Journal of Positive Psychology, 1*(3), 118–129.

Patterson, G. R. (1982). *Coercive family processes.* Eugene, OR: Castalia.

Penn, P. (1982). Circular questioning. *Family Process, 21*(3), 267–280.

Penn, P. (1985). Feed-forward: Future questions, future maps. *Family Process, 24*(3), 299–310.

Pennebaker, J. W. (1997). *Opening up: The healing power of expressing emotion.* New York: Guilford.

Peterson, C., Seligman, M. E. P., Yurko, K. H., Martin, L. R., & Friedman, H. S. (1998). Catastrophizing and untimely death. *Psychological Science, 9*, 127–130.

Pullis, M. (1992). An analysis of the occupational stress of teachers of the behaviorally disordered: Sources, effects and strategies for coping. *Behavioral Disorders, 17*(3), 191–201.

Raush, H. L., Barry, W. A., Hertel, R. K., & Swain, M. A. (1974). *Communication conflict and marriage.* Oxford, England: Jossey-Bass.

Reddy, L. A., & Goldstein, A. P. (2001). Aggression replacement training: A multimodal intervention for aggressive adolescents. Residential Treatment for Children & Youth. Special Issue: Innovative Mental Health Interventions for Children: Programs that Work, *18*(3), 47–62.

Rind, B., & Bordia, P. (1995). Effect of servers thank-you and personalization on restaurant tipping. *Journal of Applied Social Psychology, 25,* 745–751.

Robbins, M. S., Alexander, J. F., Newell, R. M., & Turner, C. W. (1996). The immediate effect of reframing on client attitude in family therapy. *Journal of Family Psychology, 10*(1), 28–34.

Rogers, C. R. (1957). The necessary and sufficient conditions of therapeuitic personality change. *Journal of Consulting Psychology, 21,* 95–103.

Rones, M., & Hoagwood, K. (2000). School-based mental health services: A research review. *Clinical Child & Family Psychology Review, 3*(4), 223–241.

Rosenfield, S. & Berninger, V. (2009). *Implementing Evidence–Based Academic–Based Interventions in School Settings.* New York: Oxford University Press.

Ruch, W. (1993). Exhilaration and humor. In M. Lewis & J. M. Haviland (Eds.), *Handbook of emotions* (pp. 605–616). New York: Guilford.

Rudes, J., & Guterman, J. T. (2007). The value of social constructionism for the counseling profession: A reply to hansen. *Journal of Counseling & Development, 85*(4), 387–392.

Safdar, S., Lay, C., & Struthers, W. (2003). The process of acculturation and basic goals: Testing a multidimensional individual difference acculturation model with Iranian immigrants in Canada. *Applied Psychology: An International Review, 52*(4), 555–579.

Salovey, P., Rothman, A. J., Detweiler, J. B., & Steward, W. T. (2000). Emotional states and physical health. *American Psychologist, 55,* 110–121.

Sapolsky, R. M. (2004). *Why zebras don't get ulcers* (3rd ed.). New York: Macmillan.

Sarason, I. G. (1973). Test anxiety and cognitive modeling. *Journal of Personality and Social Psychology, 28,* 58–61.

Schaap, C. (1984). Conflicthantering en huwelijkssatisfactie. Conflict resolution and marital satisfaction. *Nederlands Tijdschrift Voor De Psychologie En Haar Grensgebieden, 39*(7), 396–403.

Schaefer, E. S. (1965). A configurational analysis of children's reports of parental behavior. *Journal of Consulting Psychology, 29,* 552–557.

Scheel, M. J. (1994). Circular questioning and neutrality: An empirical investiga-tion of the process. (ProQuest Information & Learning). Dissertation Abstracts International: Section B: The Sciences and Engineering, 54 (7-B) Retrieved from www.csa.com.

Scheel, M. J., & Conoley, C. W. (1998). Circular questioning and neutrality: An investigation of the process relationship. *Contemporary Family Therapy: An International Journal, 20*(2), 221–235.

Scheel, M. J., Hanson, W. E., & Razzhavaikina, T. I. (2004). The process of recommending homework in psychotherapy: A review of therapist delivery methods, client acceptability, and factors that affect compliance. *Psychotherapy: Theory, Research, Practice, Training, 41*(1), 38–55.

Schmidt, N., & Woolaway-Bickel, K. (2000) The effects of treatment compliance on outcome in cognitive-behavioral therapy for Panic Disorder: Quality versus quantity. *Journal of Consulting and Clinical Psychology, 68*(1), 13–18.

Schoenwald, S. K., Henggeler, S. W., Brondino, M. J., & Rowland, M. D. (2000). Multisystemic Therapy: Monitoring Treatment Fidelity. *Family Process, 39*(1),

83–103.

Schunk, D. H., & Hanson, A. R. (1985). Peer models: Influence on children's self-efficacy and achievement. *Journal of Educational Psychology, 77*(3), 313–322.

Seligman, M. E. P., & Csikszentmihalyi, M. (2000). Positive psychology: An introduction. *American Psychologist, 55*(1), 5–14.

Seligman, M. E. P., Steen, T. A., Park, N., & Peterson, C. (2005). Positive psychology progress: Empirical validation of interventions. *American Psychologist, 60*(5), 410–421.

Selvini-Palazzoli, M., Boscolo, L., Cecchin, G. F., & Prata, G. (1977). Family rituals: A powerful tool in family therapy. *Family Process, 16*(4), 445–453.

Sheldon, K. M., & King, L. (2001). Why positive psychology is necessary. *American Psychologist, 56*(3), 216–217.

Sheridan, S. M., & Burt, J. B. (in press). Family-centered positive psychology. In C. R. Synder & S. J. Lopez (Eds.), *Handbook of positive psychology* (2nd ed.). New York: Oxford University Press.

Sheridan, S. M., Clarke, B. L., & Burt, J. D. (2008). Conjoint behavioral consultation: What do we know and what do we need to know? In W. P. Erchul & S. M. Sheridan (Eds.), *Handbook of research in school consultation: Empirical foundations for the field* (pp. 171–202). Mahwah, NJ: Lawrence Erlbaum.

Sheridan, S. M., & Kratochwill, T. R. (2008). *Conjoint behavioral consultation: Promoting family-school connections and interventions.* New York: Springer.

Sluzki, C. E., & Beavin, J. (1965). Simetría y complementaridad: Una definición operacional y una tipología de parejas. Symmetry and complementarity: An operational definition and typology of dyads. *Acta Psiquiátrica y Psicológica De America Latina, 11*(4), 321–330.

Smith, S., Ingoldsby, B. B., Miller, J. E., & Hamon, R. R. (Eds.). (2008). *Exploring family theories.* Oxford, England: Oxford University Press.

Snyder, C. R. (1994). *The psychology of hope: You can get there from here.* New York: Free Press.

Snyder, C. R. (2002). Hope theory: Rainbows in the mind. *Psychological Inquiry, 13,* 249–275.

Snyder, C. R., Lapointe, A. B., Crowson, J. J., Jr., & Early, S. (1998). Preferences of high- and low-hope people for self-referential input. *Cognition and Emotion, 12,* 807–823.

Staw, B. M., Sutton, R. I., & Pelled, L. H. (1994). Employee positive emotion and favorable outcomes at the workplace. *Organization Science, 5,* 51–71.

Steinberg, L., Dornbusch, S. M., & Brown, B. B. (1992). Ethnic differences in adolescent achievement: An ecological perspective. *American Psychologist, 47,* 723–729.

Steinberg, L., Mounts, N. S., Lamborn, S. D., & Dornbusch, S. M. (1991). Authoritative parenting and adolescent adjustment across varied ecological niches. *Journal of Research on Adolescence, 1*(1), 19–36.

Stuart, R. B. (1980). *Helping couples change: A social learning approach to marital therapy.* New York: Guilford.

Sugai, G., Horner, R. H., Dunlap, G., Hieneman, M., Lewis, T., Nelson, C. M., et al. (2000). Applying positive behavior support and functional behavioral assessment in schools. *Journal of Positive Behavior Interventions, 3,* 131–143.

Sutherland, O. (2007). Therapist positioning and power in discursive therapies: A comparative analysis. *Contemporary Family Therapy: An International Journal, 29*

(4), 193–209.

Taylor, S. E. (2003). *Health psychology*. New York: McGraw-Hill.

Tesser, A., Gatewood, G., & Driver, M. (1968). Some determinants of gratitude. *Journal of Personality and Social Psychology, 9*, 233–236.

Tesser, A., Millar, M., & Moore, J. (1988). Some affective consequences of social comparison and reflection processes: The pain and pleasure of being close. *Journal of Personality and Social Psychology, 54*(1), 49–61.

Thibaut, J. W., & Kelley, H. H. (1959). *The social psychology of groups*. New York: Wiley.

Thomas, M., & Choi, J. B. (2006). Acculturative stress and social support among Korean and Indian immigrant adolescents in the United States. *Journal of Sociology & Social Welfare, 33*(2), 123–143.

Tomkins, S. S. (1962). *Affect, imagery, and consciousness: Vol. I. The positive affects*. New York: Springer.

Tomm, K. (1987a). Interventive interviewing: I. Strategizing as a fourth guideline for the therapist. *Family Process, 26*(1), 3–13.

Tomm, K. (1987b). Interventive interviewing: II. Reflexive questioning as a means to enable self-healing. *Family Process, 26*(2), 167–183.

Tomm, K. (1988). Interventive interviewing: III. Intending to ask lineal, circular, strategic, or reflexive questions? *Family Process, 27*(1), 1–15.

Tov, W., & Diener, E. (2007). Culture and subjective well-being. In S. Kitayama, & D. Cohen (Eds.), *Handbook of cultural psychology*. (pp. 691–713). New York: Guilford Press.

Trinidad, D. R., Unger, J. B., Chou, C., & Johnson, C. A. (2004). The protective association of emotional intelligence with psychosocial smoking risk factors for adolescents. *Personality and Individual Differences, 36*(4), 945–954.

Troll, L. E. (1988). New thoughts on old families. *The Gerontologist, 28*(5), 586–591.

Tronick, E. Z. (1989). Emotions and emotional communication in infants. *American Psychologist: Special Issue: Children and Their Development: Knowledge Base, Research Agenda, and Social Policy Application, 44*(2), 112–119.

Tsang, J. (2006). Gratitude and prosocial behaviour: An experimental test of gratitude. *Cognition & Emotion, 20*, 138–148.

Uchino, B. N., Cacioppo, J. T., & Kiecold-Glazer, J. K. (1996). The relationship between social support and physiological processes: A review with emphasis on underlying mechanisms and implications for health. *Psychological Bulletin, 119*, 488–531.

U.S. Public Health Service (2000). *Report on the Surgeon General's Conference on Children's Mental Health: A national action agenda*. Washington, DC: U.S. Government Printing Office.

Valiente, C., Eisenberg, N., Shepard, S. A., Fabes, R. A., Cumberland, A. J., Losoya, S. H., et al. (2004). The relations of mothers' negative expressivity to children's experience and expression of negative emotion. *Journal of Applied Developmental Psychology, 25*(2), 215–235.

Videon, T. M., & Manning, C. K. (2003). Influences on adolescent eating patterns: The importance of family meals. *Journal of the American Dietetic Association, 32*, 365–373.

von Bertalanffy, L. (1976). *General system theory: Foundations, development, applications* (rev. ed.). New York: George Braziller.

Watkins, P. C. (2004). Gratitude and subjective well-being. In R. A. Emmons, & M. E. McCullough (Eds.), *The psychology of gratitude.* (pp. 167–192). New York: Oxford University Press.

Watzlawick, P., Weakland, J. H., & Fisch, R. (1974). *Change: Principles of problem formation and problem resolution.* Oxford, England: Norton.

Weare, K. (2000). *Promoting mental, emotional and social health: A whole school approach.* London: Routledge.

Weeks, G. R., & L'Abate, L. (1979). A compilation of paradoxical methods. *American Journal of Family Therapy, 7*(4), 61–76.

Weiner, B., Russell, D., & Lerman, D. (1978). Affective consequences of causal ascriptions. In J. H. Harvey, W. J. Ickes, & R. F. Kidd (Eds.), *New directions in attribution research* (vol. 2, pp. 59–90). Hillsdale, NJ: Erlbaum.

Weiner, B., Russell, D., & Lerman, D. (1979). The cognition—emotion process in achievement and related contexts. *Journal of Personality and Social Psychology, 37,* 1211–1220.

Weiss, L. H., & Schwartz, J. C. (1996). The relationship between parenting types and older adolescents'personality, academic achievement, adjustment, and substance use. *Child Development, 67,* 2101–2114.

Weisz, J. (2004). *Psychotherapy for children and adolescents: Evidence-based treatments and case examples.* New York: Cambridge University Press.

Wender, P. H. (1968). Vicious and virtuous circles: The role of deviation amplifying feedback in the origin and perpetuation of behavior. *Psychiatry: Journal for the Study of Interpersonal Processes, 31*(4), 309–324.

White, J. M., & Klein, D. M. (2007). *Family theories* (3rd ed.). Thousand Oaks, CA: Sage Publications.

White, M. & Epston, D. (1990). Narrative means to therapeutic ends. New York: W. W. Norton.

Wills, T. A., Sandy, J. M., Shinar, O., & Yaeger, A. (1999). Contributions of positive and negative affect to adolescent substance use: Test of a bidimensional model in a longitudinal study. *Psychology of Addictive Behaviors, 13,* 327–338.

Wilson, W. (1967). Correlates of avowed happiness. *Psychological Bulletin, 67,* 294–306.

Witt, J. C., & Elliott, S. N. (1982). The response cost lottery: A time efficient and effective classroom intervention. *School Psychology Review, 20,* 155–161.

Wolf, M. M. (1978). Social validity: The case for subjective measurement or how applied behavior analysis is finding its heart. *Journal of Applied Behavior Analysis, 11*(2), 203–214.

Wolin, S. J., & Bennett, L. A. (1984). Family rituals. *Family Process, 23,* 401–420.

Wolin, S. J., Bennett, L. M., & Noonan, D. L. (1979). Family rituals and the recurrence of alcoholism over generations. *American Journal of Psychiatry, 136,* 589–593.

Wolin, S. J., Bennett, L. A., Noonan, D. L., & Teitelbaum, M. A. (1980). Disrupted family rituals: A factor in the generational transmission of alcoholism. *Journal of Studies of Alcohol, 41,* 199–214.

Wolpe, Joseph. (1990). *The practice of behavior therapy.* Tarrytown, NY: Pergamon Press.

Wood, A., Joseph, S., & Linley, A. (2007). Gratitude — parent of all virtues. *The Psychologist, 20*(1), 18–21.

Wood, A. M., Joseph, S., & Linley, P. A. (2007). Coping style as a psychological resource of grateful people. *Journal of Social and Clinical Psychology, 26,* 1108–1125.

Wood, A. M., Joseph, S., & Maltby, J. (2008). Gratitude uniquely predicts satisfaction with life: Incremental validity above the domains and facets of the five factor model. *Personality and Individual Differences, 45*(1), 49–54. doi:10.

Wood, A. M., Maltby, J., Stewart, N., Linley, P. A., & Joseph, S. (2008). A social-cognitive model of trait and state levels of gratitude. *Emotion, 8*(2), 281–290.

Wright, T. A., & Staw, B. M. (1999). Affect and favorable work outcomes: Two longitudinal tests of the happy-productive worker thesis. *Journal of Organizational Behavior, 20,* 1–23.

Yeh, C. J., & Inose, M. (2003). International students' reported English fluency, social support satisfaction, and social connectedness as predictors of acculturative stress. *Counselling Psychology Quarterly, 16*(1), 15–28.

Yoon, E., Lee, R. M., & Goh, M. (2008). Acculturation, social connectedness, and subjective well-being. *Cultural Diversity and Ethnic Minority Psychology, 14*(3), 246–255.

Zautra, A. J., Schultz, A. S., & Reich, J. W. (2000). The role of everyday events in depressive symptoms for older adults. In G. M. Williamson, D. R. Shaffer & P. A. Parmelee (Eds.), *Physical illness and depression in older adults: A handbook of theory, research, and practice.* (pp. 65–91). Dordrecht, Netherlands: Kluwer Academic Publishers.

Zayas, L. H. (1992). Childrearing, social stress, and child abuse: Clinical considerations with Hispanic families. *Journal of Social Distress and the Homeless, 1,* 291–309.

Zimmerman, M. A., Ramirez-Valles, J., Zapert, K. M., & Maton, K. I. (2000). A longitudinal study of stress-buffering effects for urban African American male adolescent problem behaviors and mental health. *Journal of Community Psychology, 28,* 17–33.

Zins, J. E., Weissberg, R. P., Wang, M. C., & Walberg, H. J. (Eds.). (2004). *Building academic success on social and emotional learning: What does the research say?* New York: Teachers College Press.

찾아보기

지은이

Collie W. Conoley

현재 캘리포니아대학교 샌타바버라 캠퍼스의 임상심리학
과 교수로 재직 중이다. 미국심리학회의 정회원이며 미국
심리건강서비스종사자협회 회원이기도 하다.

Jane Close Conoley

현재 캘리포니아대학교 샌타바버라 캠퍼스의 Gevirtz 사범
대학교 대학원장으로 재직 중이다. 21권 이상의 저서와 다
수의 학술지 논문을 저술하였다.

옮긴이

유계숙

미국 퍼듀대학교 박사(가족학 전공)

현재 경희대학교 생활과학대학 아동가족학과 부교수, 가족상
   담교육센터장

주요 저서 및 역서 _ 가족정책론(공저), 이혼상담과 이혼법(공저),
가족복지실천기술론(공역)

강수향

경희대학교 생활과학대학 아동가족학과 석사, 가족상담교육
   센터 연구원

주요 논문 _ 대학생의 성별 및 성경험에 따른 성지식 수준에 관
한 연구(공동)

오아림

경희대학교 생활과학대학 아동가족학과 석사, 가족상담교육
   센터 연구원

주요 논문 _ 한국과 미국의 유연근무제도 비교 및 제도 활성화
방안에 관한 연구(공동)

이주현

경희대학교 생활과학대학 아동가족학과 석사과정, 가족상담
   교육센터 연구원

주요 논문 _ 적극적 고용개선조치의 시행계획서 서식 개선에
관한 연구(공동)